중국의 민주주의

공산당의 당내민주 연구

나남
nanam

나남신서 1611

중국의 민주주의

공산당의 당내민주 연구

2011년 12월 20일 발행
2011년 12월 20일 1쇄

지은이_ 조영남 · 안치영 · 구자선
발행자_ 趙相浩
발행처_ (주) 나남
주소_ 413-756 경기도 파주시 교하읍
출판도시 518-4
전화_ (031) 955-4600 (代)
FAX_ (031) 955-4555
등록_ 제 1-71호(1979.5.12)
홈페이지_ http://www.nanam.net
전자우편_ post@nanam.net

ISBN 978-89-300-8611-0
ISBN 978-89-300-8001-9 (세트)
책값은 뒤표지에 있습니다.

나남신서 1611

중국의 민주주의

공산당의 당내민주 연구

조영남 · 안치영 · 구자선 지음

나남
nanam

China's Democracy

The Intra-Party Democracy of the Chinese Communist Party

by

Young Nam Cho, Chiyoung Ahn and Jaseon Koo

nanam

머리말

중국공산당에게 2011년은 창당 90주년이 되는 의미 있는 해이다. 1921년 소수의 지식인이 모여 만든 초라했던 조직이 90년이 지난 현재 8천만 명이 넘는 엘리트 당원을 보유한 세계 최대의 정당으로 발전한 것이다. 동시에 공산당은 사회주의 혁명을 통해 '아시아의 병자'(東亞病夫)라고 조롱당했던 중국을 새로운 국가로 탈바꿈하고, 개혁·개방 정책을 통해 세계 2위의 경제대국으로 발전시킨 일등 공신이 되었다. 1980년대 말과 1990년대 초 사회주의권의 붕괴과정에서 소련공산당과 다른 사회주의 국가의 공산당이 몰락한 것과 비교할 때, 공산당의 비약적인 발전과 안정적인 집권은 놀라운 현상이 아닐 수 없다.

그렇다면 중국공산당은 어떻게 이런 성과를 이룩할 수 있었을까? 일차적으로 공산당의 끊임없는 자기혁신에서 그 해답을 찾을 수 있다. 지금까지 공산당은 모두 세 차례의 혁신을 추진했다. 이 중에서 두 번은 성공했고 한 번은 실패했다. 첫 번째는 '혁명과정'에서의 혁신이다. 공산당은 마오쩌둥(毛澤東)의 지도하에 기존의 마르크스-레닌주의 혁명이론을 중국 현실에 맞게 적용함으로써 혁명에 성공할 수 있었다. 두 번째는 '건설과정'에서의 혁신이다. 공산당은 1950년대 중반부터 1970년대 중반까지 소련식의 사회주의 건설모델을 거부하고 독자모델을 개발하기 위해 노력했다. 그러나 이런 혁신은 참담한 실패로 끝났다. 세 번째는 '개혁과정'에서의 혁신이다. 1978년 이후 현재까지 공산당은 다른 국가의 공산당이 시도하지 않았던 과감한 개혁을 단행했고, 그것은 대성공이었다. 이처럼 공산당은 끊임없는 자기혁신을 통해 현실에 맞섰고, 이를 통해 어려운 과제를 해결할 수 있었다.

이 책이 분석하려는 공산당의 '당내민주'(黨內民主, *intra-party democracy*)도 이런 자기혁신 중 하나이다. 공산당은 2002년 제 16차 당대회에서 '당내민주를 통한 인민민주(人民民主)의 견인 방침'을 확정했다. 이에 따라 당내민주는 정치개혁의 핵심 정책이 되었고, 지금까지 전국에 걸쳐 다양한 실험이 진행되고 있다. 여기에는 당대회의 연례화(年例化), 당원대표 활동의 일상화, 지방 당위원회의 권한 강화와 민주적 운영, 지방 당지도부의 경쟁선거, 당내감독의 강화 등이 포함된다. 공산당은 안정적이고 장기적인 일당통치에 필요한 통치의 정당성(*legitimacy*)을 제고하기 위해 이런 당내민주 정책을 추진하고 있다.

만약 당내민주가 제대로 추진된다면 공산당은 현재와는 다른 모습으로 변화할 것이다. 동시에 중국정치도 지금과는 다른 모습으로 변화할 것이다. 공산당은 아마 파벌 간의 협력과 경쟁을 통해 운영되는 일본의 자민당(自民黨)처럼 바뀔지도 모른다. 중국정치는 1965년 이후 현재까지 국민행동당(People's Action Party)이 장기적으로 집권하고 있는 싱가포르의 정치처럼 변화할 수도 있다. 만약 당내민주가 성공적으로 추진되어 공산당과 중국정치가 이렇게 변화한다면, 현행의 공산당 일당제 혹은 '연성'(*soft*) 권위주의 정치체제는 상당히 안정적으로 장기간에 걸쳐 유지될 것이다.

그러나 필자들의 연구에 의하면, 공산당과 중국정치가 이렇게 변화할 가능성은 높지 않다. 공산당의 당내민주는 당내 기득권 세력의 저항과 방해에 부딪쳐 제대로 추진될 수 없을 뿐만 아니라, 설사 그것이 최대한도로 추진되어도 공산당이 목표로 하는 '인민민주의 견인'을 달성할 수는 없을 것이다. 특히 공산당의 일당집권을 정당화할 뿐만 아니라 실제로 그것을 굳건히 지켜주는 '당 간부관리'(黨管幹部, *party cadre management*) 원칙과 '민주집중제'(民主集中制, *democratic centralism*) 원칙이 대폭 수정 또는 폐기되지 않는 한, 당지도부의 경쟁선거 등 당내민주 정책은 제대로 추진될 수 없다. 그 결과 당내민주는 공산당과 중국정치에 근본적인 변화를 가져오지 못할 것이다.

그러나 다른 한편으로 당내민주는 공산당의 일당집권에는 여러 가지 면에서 도움을 줄 수 있다. 당내민주의 추진을 통해 당조직과 운영이 전보다 더욱 합리적으로 되고, 공산당의 당내외 지지기반이 확대되며, 유능한 기층간부가 일부 충원될 수 있기 때문이다. 또한 당내민주가 추진되면서 고질적인 권력집중과 정치부패 문제도 어느 정도 완화될 가능성이 있다. 이런 장점이 있기 때문에 공산당은 향후에도 당내민주를 지속적으로 추진할 것이고, 이것은 다시 공산당의 일당집권을 연장시켜 줄 것이다.

이처럼 공산당은 21세기에 들어 당내민주라는 새로운 자기혁신을 추진하고 있다. 이와 같은 자기혁신이 계속되는 한 공산당은 소련공산당이나 동구 사회주의 국가의 공산당처럼 그렇게 급격하게 붕괴하지 않을 것이다. 다만 당내민주가 얼마나 성공적으로 추진될 수 있을지, 그리고 그것이 실제로 공산당과 중국정치를 얼마나 변화시킬 수 있을지는 지속적인 관찰과 분석이 필요하다. 공산당의 당내민주는 본격적으로 추진된 지 10년밖에 되지 않았고, 그래서 대부분의 정책이 현재진행형이기 때문이다. 이처럼 공산당의 당내민주 연구는 향후 공산당과 중국정치의 변화를 이해하는 데 매우 필요하다.

이 책은 모두 6개의 장(章)으로 구성되었다. 이 중에서 제 1장과 제 6장은 서론과 결론에 해당되며, 본론은 모두 4개의 장으로 구성되었다. 본론에서는 먼저, 당내민주와 공산당 개혁에 대해 개괄적으로 검토할 것이다(제 2장). 이를 통해 당개혁의 종류, 당내민주의 의미와 내용, 당내민주의 시기별 특성을 이해할 수 있을 것이다. 이후에 당내민주의 역사와 세부 정책을 검토할 것이다(제 3장). 여기서는 마오쩌둥 시기부터 현재까지 공산당이 당내민주에 대해 어떤 생각을 갖고 있었고, 실제로 어떤 정책이 결정되었는가를 자세히 살펴볼 것이다. 이런 연구를 바탕으로 당내민주의 실제 추진과정과 결과를 살펴볼 것이다. 당내민주의 실천은 크게 공산당 중앙, 즉 엘리트 정치(제 4장)와 지방 정치(제 5장)로 나누어 자세히 검토할 것이다. 이를 통해 중앙 정치와 지방 정치에서 당내민주가 실제로 어떻게 추진되었고, 그것의 성과와 한계는 무엇인가를 이해할 수 있을 것이다. 결론에서는 이런 연구 결과를 정리하고, 당내민주가 중국의 정치 민주화에 어떤 영향을 주고, 그것이 한국에게는 어떤 시사점을 주는지를 분석할 것이다(제 6장).

한편 3명의 필자는 다음과 같이 역할을 나누어 책을 집필했다. 먼저 제 1장, 제 2장, 제 4장, 제 6장은 조영남 교수가 맡아 집필했다. 제 3장은 구자선 석사가, 제 5장은 안치영 교수가 맡아 집필했다. 3명의 필자가 함께 연구하고 집필하는 과정에서 책의 내용 및 주장과 관련하여 다른 견해나 의견 충돌은 없었다. 책의 통일성을 높이기 위해 전체적인 책의 구성과 주장, 세부적인 집필 방침을 확정한 이후 초고 집필에 들어갔다. 또한 초고를 집필하는 과정뿐만 아니라 초고의 완성 후에도 3명의 필자는 전체 원고를 읽고 의견을 교환하여 책의 일관성과 통일성을 높이려고 노력했다.

필자들은 정확하고 깊이 있는 책을 쓰기 위해 최선의 노력을 경주했지만 이 책에는 여러 가지 문제점이 있을 것이다. 앞에서 말했듯이, 공산당의 당내민주는 시작한 지 10년밖에 되지 않았고, 일부 정책은 실시와 중단을 반복하고 있기 때문에 이를 분석하기가 결코 쉽지 않았다. 필자들은 가급적 광범위하게 문헌자료를 수집하여 분석하려고 노력했지만, 필자들의 능력 부족과 자료의 한계로 인해 여러 가지 미흡한 점이 있다고 생각된다. 특히 연구 주제의 민감성(중국 당국은 공산당이나 민주주의에 대한 외국학자의 조사 연구를 아직도 매우 민감하게 생각한다)으로 인해 이와 같은 연구에서 필요한 면접조사(*interview*)를 제대로 실시하지 못한 점은 커다란 아쉬움으로 남는다. 혹시 있을지도 모르는 문제점은 선후배 연구자와 독자들의 지적을 통해 향후에 보완할 수 있기를 기대한다.

이전에도 그랬던 것처럼 이번에도 부족한 원고를 마다하지 않고 흔쾌히 출판해주신 나남출판의 조상호 사장님과 방순영 편집부장님, 어려운 원고를 잘 편집해주신 양정우 선생님께 진심으로 감사드린다. 또한 이 책은 국회 사무처의 정책연구 용역 과제의 결과를 토대로 작성된 것인데, 책의 내용은 국회 사무처가 아닌 필자들의 견해임을 밝혀둔다. 이처럼 이 연구를 위해 연구비를 지원해주신 국회 사무처와, 연구 용역을 발주해 주신 한국정당학회 회장 장훈 교수님과 총무이사 윤종빈 교수님께 깊이 감사드린다. 연구 과정에서 연구보고서의 제출 등 번거로운 실무업무를 잘 처리해주신 국회 사무처의 박경희 선생님과 한국정당학회의 한의석 사무국장님께도 진심으로 감사드린다. 자료 정리와 번역, 원고 검토 등 연구와 출판에 필요한 여러 가지 일을 맡아 성심성의껏 도와준 필자의 두 조교 이서영 석사와 조아라 석사에게도 깊이 감사한다.

마지막으로, 이 책을 막 고희(古稀)를 넘기신 최명 선생님께 바치고자 한다. 우리 필자들은 모두 선생님께서 서울대학교 정치학과에 재직하시던 때에 선생님의 가르침에 따라 중국정치를 공부하기 시작했고, 선생님의 지도와 격려 속에서 학위논문을 완성할 수 있었다. 많이 늦었지만 우리 중 막내인 구자선 석사도 선생님의 따뜻한 사랑과 격려에 힘입어 공산당 연구로 곧 박사학위를 받을 것이다. 선생님께서는 정년퇴임 이후에도 한결같이 필자들을 아껴주시고 격려해주셨다. 이에 선생님의 고희를 기념하여 세 사람의 제자가 함께 책을 저술하여 선생님의 한없는 가르침과 사랑에 조금이나마 보답하고자 한다.

2011년 11월

조영남 · 안치영 · 구자선

나남신서 1611

중국의 민주주의

공산당의 당내민주 연구

차 례

[표 · 그림 차례]

• 일러두기 •

1. 중국 인명이나 지명 등은 외래어 표기법에 따랐다. 그러나 한국에서 이미 친숙해진 경우는 한자 발음에 따라 표기하고, 필요한 경우에는 중국어를 병기했다. 예: 대만(臺灣), 『인민일보』(人民日報)
2. 본문에 있는 "〈 〉" 표시는 각종 법률과 당규 혹은 이에 준하는 결의나 결정 등을 의미한다. 예: 〈헌법〉, 〈공산당 선거업무 조례〉
3. 각주(脚註)에 있는 "〈 〉" 표시는 인터넷 웹사이트를 의미한다. 예: 〈신화왕〉(新華網)
4. 본문과 각주의 "『 』" 표시는 책, 신문, 잡지를 의미한다. 예: 『광명일보』
5. 본문과 각주의 "「 」" 표시는 논문, 신문 및 잡지의 기사를 의미한다.
6. 중요한 법률·당규, 정부 정책, 중요한 개념 등은 한글 옆에 중국어(한자)를 병기했다. 예: 민주집중제(民主集中制), 당내민주(黨內民主)

제1장

서 론

1. 연구 주제와 의의

2002년 11월 베이징시(北京市)에서 개최된 중국공산당(이하 공산당) 제16차 전국대표대회(이하 당대회)에서 장쩌민(江澤民) 전 총서기는 다음과 같은 공산당 개혁 방침을 발표했다.

> 민주집중제(民主集中制)는 민주 기초 위의 집중과 집중 지도 하의 민주가 상호 결합된 제도이다. 당내민주(黨內民主)는 당의 생명으로, 인민민주(人民民主)에 중요한 모범 역할을 하고 인민민주를 견인(帶動)하는 제도이다. 당원의 민주권리 보장을 기초로, 당대회 및 당위원회 제도의 완벽화를 중점으로, 체제(體制) 및 기제(機制) 개혁을 시작으로, 당원과 당조직의 의견을 충분히 반영할 수 있는 당내민주 제도를 수립

해야 한다.[1]

이러한 제 16차 당대회의 결정 이후, 공산당은 당내민주의 확대를 정치개혁의 핵심의제로 결정하고, 몇 가지 정책을 전국적으로 시험실시(試點)하기 시작했다. 5년에 한 번 개최되던 당대회를 매년 개최하여 중요한 정책을 심의 결정하는 '당대회 연례화(年例化)'(黨代會常任制), 5년에 1회 당대회 참가가 전부였던 당원대표의 활동을 5년 임기 동안에 일상적으로 수행하도록 보장하는 '당원대표 활동의 일상화(日常化)'(黨代表任期制),[2] 당서기(黨書記)의 권한을 축소하고 집단지도(集體領導) 체제를 강화하는 공산당 지방위원회의 권한 강화와 민주적 운영—특히 인사표결제도(人事票決制)의 전면 도입—, 기층 당 지도부 선출을 위한 '공개추천 직접선거'(公推直選)의 도입, 지방 당 조직과 고위 당정간부를 감독하기 위한 당업무(黨務) 공개와 감독 순시제도(巡視制度)의 상시적 운영은 가장 대표적인 정책이다. 이후 2007년 10월의 공산당 제 17차 당대회에서는 이런 시험실시를 통해 검증된 몇 가지 정책이 〈공산당 당헌(黨章)〉 개정을 통해 당제도로 공식 확정되었다. 당원대표 활동의 일상화와 감독 순시제도의 정례화가 그것이다.

이상에서 간단히 살펴본 것처럼, 2002년 제 16차 당대회 이후 당내민주는 공산당의 '집정능력'(執政能力, *ruling capability*) 강화와 함께 공산당 개혁의 핵심 정책으로 간주되고 있다. 더 나아가 당내민주는 중

---

1) 江澤民, 「全面建設小康社會, 開創中國特色社會主義事業新局面」(2002. 11), 新華月報 編, 『十六大以來黨和國家重要文獻選編(上-1)』(北京: 人民出版社, 2005), pp. 40~41.

2) '당원대표'의 공식명칭은 '당대표대회 대표'이고, 간략한 명칭은 '당대표'이다. 그런데 한국에서 당대표는 당의 최고책임자를 가리키기 때문에 혼동이 있을 수 있다. 그래서 이 책에서는 당대표 대신에 당원대표라는 명칭을 사용할 것이다.

국의 정치 민주화를 견인하는 정치개혁의 일환으로 추진되고 있다. 위에서 인용한 '정치보고'가 보여주듯이, 공산당은 '당내민주로 인민민주를 견인하는 방침'을 실시하고 있다. 이처럼 이 연구는 2000년대에 들어 공산당이 당내개혁 차원뿐만 아니라 정치개혁 전체 차원에서 핵심적인 개혁정책으로 추진하고 있는 당내민주를 분석하는 것이다. 당내민주 연구는 몇 가지 측면에서 의의가 있다.

먼저, 이를 통해 세계 최대의 정당조직인 공산당이 개혁기 30여 년 동안 어떻게 국내외 현실 변화에 적응하면서 개혁·개방을 성공적으로 지도했는가를 이해할 수 있다. 1921년 50여 명의 지식인 조직으로 시작한 공산당은 2010년 12월 현재 8,027만 명의 당원을 보유하는 거대 정당이 되었다. 이는 전체 인구 13억 4천만 명의 약 6%에 해당하는 것으로, 공산당은 정치·경제·사회·문화 등 전 분야의 엘리트를 당원으로 두고 있다. 뿐만 아니라 공산당은 전국적으로 389만 개의 기층조직, 즉 당위원회(黨委員會), 당총지부(黨總支部), 당지부(黨支部)를 보유하고 있다. 이들은 정부, 의회, 법원, 경찰, 군 등 국가기관뿐만 아니라 기업, 학교, 대중단체, 연구소, 병원 등 사회 전 조직에 포진하고 있다. 또한 당조직은 도시 지역뿐만 아니라 농촌과 어촌, 한족(漢族) 지역과 소수민족(少數民族) 지역 등 전 지역을 포괄한다. 이처럼 조직 규모와 세력 범위 면에서 공산당은 전 세계적으로 유례가 없다.

그런데 1980년대 말과 1990년대 초에 소련과 동유럽의 사회주의 국가들은 모두 붕괴했고, 이들 국가를 이끌었던 공산당도 함께 몰락했다. 이에 비해 중국은 개혁·개방 정책을 성공적으로 추진하여 2010년 세계 2위의 경제대국으로 부상했고, 이를 주도한 공산당은 국민의 지지를 받으며 안정적으로 권력을 유지하고 있다. 이처럼 다른 국가의 공산당과는 달리 중국공산당이 권력을 유지할 수 있었던 것은, 지난 30여 년 동안 지속적인 당내개혁을 통해 변화된 환경에 능동적으로 적응했기 때문이다. 당내민주는 바로 1978년 개혁을 시작한 때부터 현재까지 공산당이 추진한 핵심 개혁정책이다. 요컨대, 당내민주 연구는 공산당의 적응과 발전을 이해하는 데 중요한 의의가 있다.

또한, 당내민주 분석은 향후 중국정치체제의 안정성을 평가하고 전망하는 데도 중요한 의의가 있다. 이는 중국이 지역강대국(*regional power*)에서 세계강대국(*global power*)으로 부상할지 여부를 판단하는 데 필요한 기초지식을 제공한다. 중국의 부상은 기본적으로 지난 30년 동안의 고도 경제성장(즉, 연 9.8%의 경제성장률)에 근거한 것이며, 향후의 부상도 고도 경제성장을 유지하느냐에 달려 있다. 이런 고도 경제성장은 정치·사회적 안정의 유지와 지속적인 정치체제의 합리화 없이는 달성될 수 없다. 이런 점에서 중국의 부상은 정치체제와도 밀접히 연관된다. 따라서 중국의 부상 여부를 판단하기 위해서는 정치개혁에 대한 분석이 필수적이다.

그런데 중국은 공산당이 국가기관과 조직·기능적으로 결합되어 있고, 실제 정치과정에서 공산당이 국가기관을 종종 대체하는 '당-국가'(*party-state*) 체제라는 특징을 가지고 있다. 또한, 공산당은 전체 사회를 지도하는 '영도 핵심'(領導核心, *leadership core*)이고 '유일한 집정당'(執政黨, *ruling party*)으로 국가권력을 장악 및 운영한다. 이런 이유로 정치개혁 연구는 반드시 공산당 개혁을 포함해야 한다. 앞에서 말했듯이, 당내민주는 1978년부터 현재까지 공산당이 추진하는 당내개혁의 핵심 정책이다. 따라서 공산당 개혁을 이해하기 위해서는 당내민주에 대한 연구가 필요하다.

2. 기존 연구 검토

개혁기 공산당 연구는 2000년대에 들어 본격적으로 이루어졌다. 중국정치에서 공산당이 중요한 지위를 차지함에도 불구하고 이에 대한 연구가 상대적으로 늦은 것은 여러 요인 때문이었다. 먼저, 중국정치의 폐쇄성과 비밀주의 때문에 연구하는 데 어려움이 있다. 즉, 공산당 관계자에 대한 면접조사나 설문조사가 어려워 자료수집과 분석을 제대로 할 수 없기 때문에 연구를 기피하는 경향이 있었다. 또한, 개혁기에도 공산당 일당제가 확고하게 유지되면서 지도부 교체 등 몇 가지 사항을 제외하고는 당내에서 의미 있는 변화가 없었다는 인식도 공산당 연구가 늦게 시작된 원인 중 하나였다.

반면 다른 국가기관에 대한 연구는 활발하게 이루어졌다. 예를 들어, 1980년대부터 1990년대 중반까지의 시기에 중국에 관료주의 모델(*bureaucratic model*)을 적용하여 정책결정(*decision-making*)과 집행을 분석한 연구와,[3] 중앙-지방관계의 변화를 분석한 연구가 광범위하게 이루어졌다.[4] 이런 연구는 공산당이 아니라 주로 중앙과 지방의

---

3) David M. Lampton(ed.), *Policy Implementation in Post-Mao China*(Berkeley: University of California Press, 1987); Kenneth Lieberthal and Michel Oksenberg, *Policy Making in China: Leaders, Structures, and Processes*(Princeton: Princeton University Press, 1988); Kenneth Lieberthal and David M. Lampton(eds.), *Bureaucracy, Politics, and Decision Making in Post-Mao China*(Berkeley: University of California Press, 1992); Carol Lee Hamrin and Suisheng Zhao(eds.), *Decision-Making in Deng's China*(Armonk: M.E. Sharpe, 1995).

4) 정재호, 『중국의 중앙-지방관계론: 분권화개혁의 정치경제』(서울: 나남, 1999); 김흥규, 『중국의 정책결정과 중앙-지방관계』(서울: 폴리테이아, 2007); Jia Hao and Lin Zhimin(eds.), *Changing Central-Local Relations in China: Reform and State Capacity*(Boulder: Westview Press, 1994); Peter

정부를 분석했다는 특징이 있다. 또한, 1990년대에는 중국 정치기구와 제도의 변화에 대한 연구도 진행되었다. 의회와 같은 새로운 국가기관의 등장과 운영에 대한 연구,[5] 중앙 및 지방의 각종 국가기구의 적응과 변화에 대한 연구가 대표적이다.[6] 특히 새로운 점은 시민사회(*civil society*)론이나 조합주의(*corporatism*) 관점에서 국가-사회관계

T. Y. Cheung, Jae Ho Chung and Zhimin Lin(eds.), *Provincial Strategies of Economic Reform in Post-Mao China: Leadership, Politics, and Implementation*(Armonk: M. E. Sharpe, 1998); Linda Chenlan Li, *Centre and Provinces: China 1978-1993 Power as Non-Zero-Sum*(Oxford: Clarendon Press, 1998); Jae Ho Chung, *Central Control and Local Discretion in China*(New York: Oxford University Press, 2000).

5) 조영남, 『중국정치개혁과 전국인대: 개혁기 구조와 역할의 변화』(서울: 나남, 2000); 조영남, 『중국 의회정치의 발전: 지방인민대표대회의 등장·역할·선거』(서울: 폴리테이아, 2006); Kevin O'Brien, *Reform Without Liberalization: China's National People's Congress and the Politics of Institutional Change*(New York: Cambridge University Press, 1990); Murray Scot Tanner, *The Politics of Lawmaking in China: Institutions, Processes, and Democratic Prospects*(New York: Clarendon Press, 1999); Ming Xia, *The People's Congresses and Governance in China: Toward a Network Mode of Governance*(London and New York: Routledge, 2008); Young Nam Cho, *Local People's Congresses in China: Development and Transition*(New York: Cambridge University Press, 2009) 등이 있다.

6) Yongnian Zheng, *Globalization and State Transformation in China*(Cambridge: Cambridge University Press, 2004); Dali L. Yang, *Remaking the Chinese Leviathan: Market Transition and the Politics of Governance in China*(Stanford: Stanford University Press, 2004); Barry J. Naughton and Dali L. Yang(eds.), *Holding China Together: Diversity and National Integration in the Post-Deng Era*(New York: Cambridge University Press, 2004); Jude Howell(ed.), *Governance in China*(Lanham: Rowman & Littlefield Publishers, 2004); Minxin Pei, *China's Trapped Transition: The Limits of Developmental Autocracy*(Cambridge, MA: Harvard University Press, 2006); Susan L. Shirk, *China: Fragile Superpower*(Oxford: Oxford University Press, 2007).

변화를 연구하는 것이 크게 유행했다는 점이다. 사회계층의 분화와 국가-사회관계의 변화를 분석한 연구,[7] 사회단체의 등장과 국가-사회관계의 변화를 분석한 연구가 대표적이다.[8] 동시에 개혁기 노동자 · 농민 등의 민중저항(*popular protests*)도 많은 학자들의 관심을 끌었다.[9]

---

7) 이민자, 『중국 농민공과 국가-사회관계』(서울: 나남, 2001); 김도희, 『전환시대의 중국 사회계층』(서울: 폴리테이아, 2007); Margaret M. Pearson, *China's New Business Elite: The Political Consequences of Economic Reform*(Berkeley: University of California Press, 1997); Bruce J. Dickson, *Red Capitalists in China: The Party, Private Entrepreneurs, and Prospects for Political Change*(New York: Cambridge University Press, 2003); Kelles S. Tsai, *Capitalism without Democracy: The Private Sector in Contemporary China*(Ithaca: Cornell University Press, 2007); Jie Chen and Bruce J. Dickson, *Allies of the State: China's Private Entrepreneurs and Democratic Change*(Cambridge, MA: Cambridge University Press, 2010); Teresa Wright, *Accepting Authoritarianism: State-Society Relations in China's Reform Era*(Stanford: Stanford University Press, 2010); Cheng Li(ed.), *China's Emerging Middle Class: Beyond Economic Transformation*(Washington, D.C.: Brookings Institution Press, 2010).

8) 이남주, 『중국 시민사회의 형성과 특징: NGO의 발전을 중심으로』(서울: 폴리테이아, 2007); Timothy Brook and B. Michael Frolic(eds.), *Civil Society in China*(Armonk: M.E. Sharpe, 1997); Gordon White, Jude Howell and Shan Xiaoyuan, *In Search of Civil Society: Market Reform and Social Change in Contemporary China*(London: Clarendon Press, 1996); Baogang He, *The Democratic Implications of Civil Society in China*(London: Macmillan Press, 1997); David L. Wank, *Commodifying Communism: Business, Trust, and Politics in a Chinese City*(New York: Cambridge University Press, 1999); Scott Kennedy, *The Business of Lobbying in China*(Cambridge, MA: Harvard University Press, 2005); Qiusha Ma, *Non-Governmental Organizations in Contemporary China: Paving the Way to Civil Society?*(London: Routledge, 2006); Jonathan Unger(ed.), *Associations and the Chinese States: Contented Spaces*(Armonk: M.E. Sharpe, 2008).

9) Anita Chan, *China's Workers under Assault: The Exploitation of Labor in a*

그런데 2000년대에 들어 연구조건이 개선되고 공산당 내부에 일정한 변화가 있었다는 인식이 확산되면서, 공산당 연구가 다시 본격적으로 시작되었다. 최근의 공산당 연구는 3가지로 분류할 수 있다. 먼저, 중앙과 지방의 '영도간부'〔領導幹部: 중앙정부(국무원)의 처장(處長), 지방정부의 현장(縣長) 이상의 당정 고위간부〕,[10] 즉 통치 엘리트에 초점을 맞추어 세대교체와 이에 따른 정책 변화를 분석하는 연구가 있다. 이 분야의 연구는 1990년대에 본격화되었다. 이런 연구는 정치 엘리트의 신상에 대한 일차 자료를 수집하고 통계적 기법을 사용하여 이들 간의 세대적 특징(예를 들어, 나이, 학력, 경력, 공동의 정치·사회적 경험)과 정책 성향을 분석한다.[11]

Globalizing Economy(Armonk: M.E. Sharpe, 2001); Virginia Harper Ho, *Labor Dispute Resolution in China: Implications for Labor Rights and Legal Reform*(Berkeley: Institutes of East Asia Studies, 2003); Kevin J. O'Brien and Lianjiang Li, *Rightful Resistance in Rural China*(New York: Cambridge University Press, 2006); Ching Kwan Lee, *Against the Law: Labor Protests in China's Rustbelt and Sunbelt*(Berkeley: University of California Press, 2007); Kevin J. O'Brien(ed.), *Popular Protest in China*(Cambridge, MA: Harvard University Press, 2008); Andrew C. Mertha, *China's Water Warriors: Citizen Action and Policy Change*(Ithaca: Cornell University Press, 2008); Yongshun Cai, *Collective Resistance in China: Why Popular Protests Succeed or Fail*(Stanford: Stanford University Press, 2010).

10) '영도간부'를 한국의 직급에 적용하면, 중앙정부의 과장(科長), 지방정부의 군수 혹은 시장 이상의 고위 공무원을 가리킨다. 한편 일반 명사로서 영도간부는 각 행정단위의 최고책임자를 지칭하는 경우도 있다. 예를 들어, 기층단위에 해당하는 향(鄕)·진(鎭)의 당서기도 영도간부라고 부를 수 있다.

11) Hong Yung Lee, *From Revolutionary Cadres to Party Technocrats in Socialist China*(Berkeley: University of California Press, 1991); Cheng Li, *China's Leaders: The New Generation*(Lanham: Rowman & Littlefield Publishers, 2001); Zhiyue Bo, *Chinese Provincial Leaders: Economic Performance and Political Mobility since 1949*(Armonk: M.E. Sharpe, 2002); David M. Finkelstein

또한, 엘리트 정치(*elite politics*)의 관점에서 공산당의 중앙정치를 분석한 연구가 있다. 이 분야의 연구는 1970년대부터 시작된 것으로, 최근에 들어와 본격화된 것은 아니다. 엘리트 정치 연구에서는 파벌정치(*factionalism*) 모델의 제기와 비판, 정상정치(*normal politics*) 주장과 이에 대한 비판 등 다양한 논쟁이 있었고 이를 둘러싸고 많은 연구가 진행되었다.[12] 특히 최근 연구는 엘리트 정치의 변화에 주목한다. 즉, 1990년대 덩샤오핑(鄧小平, 1903~1997년)에서 장쩌민(江澤民, 1926년~현재), 2000년대에 장쩌민에서 후진타오(胡錦濤, 1942년~현재)로 지도부의 세대교체가 이루어졌고, 이러한 세대교체와 함께 엘리트 정치가 변화하면서 최근 연구는 이러한 변화의 내용과 성격을 해명하는 데 초점을 맞추고 있다.[13]

---

and Maryanne Kivlehan(eds.), *China's Leadership in the 21st Century: The Rise of Fourth Generation*(Armonk: M.E. Sharpe, 2003); Yun-han Chu, Chih-cheng Lo, and Ramon H. Myers(eds.), *The New Chinese Leadership: Challenges and Opportunities after the 16th Party Congress*(Cambridge: Cambridge University Press, 2004).

12) 이에 대한 정리와 분석은 조영남, 『후진타오 시대의 중국정치』(파주: 나남, 2006), pp. 154~156 참조.

13) 최근의 연구로는 다음이 있다. Joseph Fewsmith, *Elite Politics in Contemporary China*(Armonk: M.E. Sharpe, 2001); Jonathan Unger(ed.), *The Nature of Chinese Politics: From Mao to Jiang*(Armonk: M.E. Sharpe, 2002); Bo Zhiyue, *China's Elite Politics: Political Transition and Power Balancing*(Singapore: World Scientific, 2007); Joseph Fewsmith, "Elite Politics: The Struggle for Normality", Joseph Fewsmith(ed.), *China Today, China Tomorrow: Domestic Politics, Economy, and Society*(Lanham: Rowman & Littlefield Publishers, 2010), pp. 149~164; Cheng Li, "Will China's 'Lost Generation' Find a Path to Democracy?" Cheng Li(ed.), *China's Changing Political Landscape: Prospects for Democracy*(Washington, D.C.: Brookings Institution Press, 2008), pp. 98~117; Xie Yue(謝岳), "Party Adaptation and the Prospects for Democratization in Authoritarian China", *Issues & Studies*, Vol. 44, No. 2(June 2008), pp. 79 ~102.

세 번째로 2000년대 들어 공산당의 변화를 종합적으로 분석하는 연구가 있다. 이런 부류로는 소련 붕괴에 대한 당내 논의와 이를 배경으로 추진된 공산당의 개혁을 분석한 샴보(David Shambaugh)의 연구,[14] 신제도주의(*new institutionalism*)와 신 마르크스주의(*Neo Marxism*)의 개념을 이용하여 개혁기 공산당 통치의 형성과 재생산을 분석한 정(Yongnian Zheng)의 연구가 대표적이다.[15] 그 밖에도 다양한 측면에서 공산당을 종합적으로 분석한 브로드가드와 정(Kjeld Erik Brodsgaard and Yongnian Zheng)의 연구가 있다.[16]

공산당 연구 중에서 당내민주 연구는 최근에 시작된 분야이다. 이는 당내민주가 2002년 16차 당대회 이후 본격적으로 실시되었기 때문이다. 따라서 이에 대한 연구는 아직 시론적(試論的)이고 단편적인 것이 대부분이다. 여기에는 당내민주의 논의 분석,[17] 당내민주의 성격과 함의 분석,[18] 당내 논쟁과 일부 지방에서 실시되는 당내민주의 정리 등이 있다.[19] 한마디로 당내민주 연구는 아직 초보적인 상태

---

14) David Shambaugh, *China's Communist Party: Atrophy and Adaptation* (Washington, D.C.: Woodrow Wilson Center Press, 2008).

15) Yongnian Zheng, *The Chinee Communist Party as Organizational Emperor: Culture, Reproduction and Transformation* (London: Routledge, 2010).

16) Kjeld Erik Brodsgaard and Yongnian Zheng(eds.), *The Chinese Communist Party in Reform* (London and New York: Routledge, 2008); Brodsgaard and Zheng(eds.), *Bring the Party Back in: How China Is Governed* (Singapore: EAI, 2004).

17) 이정남, 「최근 중국의 민주화 담론에 대한 비판적 고찰: 당내민주화론을 중심으로」, 『현대중국연구』 제 10집 제 2호(2009년 2월), pp. 41~71.

18) Gang Lin, "Ideology and Political Institutions for a New Era", Gang Lin and Xiaobo Hu(eds.), *China after Jiang* (Washington, D.C.: Woodrow Wilson Center, 2003), pp. 39~68; Baogang He, "Intra-party Democracy: A Revisionist Perspective from Below", Brodsgaard and Zheng, *The Chinese Communist Party in Reform*, pp. 192~209.

19) 이종화, 「위로부터의 개혁과 당내민주」, 전성홍 편, 『체제전환의 중국정

로, 체계적이고 종합적인 분석이 필요하다. 특히 2002년부터 전국에 걸쳐 시험실시된 당내민주의 각종 정책, 그것의 구체적인 추진 절차와 과정, 당내민주의 지역적 특징과 원인, 당내민주의 추진 결과 평가와 전망 등을 실증적으로 분석할 필요가 있다.

한편 중국에서도 당내민주에 대한 연구가 활발하게 이루어지고 있고, 연구결과도 2000년대에 들어 급증하고 있다. 한 중국연구자에 따르면 중국학자들의 연구는 크게 3가지 범주로 나눌 수 있다.[20] 첫째, 역사적 관점에서 공산당의 발전과 당내민주를 분석하는 것이다. 둘째, 이론적 관점에서 당내민주의 방침·내용·의의를 분석하는 것이다. 셋째, 실천적 관점에서 당내민주의 추진을 분석하는 것이다. 이런 연구 중에서 전국적으로 시험실시된 당내민주, 특히 쓰촨성(四川省)과 광둥성(廣東省) 지역의 경험을 종합하고 분석하는 연구가 최근 들어 증가하고 있다.[21] 그 밖에 각 지역의 당내민주의 이론과 제

치』(서울: 에버리치홀딩스, 2010), pp. 79~110; Cheng Li, "Intra-Party Democracy in China: Should We Take it Seriously?" *China Leadership Monitor*, No. 30(Fall 2009); Joseph Fewsmith, "Inner-Party Democracy: Development and Limitations", *China Leadership Monitor*, No. 31(Winter 2010).

20) 楊繼榮 外, 『鄕鎭黨內民主發展的新探索』(成都: 四川人民出版社, 2010), pp. 8~14. 여기에는 비교적 자세한 연구성과도 제시되어 있다. 일부 연구결과는 〈中國選擧與治理〉(www. chinaelections. org)의 '당내민주'(黨內民主) 항목에서 직접 구할 수 있다. 당내민주의 쟁점에 대한 분석은 何益忠 「近年來黨內民主硏究中的幾個爭論問題」, 『馬克思主義與現實』 2011년 제1기 pp. 186~190.

21) 王長江 主編, 『黨內民主制度創新: 一個基層黨委班子公推直選的案例硏究』(北京: 中共編譯出版社, 2007); 任中平 外, 『巴蜀政治: 四川省基層民主政治建設的制度創新硏究』(北京: 中國社會科學出版社, 2010); 王勇兵 主編, 『黨內民主的制度創新與路徑選擇: 基于基層和地方黨內民主試點的實證硏究』(北京: 中央編譯出版社, 2010); 尹德慈 主編, 『廣州黨建硏究報告1: 黨內基層民主建設專題調硏』(廣州: 廣州經濟出版社, 2010); 全國黨的建設硏究會, 『優

도를 분석한 연구,[22] 공산당의 '의법집정'(依法執政, 법에 의한 집정)과 당내민주를 분석한 연구 등이 있다.[23]

秀調硏成果選編』(北京: 中央文獻出版社, 2010).

22) 楊繼榮 外, 『鄕鎭黨內民主發展的新探索』; 高建 · 佟德志 主編, 『黨內民主』(天津: 天津人民出版社, 2010); 夏贊忠 主編, 『黨內民主法規制度硏究』(北京: 中央方正出版社, 2009).

23) 張恆山 外, 『法治與黨的執政方式硏究』(北京: 法律出版社, 2004); 兪可平 主編, 『依法治國與依法治黨』(北京: 中共編譯出版社, 2007).

3. 연구 내용과 책의 구성

이 책은 개혁기 공산당의 당내민주를 '정책'과 '실천'이라는 양 측면에서 종합적이고 체계적으로 분석하는 것을 목적으로 한다. 먼저 개혁기에 들어 당내민주가 제기된 역사적 배경, 과정, 정책 내용을 검토할 것이다. 이를 위해 1978년 공산당 제 11기 중앙위원회 제 3차 전체회의(11기 3중전회)부터 2007년 제 17차 당대회까지 각 시기별로 결정되고 추진된 당내민주의 구체적인 방침과 정책을 분석할 것이다.

또한, 당내민주가 실제로 어떤 내용으로 어떻게 추진되었는가에 대해 실증적으로 분석할 것이다. 당내민주는 추진 환경, 주체, 내용, 과정 등 여러 방면에서 볼 때 층위(*level*)에 따라 크게 차이가 난다. 그래서 공산당 중앙(*central level*)과 지방(*local levels*)으로 나누어 당내민주의 실천을 분석해야 한다. 다만 당내민주가 주로 지방 차원에서 실시되었다는 점을 고려하여, 지방에 대한 분석이 중점이 될 것이다.

구체적으로 이 연구는 모두 6개의 장(章)으로 구성된다. 제 1장 서론과 제 6장 결론을 제외한 나머지가 이 책의 본론이다. 서론에서는 연구 주제와 의의, 기존 연구 검토, 연구내용과 구성, 연구 방법과 자료를 살펴볼 것이다. 결론에서는 연구결과를 요약하고, 당내민주의 성과와 한계를 평가할 것이다. 또한 이에 기초하여 향후 당내민주의 발전과 중국의 민주화를 전망하고 한국에 주는 함의를 살펴볼 것이다. 본문의 각 장에서 분석할 내용을 간단하게 살펴보면 다음과 같다.

먼저, 당내민주와 공산당 개혁(제 2장)을 분석할 것이다. 이 장은 당내민주를 본격적으로 분석하기에 앞서 검토해야 하는 몇 가지 사항을 분석하는 것이다. 이런 점에서 제 2장은 당내민주의 예비검토라고 할 수 있다. 여기에는 첫째, 당내민주와 공산당 개혁의 관계, 둘째, 당내민주의 의미·내용·목적, 셋째, 당내민주의 시기구분이 포함된다. 이를 통해 당내민주가 공산당 개혁에서 어떤 비중을 차지하고, 당내민주의 의미와 주요 내용은 무엇이며, 각 시기별로 당내민주는 어떤 내용을 중심으로 추진되었는가를 알 수 있을 것이다.

또한, 당내민주의 역사와 정책(제 3장)을 분석할 것이다. 여기서는 먼저, 개혁 이전 시기, 즉 마오쩌둥(毛澤東) 시기의 당내민주 정책에 대해 간략하게 검토할 것이다. 개혁기 분석에서는 각 당대회에서 채택된 '정치보고'에 대한 세밀한 분석을 통해, 각 시기별로 채택된 당내민주의 방침과 정책을 살펴볼 것이다. 이와 함께, 각 시기별 당내민주 정책의 주요 특징도 분석할 것이다. 이를 통해 지난 30년 동안 공산당은 어떤 방침과 정책을 갖고 있었고, 각 시기별로 당내민주는 어떤 특징을 보이는가를 이해할 수 있을 것이다.

다음으로 당내민주가 중앙 및 지방 층위에서 실제로 어떻게 추진되었는가를 실증적으로 분석할 것이다. 먼저, 공산당 중앙 층위, 즉 엘리트 정치에 초점을 맞추어 당내민주의 추진을 분석할 것이다(제 4장). 엘리트 정치 차원에서 보면, 당내민주는 크게 덩샤오핑 시기(1978~1993년)와 덩샤오핑 이후 시기(1994년~현재)로 구분할 수 있다. 덩샤오핑 시기에는 '원로'(元老)가 실권을 장악하고 주로 지방 차원에서 민주집중제를 강화하기 위한 목적으로 당내민주가 추진되었다. 이런 면에서 덩샤오핑 시기의 중앙 정치에서는 당내민주가 부재했다고 평가할 수 있다. 이후 장쩌민 시기(1994~2002년)와 후진타오 시기(2002~2012년)에 들어 원로정치가 사라지면서 엘리트 정치 차원에서도 당내민주가 추진되었다.

당내민주는 2002년 16차 당대회 이후 지방 차원에서 본격적으로 추진되었기 때문에, 이에 대해 상세하게 분석할 것이다(제 5장). 여기서는 공산당 지방위원회의 구성과 운영에 대한 기본 이해를 바탕으로 당내민주의 구체적인 내용과 추진 방식을 분석하고, 당내민주의 평가와 향후 전망을 검토할 것이다. 이를 통해, 어떤 종류의 당내민주가 추진되었으며, 그 결과와 한계는 무엇인가를 이해할 수 있을 것이다.

4. 연구 방법과 자료

공산당의 당내민주를 분석하는 이 연구는 문헌자료 분석 방법을 사용할 것이다. 기존연구 검토에서 이미 말했듯이, 최근 들어 중국에서는 당내민주에 대해 많은 조사연구가 수행되었고, 그 결과물이 연속적으로 출판되고 있다. 이들 자료와 연구물을 체계적으로 수집 및 분석함으로써 당내민주의 정책과 실천을 이해할 수 있다. 당내민주는 아직도 민감한 연구 주제이기 때문에, 외국학자가 이 주제를 가지고 체계적인 면접조사를 수행하는 것은 매우 어렵다. 이런 중국의 특수성 때문에 이 연구에서는 주로 문헌자료 분석 방법을 사용하려고 한다.

또한, 당내민주의 실제 추진 상황을 분석할 때는 중앙과 지방을 구분하여 분석하는 층위별 분석 방법을 사용할 것이다. 앞에서 언급했듯이, 당내민주는 중앙과 지방에서 확연히 다르게 추진되었기 때문에 층위별로 구분하여 분석하는 것이 필요하다. 특히 중앙의 경우, 파벌정치(*factional politics*) 등 엘리트 정치의 특수성으로 인해 당내민주가 1990년대 중반을 넘어서야 실제로 추진되었다. 이런 이유 때문에 기존 연구는 주로 지방 차원에서 실시된 당내민주만을 분석한다. 그러나 지방 차원에 국한하여 당내민주를 분석하는 것은 분석 대상을 축소하는 문제가 있다. 이 연구는 이런 기존 연구의 한계를 극복하되 중앙과 지방의 차이를 인정한 상태에서 두 층위를 구분하여 분석하려고 한다.

제 2장

당내민주와 공산당 개혁

의미 · 내용 · 시기구분

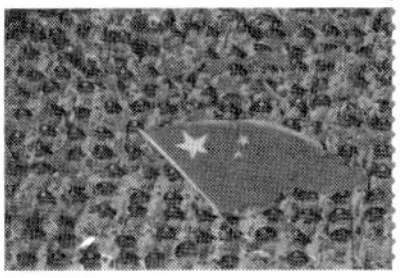

당내민주에 대한 본격적인 분석에 앞서 몇 가지 사항에 대한 검토가 필요하다. 여기에는 당내민주와 공산당 개혁의 관계, 당내민주의 의미 · 내용 · 목적, 당내민주의 시기구분이 포함된다. 이런 사항들은 당내민주를 이해하는 데 필수적이다.

우선, 당내민주는 공산당 개혁의 핵심 내용이지만 전체 내용은 아니다. 공산당 개혁은 크게 보아 당내관계(黨內關係, *intra-party relationship*) 개혁과 당정관계(黨政關係, *party-state relationship*) 개혁으로 나눌 수 있다. 여기서 당내민주는 당내관계 개혁에 속한다. 따라서 공산당 개혁에는 어떤 종류가 있고, 각 종류에는 어떤 정책이 포함되는가에 대한 검토가 필요하다.

또한, 당내민주를 분석하기 전에 먼저 당내민주의 의미, 주요 내용, 시기구분을 검토할 필요가 있다. 단적으로 민주주의에 대해 다양한 정의가 있는 것처럼 중국에서 당내민주는 다양한 의미로 사용된다. 또한 당내민주의 세부 정책에 대해서도 다양한 의견이 있다. 따라서 중국에서 당내민주가 주로 무엇을 의미하고, 실제로 각 지방에서 추진되고 있는 당내민주의 정책이 무엇인가를 확인할 필요가 있다. 이런 검토를 토대로 공산당이 당내민주를 추진하는 주된 목적을 이해할 수 있다.

마지막으로, 당내민주의 시기구분을 검토해야 한다. 당내민주가 당내관계 개혁의 핵심 정책으로 1978년부터 현재까지 추진되고 있지만, 언제나 동일한 정도로 강조되고 추진된 것은 아니다. 시기와 상황에 따라 공산당이 당면한 과제가 달랐기 때문에 당내민주에 대한 중시 정도도 달랐던 것이다. 예를 들어, 1978년 개혁·개방 노선을 결정할 당시 공산당이 해결해야 하는 최대 과제는 문화대혁명(文化大革命, 1966~1976년/문혁) 시기에 파괴된 당조직을 복구하고 당 운영을 정상화하는 것이다. 비슷하게 1989년 톈안먼(天安門) 사건 이후 공산당은 정치혼란을 종식하고 당 집권을 안정화하는 과제를 해결해야 했다. 따라서 각 시기별로 당 개혁의 핵심과제가 무엇이었고, 당내민주는 각 시기별로 어떤 특징을 갖고 있는가를 이해할 필요가 있다.

1. 당내민주와 공산당 개혁

1980년대 초부터 공산당은 당조직의 복원과 정비, 당 운영의 제도화를 위해 다양한 개혁을 추진했다. 간부 임기제(任期制)와 연령제(年齡制) 도입 등 당정간부들의 권력기구 진입과 퇴출에 대한 공식 · 비공식 규정의 제정은 이런 노력의 일부분이다.[1] 1990년대에 들어서는 공산당과 국가기관 간의 관계도 합리적으로 조정하기 시작했다. 그 결과 중국정치는 상대적으로 안정되었고, 권력교체와 같이 매우 민감한 사안도 큰 문제없이 처리될 수 있었다. 이를 보여주는 대표적 사례가 바로 장쩌민을 중심으로 한 '제 3세대' 지도부에서 후진타오를 중심으로 한 '제 4세대' 지도부로의 안정적 권력교체이다.[2]

이러한 공산당 개혁은 다양한 내용을 포함하지만 두 가지가 가장 중요하다. 첫째는 당 내부의 조직 · 구성 · 운영의 문제점을 해결하고 개선하는 '당내관계' 개혁이다. 둘째는 공산당과 국가기관, 즉 의회 · 정부 · 법원 · 검찰 · 군 간의 관계를 합리화하는 '당정관계' 개혁이다. 개혁 순서를 보면 대개 당내관계 개혁이 먼저 추진되고 당정관계 개혁은 후에 추진되었다. 그러나 양자는 서로 밀접히 연관되어 있기 때문에 많은 경우 이 둘을 명확히 구분하기는 어렵다.

---

1) Zhiyue Bo, *China's Elite Politics: Political Transition and Power Balancing* (Singapore: World Scientific, 2007), pp. 19~23, 55~64; Xie Yue, "Party Adaptation and the Prospects for Democratization in Authoritarian China", *Issues & Studies*, Vol. 44, No. 2 (June 2008), pp. 83~84.

2) 조영남, 『21세기 중국이 가는 길』(파주: 나남, 2009), pp. 101~142.

1) 당내관계 개혁

1970년대 말부터 1990년대까지 당내관계 개혁의 핵심과제는 민주집중제(民主集中制, *democratic centralism*)의 발전이었다.[3] 민주집중제는 공산당의 조직 및 운영원칙으로 개혁기 '당건설'(黨建)의 기본 과제로 간주되고 있다.[4] 다만 민주와 집중 중에서 무엇이 강조되는가는 시기에 따라 조금씩 달랐다. 예를 들어, 톈안먼 사건 직후인 1989년 8월에 하달된 공산당 중앙의「당 건설 강화 통지」에서는 민주보다 집중이 강조되었다.[5] 이는 심각한 정치혼란에 직면하여 공산당 중앙이 당 규율 강화와 단결을 통해 위기를 극복하기 위한 시도라고 볼 수 있다. 반면 1990년 3월에 하달된 공산당 중앙의「당과 인민군중의 연계 강화 결정」에서는 민주가 집중보다 강조되었다.[6] 전체적

---

3) 「中國共産黨十一屆中央委員會第三次全體會議公報」(1978. 12), 中共中央文獻硏究室 編, 『三中全會以來重要文獻選編(上)』(北京: 人民出版社, 1982), pp. 9~10; 胡耀邦, 「全面開創社會主義現代化建設的新局面」(1982. 9), 中共中央文獻硏究室 編, 『十二大以來重要文獻選編(上)』(北京: 人民出版社, 1986), pp. 34, 48~49; 趙紫陽, 「沿著有中國特色的社會主義道路前進,」(1987. 10), 中共中央文獻硏究室 編, 『十三大以來重要文獻選編(上)』(北京: 人民出版社, 1991), pp. 50~51; 江澤民, 「加快改革開放和現代化建設步伐, 奪取有中國特色社會主義事業的更大勝利」(1992. 10), 中共中央文獻硏究室 編, 『十四大以來重要文獻選編(上)』(北京: 人民出版社, 1996), pp. 43~45; 「中共中央關於加强黨的建設幾個重大問題的決定」(1994. 9), 中共中央文獻硏究室 編, 『十四大以來重要文獻選編(中)』(北京: 人民出版社, 1997), pp. 953~974; 江澤民, 「高擧鄧小平理論偉大旗幟, 把建設有中國特色社會主義事業全面推向二十一世紀」(1997. 9), 中共中央文獻硏究室 編, 『十五大以來重要文獻選編(上)』(北京: 人民出版社, 2000), pp. 46~47.

4) 『中國共産黨章程』(北京: 外文出版社, 2001), p. 28.

5) 中共中央, 「關於加强黨的建設的通知」, 中共中央文獻硏究室 編, 『十三大以來重要文獻選編(中)』(北京: 人民出版社, 1992), pp. 588~600.

6) 中共中央, 「關於加强黨同人民群衆聯係的決定」, 中共中央文獻硏究室 編 『十三大以來重要文獻選編(中)』, pp. 928~939.

으로 보면 특정 시기를 제외하고는 민주 확대가 공산당의 기본방침이었다. 이는 문혁 시기에 당내민주가 파괴되어 마오쩌둥(毛澤東)의 개인숭배 등 권력집중과 인치(人治) 문제가 발생했다는 반성의 결과이다.

후진타오 시대(2002~2012년)의 당내관계 개혁은 당내민주 확대와 함께 공산당의 '집정능력'(執政能力) 강화가 핵심과제로 제기되었다. 우선, 당내민주 확대가 전보다 더욱 강조되어 공산당 개혁뿐만 아니라 정치개혁의 핵심과제로 결정되었다.[7] 당내민주의 세부 정책으로는 당대회 연례화(黨代會常任制), 당원대표 활동의 일상화(黨代表任期制), 공산당 지방위원회의 권한 강화와 민주적 운영, 당 지도부 직접 선거의 확대〔즉, '공개추천 직접선거'(公推直選)의 도입〕, 감독 순시제도(巡視制度)의 정례화 등이 포함된다.[8] 이 중에서 당원대표 활동의 일상화와 감독 순시제도의 정례화는 2007년 제 17차 당대회에서 당내 민주 제도로 〈당헌〉(黨章)에 추가되었다.[9]

또한, 2002년 16차 당대회에서는 공산당의 집정능력 강화가 당내 개혁의 새로운 핵심과제로 제기되었다.[10] 21세기 변화하는 국내외

---

7) He Baogang, "Intra-party Democracy: A Revisionist Perspective from Below", Kjeld Erik Brodsgaard and Zheng Yongnian (eds.), *The Chinese Communist Party in Reform* (London and New York: Routledge, 2008), pp. 192~209; 上海社會科學院民主政治研究中心, 『中國政治發展進程2004年』(上海: 時事出版社, 2004), pp. 39~76; 江澤民, 「全面建設小康社會」, pp. 40~41.

8) 王長江 主編, 『黨內民主制度創新: 一個基層黨委班子公推直選的案例研究』(北京: 中共編譯出版社, 2007), pp. 235~256, 259~272; 胡錦濤, 「高擧中國特色社會主義偉大旗幟, 爲奪取全面建設小康社會新勝利而奮鬥」(2007. 10), 中共中央文獻研究室 編, 『十七大以來重要文獻選編(上)』(北京: 中央文獻出版社, 2009), pp. 39~40.

9) 조영남, 『21세기 중국이 가는 길』, pp. 120~121.

10) David Shambaugh, *China's Communist Party: Atrophy and Adaptation*

환경에 맞추어 다양한 도전과제를 해결하기 위해서는 공산당이 반드시 특정한 통치능력을 갖추어야 한다는 생각이 집정능력 강화의 출발점이다. 여기에는 사회주의 시장경제의 운영능력, 민주정치의 발전능력, 선진문화의 건설능력, 조화사회의 건설능력, 국제정세의 대응과 국제사무의 처리능력 등 5개 영역의 집정능력이 포함된다. 공산당의 집정능력 강화는 후진타오 시대에 들어 당내민주의 확대보다 강조되는 경향이 있다. 이는 공산당 개혁의 초점이 당의 민주적 조직 및 운영이라는 '형식'에서 당의 실제 통치능력의 향상이라는 '내용'으로 이동했음을 보여준다.

2) 당정관계 개혁

당정관계 개혁은 공산당-국가기관 관계의 제도화를 목적으로 추진되었다. 그런데 당내관계 개혁이 과거 정책을 계승 발전하는 방식으로 진행된 것과 달리, 당정관계 개혁은 과거 정책을 폐기하고 새로운 정책을 수립하는 방식으로 진행되었다. 다시 말해, 개혁 방침은 1980년대의 '당정분리'(黨政分開)에서 1990년대의 '당정결합'(黨政不分)에 기초한 '의법집정'(依法執政, 법에 의한 집정)으로 변화되었다.

먼저, 1980년대에는 공산당의 과도한 권력집중 문제를 해결하기 위해 당정분리가 당정관계 개혁의 핵심과제로 추진되었다. 1987년 제13차 당대회의 결정은 이를 잘 보여준다. 그러나 1989년 톈안먼 사건과 1991년 소련 붕괴 후 공산당의 권력독점을 강화하기 위해 당정분리의 방침은 폐기되었다. 당정분리를 추진할 경우 공산당의 국

(Washington, D.C.: Woodrow Wilson Center Press, 2008), pp.124~127; 上海社會科學院民主政治研究中心, 『中國政治發展進程2005年』(上海: 時事出版社, 2005), pp.23~57; 江澤民, 「全面建設小康社會」, p.40; 胡錦濤, 「高擧中國特色社會主義偉大旗幟」, p.39.

가권력 장악이 약화되고, 더 나아가 공산당과 정부의 분열이 초래될 수 있다는 위기의식이 형성되면서 정치개혁 방침이 변경된 것이다.

이후 1997년 제 15차 당대회에서 '의법치국'(依法治國, 법에 의한 통치) 방침이 확정되면서 새로운 당정관계가 모색되었다. 이때는 당정분리가 아닌 당정결합이 출발점이고, 초점은 어떻게 당정관계를 합리화 및 제도화할 것인가였다. 2002년 제 16차 당대회에서 의법집정이 결정된 것은 그 결과이다.

그런데 의법집정은 당정관계 개혁이지만 동시에 당내관계 개혁도 포함하고 있다는 특징이 있다. 중국은 '당-국가'(*party-state*) 체제로서 당내관계는 당정관계와 밀접히 연결되기 때문이다. 단적으로, 〈당헌〉 · 당규에 의해 당을 운영하는 당내관계의 법제화와, 〈헌법〉과 법률에 의해 공산당-국가기관 관계를 운영하는 당정관계의 법제화는 연결되어 있다.[11] 그래서 덩샤오핑은 1978년에 "당규 · 당법(黨法)이 없으면 국법(國法)은 보장되기 어렵다"고 주장했다.[12]

예를 들어, 1996년 제정된 〈공산당 지방위원회 업무 조례〉는 공산당의 권한 · 역할 · 정책결정 등을 규정한 당규이다. 이 당규는 당내관계를 다루고 있지만 동시에 당정관계를 규정하는 중요한 조항도 포함하고 있다.[13] 지방 공산당위원회의 주된 역할이 각종 국가기관에 대한 영도이고, 〈조례〉는 이에 대한 지침을 담고 있기 때문이다. 그 결과 당내관계의 법제화를 위해 제정된 〈조례〉는 당정관계의 법제화와도 직접 연결된다. 1995년에 제정되고 2002년에 수정된 〈당정영도간부 선발임용 업무 조례〉도 마찬가지이다.[14] 이는 국가기관의

11) 兪可平 主編, 『依法治國與依法治黨』(北京: 中共編譯出版社, 2007), pp. iv, 71, 133~134.

12) 鄧小平, 『鄧小平文獻(第二卷)』(北京: 人民出版社, 1994), p. 147.

13) 「中國共産黨地方委員會工作條例」, 中共中央辦公廳法規室等 編, 『中國共産黨黨內法規選編(1978-1996)』(北京: 法律出版社, 1996), pp. 255~263.

고위관료 임명에 대한 공산당의 제반사항을 규정하고 있다.

정리하면, 공산당의 당내민주 확대는 집정능력 강화와 함께 당내관계 개혁의 중요한 정책이다. 1980년대에는 민주집중제의 회복 및 강화라는 형태로 당내민주 확대가 제기되었다. 그러던 것이 2002년 제16차 당대회에서는 당내민주 확대가 더욱 강조되어 중요한 정치개혁 과제로 제시되었다.

14) 「黨政領導幹部選拔任用工作條例」, 中共中央辦公廳法規室 等編, 『中國共產黨黨內法規選編(2001~2007)』(北京: 法律出版社, 2009), pp. 243~256.

2. 당내민주의 의미 · 내용 · 목적

여기서는 당내민주의 의미, 당내민주의 주요 내용, 당내민주를 추진하는 목적에 대해 간단히 살펴볼 것이다.

1) 당내민주의 의미

당내민주가 무엇을 의미하는가는 학자마다 다르다. 기존 연구에 의하면, 당내민주의 의미에 대해서는 크게 3가지 다른 주장이 존재한다.[15)]

첫째, 당내민주를 당원의 권리 보장과 확대로 해석하는 것이다. 이는 공산당의 기본관점이다. 예를 들어, 장쩌민 전 총서기는 2001년 7월 공산당 창립 80주년 기념대회 연설에서 당내민주의 발전을 수장하면서, 그 첫째로 당원의 민주권리 보장을 언급했다.[16)] 이는 2002년 제 16차 당대회의 '정치보고'에서도 마찬가지이다.[17)] 여기서 알 수 있듯이 당내민주는 당원의 권리 보장을 의미한다. 즉, 당내민주는 전체 당원이 당의 주체로서 평등한 자격으로 당내의 모든 중대 결정에 직간접으로 참여하는 권리를 의미한다.[18)]

이런 관점에서 보면, 당내민주 확대는 당원의 각종 권리를 보장하기 위해 추진되는 것이다. 우선, 당원의 선거권을 보장하기 위해 당

---

15) 何益忠, 「近年來黨內民主研究中的幾個爭論問題」, 『馬克思主義與現實』 2011년 제 1기.

16) 江澤民, 『論黨的建設』(北京: 中央文獻出版社, 2001), p. 515.

17) 江澤民, 「全面建設小康社會」, pp. 40~41.

18) 周天勇 · 王長江 · 王安嶺 主編, 『攻堅: 中國政治體制改革研究報告』(五家渠市: 新疆生産建設兵團出版社, 2007), p. 17; 兪可平 主編, 『中國政治發展30年(1978~2008)』(重慶: 重慶出版社, 2009), p. 78.

지도부 선거제도(특히 경쟁선거 도입)가 개혁되어야 한다. 또한 당원의 알권리를 보장하기 위해 당업무(黨務)가 공개되어야 하고, 당원의 참여권을 보장하기 위해 다양한 당원 의견표현 제도가 수립되어야 한다. 여기에는 당대회 연례화, 당원대표 활동의 일상화, 중대결정 시 당원 의견 수렴 등이 포함된다. 마지막으로 당원의 감독권을 보장하기 위해 당내감독제도가 강화되어야 한다. 이는 당간부의 부패를 막기 위한 것으로, 여기에는 당원 감독제도의 수립, 여론 감독제도의 개선, 당원 질문(詢問·質詢)제도의 수립 등이 포함된다.[19]

둘째, 당내민주를 국가 민주주의의 제도라는 관점에서 이해하는 주장이 있다. 이에 따르면 당내민주는 인민민주가 정당 내부에 적용된 것으로, 당내민주는 일종의 민주주의 정치제도이다. 셋째, 당내민주를 제도규정과 실제 정치생활의 결합으로 이해하는 주장이 있다. 이 관점에 따르면, 당내민주는 민주집중제의 원칙에 입각하여 당의 조직·체제·과정을 규정하는 민주적 제도이면서 동시에 그것에 의해 형성된 당내의 정치생활을 지칭한다. 이런 두 번째와 세 번째의 의미는 공산당의 공식 입장이 아니지만, 일부 학자들에 의해 수용되고 있다.

2) 당내민주의 내용

중국학자들 사이에는 당내민주의 내용에 대해 일정한 합의가 이루어졌다.[20] 이런 내용은 2002년 제 16차 당대회의 결정 이후 전국에 걸쳐 전부 또는 부분적으로 추진되고 있다. 일부 학자들은 당내민주

---

19) 張躍嶺, 「加强黨內民主制度建設 保障黨員主體地位」, 〈新華網〉 2008년 2월 20일, http://www.xinhuannent.com(검색일: 2011.4.7).

20) 「'發展黨內民主'專題硏討觀點綜述」, 『黨建硏究』 2006년 1월 31일, 〈中國選擧與治理〉, www.chinaelections.org.

의 내용으로 22개 항목을 제시하기도 한다.[21] 그러나 이는 지나치게 포괄적인 것이고, 공산당이 중점적으로 추진하는 정책은 다음과 같은 5가지 항목이다.[22]

먼저, 〈당헌〉과 당규가 규정한 당원의 권리를 보장하는 것은 당내민주의 가장 기본적인 내용이다. 앞에서 살펴보았듯이, 당내민주는 무엇보다 당원의 권리 보장을 의미하기 때문이다. 이를 위해 공산당 중앙은 1994년 〈공산당 당원 권리보장 조례〉(中國共産黨黨員權利保障條例)를 제정했다. 이에 따라 중앙과 지방의 각종 당조직은 당 운영 과정에서 〈당원 조례〉의 규정에 따라 당원의 권리를 보장해야 한다. 이는 특정한 시기와 상황에서 실시하는 정책이라기보다는 공산당의 일상 활동에서 준수해야 하는 기본원칙이다.

현재 지방에서 실시되는 당내민주의 두 번째 정책은 당대회 연례화와 당원대표 활동의 일상화이다. 이는 현재 5년에 한 번 개최되는 당대회를 매년 개최하는 것이다. 이를 통해 당내 정책과 기타 중요 사항을 당위원회나 상무위원회가 아니라 당대회가 심의 결정하도록 하는 것이다. 당대회는 당원대표가 모여 구성하는 것이기 때문에, 당대회 연례화가 실현되면 당원의 정책결정 참여가 더욱 확대되며, 이를 통해 당원의 권리가 더욱 잘 보장될 수 있다.

---

21) 鄭慧 主編, 『回顧與展望: 改革開放以來的中國政治學與政治發展』(北京: 中國社會科學出版社, 2009), pp. 109~124.

22) 史衛民 · 潘小娟 外, 『中國基層民主政治發展報告』(北京: 中國社會科學出版社, 2008), pp. 337~347; 「中共'黨內民主'5年探索取得豐收成果」, 『半月談』 2007년 8월 27일, 〈中國選擧與治理〉, http://www.chinaelections.org; 任中平, 「四川省黨內民主基層民主建設的實踐發展及其制度創新」, 『社會科學研究』, 2007년 제 1기, 〈中國選擧與治理〉, http://www.chinaelections.org; 桑學成, 「推進黨內民主建設: 江蘇的探索與實踐」, 『新華日報』, 2008년 11일 25일, 〈中國選擧與治理〉 http://www.chinaelections.org; 韓强, 「山東乳山市整體推進基層黨內民主的新做法」, 『學習時報』 2008년 7월 22일, 〈中國選擧與治理〉, http://www.chinaelections.org.

또한 당대회 연례화는 당원대표 활동의 일상화를 위한 전제이며, 그래서 당원대표 활동의 일상화와 함께 추진된다. 현재 당원대표는 5년에 한 번 개최되는 당대회에 참석하는 것이 활동의 전부인데, 당대회 연례화가 추진되면 당원대표 활동도 일상화될 수 있다. 이렇게 되면 당원대표는 지방의회(지방인민대표대회) 의원처럼 당원대표 소모임을 조직하여 일상적으로 정책 제안이나 감독 등의 활동을 전개하고, 이런 활동에 근거하여 당대회에서 의견을 개진하고 정책결정에 참여할 수 있다. 현재 당원대표 활동의 일상화는 시험실시를 거쳐 2008년 7월 〈공산당 당원대표 임기제 임시조례〉(中國共産黨全國代表大會和地方各級代表大會代表任期制暫行條例)가 제정되면서 당의 제도로 공식 인정되었다.

그런데 당대회 연례화에 대해서는 아직 논의가 분분하다. 일부 학자들은 당내민주의 확대를 위해 필요한 제도로 보고, 이를 전면적으로 실시할 것을 주장한다. 그러나 일부에서는 당대회 연례화를 반대한다. 당의 중대문제 결정과 당 지도부 감독에서 실제 효과는 미미한 반면 개최 비용이 너무 많이 들어 기층조직에 경제적으로 큰 부담이 되기 때문이다. 특히 당원대표 대부분이 전문성이 부족하기 때문에 이들이 당 운영에 참여하는 것은 한계가 있을 수밖에 없다고 한다.[23] 당대회 연례화는 1988년 시험실시를 시작한 지 이미 20여 년이 지났지만 이처럼 논의가 분분하여 아직 공식 당제도로 확정되지 않았다.

세 번째는 당위원회 전체회의의 권한 강화와 민주적 운영, 특히 인사문제 결정 시 당위원회의 표결제(票決制)를 도입하는 정책이다. 최근까지 공산당의 중요 인사 및 정책 결정은 당서기와 상무위원이 참석하는 상무위원회 회의에서 이루어졌다. 실제로 많은 경우에 당서기 1인이 독점적으로 결정권을 행사했고, 그 과정에서 뇌물수수 등

---

23) 何益忠, 「近年來黨內民主研究中的幾個爭論問題」; 周天勇·王長江·王安嶺, 『攻堅』, pp. 16~18, 69~74.

부패 문제가 발생했다. 당위원회의 권한 강화와 민주적 운영은 이와 같은 소수의 권력독점과 부패의 폐단을 막기 위한 정책이다. 이를 위해 공산당 중앙은 2002년 7월 〈당정 영도간부 선발임용 업무 조례〉를 하달했고, 2004년 4월에는 다시 〈공산당 지방위원회 전체회의의 인선 표결 방법〉(黨的地方委員會全體會議對下一級黨委政府領導班子正職擬任人選推薦人選表決辦法)을 하달했다. 당위원회 결정 중에서 인사가 가장 중요하기 때문에 공산당 중앙이 이에 대한 규정을 직접 작성 및 하달한 것이다.

넷째, 당 영도간부 선발제도의 개혁, 특히 '공개추천 직접투표'(公推直選)의 도입은 중요한 당내민주 정책이다. 이 제도는 1990년대 후반부터 일부 지방의 기층단위, 즉 향(鄕) · 진(鎭)(한국의 읍 · 면에 해당)에서 실시되었고, 2002년 이후에는 그 범위가 더욱 확대되었다. 한 조사에 의하면, 2005년 10월까지 전국적으로 모두 13개 성(省)의 217개 향 · 진에서 공개추천 직접선거 제도가 실시되었다고 한다.[24] 그동안 향 · 진의 당서기 및 고위급간부는 상급의 당조직, 즉 현(縣) · 시(市)(한국의 군 · 시에 해당)의 당위원회에서 임명했다. 공개추천 직접투표는 당간부에 대한 추천권을 일반당원과 지역주민에게 이양하고, 최종 인선도 당원대회나 주요 간부 전체회의에서 투표를 통해 결정하는 제도를 말한다. 다시 말해 이 제도는 인사권의 하향 분산과 부분적 경쟁선거의 도입을 의미한다. 세부 절차와 방식은 지역마다 조금씩 다르지만 핵심 내용, 즉 간부 추천권과 선출권의 개방은 모두 동일하다.

다만, 이와 같은 경쟁선거를 당장 전면적으로 도입해야 하는가에 대해서는 아직까지 당내 합의가 이루어지지 않고 있다.[25] 일부 정치

24) 江田憲治, 「中國共産黨'黨內民主'建設的現實理路及歷史警示」, 『國外理論動態』 2010년 12기, pp. 76~81.

25) 何益忠, 「近年來黨內民主研究中的幾個爭論問題」.

지도자나 학자들은 경쟁선거 도입이 당내민주의 '돌파구'(突破口)로서 핵심 정책이라고 주장한다. 따라서 현재 일부 지역의 기층단위에서만 실시되는 경쟁선거를 전국적으로, 또한 가능하면 현급 등 상급단위로 확대해야 한다고 주장한다. 반면 다수의 정치지도자와 학자들은 당내 경쟁선거의 확대 실시를 반대한다. 현재 중국은 많은 문제와 과제에 직면했는데, 경쟁선거의 전면 도입은 사회모순의 악화와 혼란을 초래할 수 있다는 것이다. 또한, 경쟁선거는 금권정치(金權政治)를 초래할 가능성도 있다.[26] 이런 이유로 공개추천 직접투표가 1990년대 후반에 일부 지역에서 실시된 지 10여 년이 지났지만, 아직까지 일부 지역의 기층단위에서만 부분적으로 실시되고 있다.

마지막으로, 당업무의 공개와 당내감독의 강화 정책이 있다. 이를 위해 공산당은 2003년 〈공산당 당내감독 조례〉(中國共產黨黨內監督條例)를 제정했다. 이를 통해 당내감독의 대상, 내용, 방법 등에 대해 명확하게 규정함으로써 당내감독을 제도화할 수 있도록 했다. 또한, 지방 고위 당정간부를 감독하기 위해 공산당 중앙과 성급(省級: 한국의 도에 해당) 당위원회에서 감독조(監督組)를 파견하여 감독하는 감독 순시제도도 상설화했다. 이 제도는 1990년대 중반에 비정기적으로 시작된 것인데, 후진타오 시대에 들어 전국적으로 실시되면서 공산당 제도로 확정되었다. 2007년 17차 당대회에서 〈당헌〉에 기재된 것에 이어, 2009년 7월에 〈공산당 순시업무 조례〉(中國共產黨巡視工作條例)가 제정된 것은 이를 잘 보여준다.

3) 당내민주의 목적

공산당이 당내민주를 추진하는 목적은 시기에 따라 조금씩 다르

26) 房寧, 『民主政治十論: 中國特色社會主義民主理論與實踐的若干重大問題』(北京: 中國社會科學出版社, 2007), pp. 176~196.

다. 예를 들어, 1970년대 말과 1980년대 초에 당내민주를 추진한 주된 목적은 문혁 시기에 무시된 민주집중제를 회복하여 당조직과 운영을 정상화하는 것이었다. 이에 비해 1990년대와 2000년대에는 당조직과 운영이 정상화되었기 때문에, 당 정상화는 더 이상 당내민주의 주된 목적이 아니다.

현재 공산당이 추진하는 당내민주의 5가지 중점정책을 통해 당내민주의 추진 목적을 이해할 수 있다. 한마디로, 당내민주는 공산당이 조직과 운영을 합리화(*rationalization*)하고 제도화(*institutionalization*)하여 당내 통치기반을 공고히 하고, 당정간부 인선과 주요 정책결정에 일반 당원과 국민의 참여를 일부 허용함으로써 공산당의 지지기반을 확대하려는 정책이다. 이는 안정적이고 장기적인 공산당의 일당통치에 필요한 통치의 정당성(*legitimacy*)을 제고하려는 정책이다.

먼서, 당내민주는 공산당의 인선 및 정책결정 과정의 합리화를 위해 추진된다. 최근까지 당정간부 인선과 중요 정책 결정은 당서기를 중심으로 한 소수의 영도간부가 독점했다. 당내민주는 이런 기존의 관행을 개혁하여 좀더 합리적인 정책결정 기제(*mechanism*)를 도입하려는 것이다. 구체적으로 당위원회의 권한 강화를 통해 중요 인선과 정책은 반드시 당위원회 전체회의에서 결정하도록 한다. 뿐만 아니라 당대회 연례화와 당원대표 활동의 일상화를 통해, 당 전체에 영향을 미치는 중대 정책과 인선은 일반 당원이 참여하여 결정하도록 한다. 그 밖에도 중대 정책을 결정할 때는 전문가의 자문과 지역주민의 의견 수렴을 거치도록 한다. 이런 정책들이 제대로 집행된다면 정책결정 과정에서 발생하는 실수와 부패, 고위 당정간부의 승진을 위한 단기업적 위주의 정책, 즉 '이미지 프로젝트'(形象工程)를 방지하는 데 도움을 줄 수 있을 것이다.

또한, 당내민주는 권력분산과 집단지도(集體領導) 체제의 공고화를 통해 영도간부의 권력남용을 억제하고 부패를 방지하기 위해 추진된다. 공산당의 권력남용과 이에 따른 각종 부패는 소수 영도간부, 특히 당서기가 권한을 독점적으로 행사함으로써 발생한다. 이 문제는 각종 개발 사업과 인사 결정에서 특히 심각하게 나타난다. 당내민주는 바로 이 문제를 해결하기 위해 도입된 것이다. 당위원회 전체회의의 권한 강화와 민주적 운영(특히 인사표결제도의 도입), 당대회 연례화와 당원대표 활동의 일상화, 감독 순시제도의 정례화 등이 대표적이다.

공산당의 중요 정책 결정과정에 일반 당원과 지역주민의 참여를 일부 허용함으로써 공산당의 통치기반을 확대하는 것도 당내민주의 주요 목적이다. 이는 당 지도부 인선제도의 개혁(특히 공개추천 직접선거의 도입), 당대회 연례화와 당원대표 활동의 일상화, 당내 중요정책 결정 시 전문가 자문과 주민 의견수렴 제도의 도입 등을 통해 실현된다. 예를 들어, 공개추천 직접선거 제도가 도입되면서 일반 당원과 지역주민은 후보추천에, 전체 당원 또는 주요 당원은 당정간부 선출에 직접 참여할 수 있다. 이렇게 되면 소수 영도간부의 전유물이었던 공산당이 일반 당원과 지역주민이 참여하는 공산당으로 저변을 확대할 수 있게 된다.

마지막으로 유능한 기층간부의 충원과 공산당-지역주민 간의 갈등 완화도 당내민주를 추진하는 목적 중 하나이다. 이는 인사제도 개혁을 통해 실현된다. 상급 당조직과 당서기가 인사권을 행사하는 폐쇄적인 간부 충원제도에서는 상급조직과 당서기에 충성하고 상부 정책을 무조건 집행하는 간부가 유능하고 당성(黨性) 높은 간부로 인정받을 수 있다. 즉, 이 제도에서는 실제로는 무능할 뿐만 아니라 지역주민의 의견을 무시하는 폭압적인 간부가 승진하는 경우가 많다. 이 때문에 인사에서는 뇌물제공 등 편법이 난무하고 무능한 간부가 활개를 치는 문제, 공산당-지역주민 간의 갈등이 악화되는 문제가 발생한다. 공개추천 직접선거의 도입 등 인사제도와 관련된 당내민주가 추진되면서 이런 문제점은 일부 해소될 수 있다.

3. 당내민주의 시기구분

1978년 공산당 제11기 중앙위원회 제3차 전체회의(11기 3중전회) 이후 현재까지 추진된 당내민주는 크게 세 시기로 구분할 수 있다. 첫째, '공산당 정상화 시기'(1978~1991년)로서, 이 시기에는 민주집중제의 회복을 위해 당내민주가 추진되었다. 다음은 '공산당 제도화 시기'(1992~2001년)로서, 이때는 공산당의 규율 강화와 통합 유지를 위해 당조직 및 운영의 제도화가 추진되었다. 마지막은 '당내민주 본격 추진기'(2002년~현재)로서, 이 시기에는 당내민주가 중요한 정치개혁 정책으로 본격적으로 추진되었다.

1) 공산당 정상화 시기

공산당 정상화 시기는 1978년 11기 3중전회에서 1992년 제14차 당대회 이전까지이다. 당시의 당면과제는 문혁 시기에 파괴된 당조직을 복원하고 당 운영을 정상화하는 것이다.[27] 실제로 이때는 여러 가지 당조직이 재건 또는 신설되었다. 공산당 중앙부서(예를 들어, 조직부, 선전부, 통일전선부)의 회복, 당 주석제(主席制) 폐지, 중앙서기처의 회복과 총서기제의 도입, 기율검사위원회의 신설, 정법위원회(政法委員會)의 설립, 〈당내 정치생활 준칙〉(關於黨內政治生活的若干準則)(1980년)의 제정 등이 대표적이다. 이때 당내민주는 개인숭배 및 소수의 권력독점을 막는 수단으로 인식되었고, 그래서 집단지도 체

27) 夏贊忠 主編, 『黨內民主法規制度硏究』(北京: 中央方正出版社, 2009), pp. 11~14; 林尙立 外, 『制度創新與國家成長: 中國的探索』(天津: 天津人民出版社, 2005), p. 47; 全國黨的建設硏究會 · 中共中央組織部黨建硏究所, 『改革開放以來黨的建設』(北京: 黨建讀物出版社, 2008), pp. 269~272.

제의 수립과 함께 민주집중제의 회복을 위한 핵심 정책으로 채택되었다.[28] 이는 문혁 이전의 공산당 전통을 회복하는 것으로, 당내민주가 아직 독자적인 정치개혁 정책으로 인정받은 것은 아님을 보여준다.

이를 잘 보여주는 것이 1982년 제12차 당대회의 결정이다. 여기서는 문혁 시기에 나타났던 개인숭배와 "당내 생활의 비정상 상황"을 개선하고, "당내 정치생활을 더욱 정상화"하기 위해 "민주집중제의 완전화" 방침을 채택했다. 또한, 민주집중제의 완전화를 위해 "당의 기율 강화"를 강조했다. 그러나 12차 당대회에서는 당내민주의 확대를 위한 구체적인 정책이 제시되지 않았다.[29] 실제로 공산당은 1983년부터 1987년까지 당내민주의 확대를 위한 공산당 개혁이 아니라, 전체 당원을 대상으로 사상·태도(作風)·조직 면에서 잘못을 바로잡는 '전면적 정돈'(全面整頓) 운동을 전개했다. 민주집중제는 방종한 가부장제, 파벌주의, 무정부주의, 자유주의를 반대하는 당 규율의 강화 차원에서만 강조되었다.[30]

이에 비해 1987년 제13차 당대회에서는 당내민주가 정치개혁의 주요 내용으로 제시되었다. 먼저, "당내민주로 인민민주를 추동(推動)하는 것은 사회주의 민주정치를 발전시키는 실행가능하고 효과적인 경로"라는 방침이 제시되었다. 이는 당내민주를 정치 민주화와 연결시켜 파악하고, 동시에 정치 민주화를 위해 당내민주를 추진해야 한다는 방침을 최초로 천명한 것이다. 또한, 당내민주의 세부 정책

28) 中共中央黨史硏究室, 『中國共產黨新時期簡史』(北京: 中共黨史出版社, 2009), p. 32; 陳麗鳳, 『中國共產黨領導體制的歷史考察』(上海: 上海人民出版社, 2007), p. 299.

29) 胡耀邦, 「全面開創社會主義現代化建設的新局面」, 中共中央文獻硏究室 編, 『十二大以來重要文獻選編(上)』(北京: 人民出版社, 1986), pp. 49~50.

30) 中共中央黨史硏究室, 『中國共產黨新時期簡史』, pp. 66~67.

으로, 정치국 상무위원회의 정치국 업무보고와 정치국의 중앙위원회 업무보고 제도의 수립, 중앙위원회 회의 개최 회수의 증가, 중앙기관의 업무규칙 제정과 집단지도 체제의 제도화 및 감독강화, 선거제도의 개혁과 중앙위원회 선거에서 차액선거(差額選擧: 정원보다 후보자를 일정 비율, 즉 차액 이상 많게 하는 경쟁적 제한선거) 제도의 도입, 당원 권리의 보장 강화 등이 제기되었다.[31]

실제로 제 13차 당대회의 결정을 기초로, 1988년부터 1989년까지 공산당 중앙 조직부는 저장성(浙江省)의 타이저우시(臺州市)와 사오싱시(紹興市), 헤이룽장성(黑龍江省)의 린뎬현(林甸縣)과 자오둥시(肇東市), 산시성(山西省)의 다통시(大同市)와 훙둥현(洪洞縣), 허베이성(河北省)의 신지시(辛集市), 후난성(湖南省)의 헝산현(衡山縣) 등 5개 성 12개 시 · 현 · 구(區)에서 당대회 연례화를 시험실시하기 시작했다. 당내민주의 중요 정책인 당대회 연례화가 이때 처음 실시된 것이다.[32] 그러나 유감스럽게도 1989년 톈안먼 사건과 1991년 소련 및 사회주의권의 붕괴 이후, 당정분리를 핵심으로 하는 정치개혁이 폐기되면서 당내민주 개혁도 중단되었다. 이후 당내민주가 다시 본격적으로 추진된 것은 2002년 16차 당대회 이후이다.

2) 공산당 제도화 시기

공산당 제도화 시기는 1992년 제 14차 당대회에서 2002년 제 16차 당대회 이전까지의 시기이다. 톈안먼 사건과 소련 및 사회주의권의 붕괴를 경험하면서 공산당은 심각한 위기의식을 느꼈다. 이에 따라 1987년 제 13차 당대회에서 제기했던 당정분리 방침을 폐기하는 등 기존의 정치개혁에 대한 재검토와 조정이 이루어졌다. 이를 잘 보여

31) 趙紫陽, 「沿著有中國特色的社會主義道路前進」, pp. 50~51.

32) 陳麗風, 『中國共産黨領導體制的歷史考察』, p. 305.

〈표 2-1〉 공산당 당헌(黨章) · 당규(黨規)의 제정 및 수정 상황

연도		건수(%)	소계(%)
1970년대	1979~1980	9 (2.4)	9 (2.4)
1980년대	1981~1985	26 (7.1)	74 (20.1)
	1986~1990	48 (13)	
1990년대	1991~1995	53 (14.4)	177 (48.0)
	1996~2000	124 (33.6)	
2000년대	2001~2005	79 (21.4)	109 (29.5)
	2006~2007	30 (8.1)	
총계			369 (100)

*주의: 이 통계는 공개된 유효 규정을 대상으로 작성된 것으로, 공산당의 모든 규정을 포괄하는 것은 아니다. 즉, 비공개 규정과 폐기된 규정은 제외되었다.
출처: 中共中央辦公廳法規室 編, 『中國共産黨黨內法規選編』(1978~1996)/(1996~2000)/(2001~2007)(北京: 法律出版社, 1996, 2001, 2009).

주는 것이 1992년 제 14차 당대회의 결정이다. 여기서는 '사회주의 시장경제론'을 중심으로 하는 경제개혁이 중점적으로 논의되었고, 정치개혁은 중요 의제에서 배제되었다. 또한 간단하게 논의된 정치개혁도 "중국 특색의 사회주의 민주정치의 건설"과 "서구식 다당제와 의회제의 절대 반대" 등 보수적인 내용 일색이었다.[33]

당내민주는 공산당의 '조직 강화' 차원에서 제기되었다. 이를 잘 보여주는 것이 바로 1994년 9월에 개최된 공산당 제 14기 중앙위원회 제4차 전체회의(14기 4중전회)에서 통과된 「당 건설 강화의 중대 문제 결정」이다. 여기서는 사회주의 시장경제에 필요한 "국민의 능동성과 창의력"을 충분히 동원하기 위해 민주집중제를 강화해야 한다고 주장했다. 특히 "당 전체의 적극성을 충분히 발휘하기" 위해서는 당내민주를 발전시켜야 한다고 강조했다. 동시에 당 중앙의 권위를 유지하

33) 江澤民, 「加快改革開放和現代化建設步伐」, pp. 28~29.

고 당 전체의 응집력과 전투력을 강화하여 경제개혁에 매진하기 위해서는 “집중”이 필요하다고 주장했다. 그 밖에도 여기에는 “당내민주의 발양(發揚)을 통한 인민민주의 추동”, 정책결정의 민주화(決策民主化), 집단지도 방식으로 결정해야 하는 3가지 사항〔즉, 방침 · 정책성의 중대문제, 전체상황(全局性)에 속하는 문제, 중요 간부의 인사〕의 명시, 당내감독의 성격과 중점 사항의 제시 등이 포함되었다.[34]

또한 이 시기에는 당조직과 운영의 정비에 필요한 각종 당규가 체계적으로 제정되었다. 대표적인 것인 〈공산당 당원 권리보장 조례〉(1994년), 〈공산당 지방조직 선거업무 조례〉(中國共産黨地方組織選擧工作條例)(1994년), 〈공산당 지방위원회 업무 조례〉(1996년)이다. 그 밖에도 많은 당규가 제정 및 수정되었다. 예를 들어, 〈표 2-1〉에 따르면, 1979년부터 2007년까지 지난 30년 동안 제정 및 수정된 369개의 당규 중에서 약 50%(177개)가 1990년대에 제정되었다. 이런 점에서 1990년대는 당 제도화 시기라고 부를 수 있다.

이런 흐름은 1997년 제 15차 당대회로 이어졌다. 15차 당대회에서는 의법치국을 통한 ‘사회주의 법치국가 건설’ 방침이 공식 결정되었다. 이는 1987년 13차 당대회에서 결정된 당정분리 방침이 1990년대 초에 폐기된 이후 약 10년의 공백을 거쳐 새로운 정치개혁 방침이 등장했음을 의미한다. 이렇게 되면서 경제 분야의 ‘사회주의 시장경제론’과 정치 분야의 ‘사회주의 법치국가론’이라는 양대 개혁 방침이 확립될 수 있었다.[35] 다만 당내민주는 14차 당대회에서처럼 민주집중제 강화 차원에서 간단하게 언급되었다.[36]

---

34) 「中共中央關於加强黨的建設幾個重大問題的決定」(1994. 9), 中共中央文獻研究室 編, 『十四大以來重要文獻選編(中)』(北京: 人民出版社, 1997), pp. 953~974.

35) 의법치국의 등장과 발전에 대해서는 조영남, 『중국의 법치와 정치 개혁』(서울: 창비, 2012) 참조.

3) 당내민주 본격 추진기

당내민주 추진기는 2002년 제 16차 당대회에서 2007년 제 17차 당대회를 거쳐 현재에까지 이르는 시기이다. 우선, 이 기간에는 당내민주가 공산당의 '집정능력' 강화와 함께 공산당 개혁의 핵심 정책이 되었다.[37] 또한, 중앙의 결정과 지방의 자발적 실천이 결합되어 전국적으로 다양한 당내민주 정책이 시험실시되었다. 이 중에서 일부 검증된 내용은 2007년 제 17차 당대회에서 〈당헌〉 수정을 통해 당의 공식 제도로 확정되었다. 뿐만 아니라 "당내민주가 인민민주를 견인(帶動)한다"는 정치개혁 방침이 재차 강조되었다. 이는 1987년 제 13차 당대회의 방침이 부활한 것을 의미한다. 단 당시에는 "추동(推動)한다"에서 이번에는 "견인한다"로 용어가 바뀌었다.

이와 같은 사실을 잘 보여주는 것이 바로 2002년 제 16차 당대회와 2007년 제 17차 당대회의 '정치보고'이다.[38] 특히 2009년 9월 공산당 제17기 중앙위원회 제 4차 전체회의(17기 4중전회)에서 통과된 「새로운 정세에서 당건설 강화의 중대 문제 결정」(中共中央關於加强和改進新形勢下黨的建設若干重大問題的決定)은 매우 중요하다. 이 「결정」은 당내민주의 성격과 의미, 중요 정책 등 2002년 제 16차 당대회 이후 공산당이 추진하는 당내민주에 대한 내용을 종합적으로 정리했기 때문이다. 이 점에서 이 「결정」은 21세기 공산당의 당내관계 개혁에 대한 '종합강령'이라고 할 수 있다.

---

36) 江澤民, 「高擧鄧小平理論偉大旗幟」, pp. 46～47.

37) 周天勇・王長江・王安嶺, 『攻堅』, pp. 69～70.

38) 江澤民, 「全面建設小康社會」, pp. 40～41; 胡錦濤, 「高擧中國特色社會主義偉大旗幟」, pp. 39～40.

제 3장

당내민주의 역사와 정책

중국공산당(이하 공산당)의 당내민주는 레닌(V. I. Lenin)이 주장한 민주집중제(*democratic centralism*)에서 유래한 것이다. 그래서 최근까지도 공산당은 민주집중제의 틀 내에서 당내민주를 논의하고 실행하는 경향이 있다. 민주집중제는 모순적인 두 가지 개념을 결합한 것으로 중국에서는 민주 기초 위의 집중과 집중 지도 하의 민주가 바로 민주집중제라고 이해한다. 간단하게 말해, 민주란 특정 결정을 내리기 전에 광범위하게 의견을 청취하고 자유롭게 토론하는 것을, 집중은 다수결의 원칙에 따라 결정된 사항에 대해서는 전체가 일치단결하여 집행하는 것을 의미한다.

혁명과 내전이라는 생사존망의 시기에 공산당은 당내민주의 중요성에 대해서는 인식했지만 그것을 실제로 실행할 여유는 없었다. 1949년 중화인민공화국이 건국되면서 상황이 개선되자 공산당은 당내민주의 실시를 진지하고 구체적으로 고민했다. 또한 일부 정책들이 부분적으로 실행되었다. 그러나 '반우파투쟁'(反右派鬪爭, 1956~1957년)과 문화대혁명(文化大革命, 1966~1976년/문혁)을 거치면서 당내민주의 맹아들은 자라나지 못한 채 사장되고 말았다. 1978년에 개혁·개방 정책이 본격 추진되면서 기존의 문제를 바로잡고 당내민주를 다시 추진할 수 있었다. 단 추진 속도는 점진적이었고 국내외 정치환경의 변화로 우여곡절을 겪어야 했다. 특히 1989년 톈안먼(天安門) 사건과 1991년 소련 붕괴 이후 당내민주는 한동안 주춤할 수밖에 없었다. 2002년 제 16차 당대회에 이르러서야 당내민주는 본격적으로 추진될 수 있었다.

이 장은 당내민주의 역사와 정책을 이해하는 것을 목적으로 한다. 이를 위해 여기서는 공산당의 중요 회의, 즉 당대회(1977년 이후 5년에 1회 개최)와 중앙위원회 회의(일반적으로 1년에 1회 개최)에 초점을 맞추어 각 회의에서 당내민주와 관련하여 결정된 정책을 집중 분석한다. 이를 통해 우리는 공산당 역사에서 당내민주가 어떤 의미를 갖고 있으며, 주로 어떤 정책이 결정되었는가를 이해할 수 있을 것이다.

또한, 이 장은 역사적 서술 방식으로 당내민주의 역사와 정책을 검토할 것이다. 이를 위해 당내민주의 전개과정을 크게 네 시기로 구분할 것이다. 첫째, 공산당 혁명기(1921~1949년)와 사회주의 성립 및 건설 시기(1949~1977년)이다. 이 시기는 마오쩌둥(毛澤東) 통치 시기와 거의 일치한다. 둘째, 1978년부터 1991년까지의 공산당 조직과 운영의 정상화 시기이다. 이때는 문혁 기간에 파괴된 당 조직과 제도를 복원하고 당 운영을 정상화하는 것이 핵심과제였다. 당내민주는 민주집중제의 회복 차원에서 추진되었다. 셋째, 공산당 제도화 시기로서, 1990년대가 이에 해당한다. 이 시기에 공산당은 당 조직과 운영의 제도화를 위해 노력했다. 당내민주는 그중 하나였다. 넷째, 2002년 제 16차 당대회 이후 당내민주의 본격 추진기이다. 이 시기에 당내민주는 정치개혁의 핵심 정책으로 추진되었다.

1. 마오쩌둥 시기의 당내민주

〈공산당 당헌(章程)〉에 민주집중제가 최초로 규정된 것은 1927년 제5차 당대회에서 통과된 〈공산당 당헌〉(제3차 수정)에서였다. 이 〈당헌〉의 제2장 "당 건설"은 민주집중제를 공산당의 지도원칙으로 규정했다(제12조). 또한 "중앙위원회에서 약간의 정치국 위원을 조직하여 전국의 일체 정치업무를 지도"하고, "중앙정치국에서 약간의 인원을 뽑아 중앙 상무위원회를 조직하여 당의 일상 사무를 처리한다"(제27조)는 규정이 만들어져, 집단지도의 원칙도 수립되었다. 이외에 최초로 중앙과 성(省)의 감찰위원회(監察委員會)가 설립되어 당내 감독기능을 담당하도록 규정했다(제8장).[1] 그러나 혁명을 추진하는 긴급한 상황에서 천두슈(陳獨秀, 1879~1942년)와 왕밍(王明, 1904~1974년) 등 공산당 지도자의 개인독단과 가부장제, 이견을 배척하는 당내 풍조가 만연하면서 이런 당내민주 규정은 현실적으로 실현될 수 없었다. 다시 말해 당내민주는 '종이 위의 규정'에 불과했다.

당내민주가 다시 제기된 것은 1935년 1월에 개최된 준이회의(遵義會議)를 기점으로 마오쩌둥이 당 운영의 주도권을 잡은 이후였다. 1937년 5월 옌안(延安)에서 개최된 전국대표회의(소비에트구 대표회의)에서는 민주집중제가 구체적으로 논의되었다. 이에 따르면 민주집중제란 4가지 사항을 의미한다. 첫째, 각급 당의 지도기관은 반드시 선거로 구성된다. 둘째, 당의 지도기관은 반드시 당원에 업무를 보고한다. 셋째, 하급기관은 상급기관에 복종한다. 넷째, 소수는 다수에 복종한다.

이외에도 이 회의에서는 당내민주의 구체적인 조치로 7개 항목이

---

1) 「中國共產黨 第三次 修正章程 決案」, 〈新華網〉, http://news.xinhuanet.com(검색일: 2011.5.30).

제시되었다. 첫째, 당의 각급 위원회 성원은 선거로 선출한다. 둘째, 상급 당조직이 하급 당조직에 영도간부(領導幹部)를 파견하는 방식은 제한한다. 셋째, 각급 위원회는 기한에 맞춰 회의를 개최하고, 모든 중요한 문제는 반드시 전체회의에서의 토론을 거쳐 결정한다. 넷째, 당의 상무위원회는 역할 분담 및 개인 책임제의 기초 하에 '집단업무제'(集體業務制)를 실행한다. 다섯째, 모든 중요문제는 '적극분자' 회의의 토론을 거쳐 결정한다. 여섯째, 회의 일정·문건·결의안 초안 등은 모두 회의 참가자에게 사전에 제공한다. 일곱째, 회의에서 토론의 자유를 보장하고, 결의 통과 후에는 소수가 다수에게 반드시 복종하는 원칙을 준수한다.[2)]

한편 1938년 공산당 제 6기 중앙위원회 제 6차 전체회의(6기 6중전회)에서는 3개의 당내 법규(당규/黨規)가 통과되었다. 〈중앙위원회 업무 규칙과 기율 결정〉(關於中央委員會工作規則與紀律的決定), 〈각급 당위원회 임시 조직기구 결정〉(關於各級黨委暫行組織機構的決定), 〈각급 당부서 업무규칙과 기율 결정〉(關於各級黨部工作規則與紀律的決定)이 바로 그것이다. 이들 당규는 각급 공산당 기관의 임무·직책·기율을 상세하게 규정했고, 특히 각 당원은 민주집중제의 원칙을 준수해야 한다고 강조했다.[3)]

이후 1945년에 개최된 공산당 제 7차 당대회에서는 민주집중제에 대한 좀더 구체적인 조치가 채택되었다. 먼저, 중앙위원회 위원을 선출할 때는 각 대표단 소조(小組)에서 후보명단을 제출하고 토론을 거친 후 예선을 진행했다. 이후 예선을 통과한 후보를 대상으로 본선거가 실시되어 무기명 투표로 중앙위원이 선출되었다.[4)] 또한, 이

---

2) 「蘇區黨代表會議組織問題報告提要」, 中央檔案館 編, 『中共中央文件選編10 (1936~1938)』, 中共中央黨校出版社, 1985, pp. 206~214.

3) 陳堅, 「抗戰時期中共黨內民主建設基本歷程及其特點」, 『上海黨史與黨建』 2005년 10월, p. 21.

대회에서 통과된 〈당헌〉에서는 처음으로 당원의 권리와 의무가 명시되었다. 즉, 첫째, 당원은 당 회의나 발간물에서 정책과 각종 문제에 대한 토론에 참가할 수 있다. 둘째, 당원은 당내 선거권과 피선거권을 갖는다. 셋째, 당원은 당의 어떠한 기관, 심지어 중앙위원회에도 건의하고 비판할 수 있다. 넷째, 당원은 당내 회의에서 당의 어떠한 사람도 비판할 수 있다(제 3조).[5)]

1956년에 개최된 공산당 제 8차 당대회는 공산당 역사에서 가장 민주적인 대회로 평가된다. 예를 들어, 전체회의 기간 중에 당원대표들이 했던 주요 발언은 다음날 『인민일보』(人民日報)에 발표되었다. 또한 중앙위원회 위원선거도 발전했다. 즉, 중앙위원회 후보명단을 당 중앙이 제출한 것이 아니라 당원대표가 자유롭게 추천하여 세 차례의 예선을 거쳐 후보명단이 결정되었고, 이후 당대회에서 투표를 통해 중앙위원이 최종 선출되었던 것이다. 당선자 명단과 득표수는 그 자리에서 발표되었고, 중앙위원과 후보위원 명단은 득표 순서로 정해졌다.[6)]

제 8차 당대회에서 류사오치(劉少奇, 1898~1969년)의 「정치보고」와 덩샤오핑(鄧小平)의 「당헌수정 보고」는 모두 민주집중제의 견지, 당내민주의 발양, 개인숭배의 반대를 강조했다.[7)] 그리고 제 7차 당

---

4) 劉誠, 孫琳艷, 「抗日戰爭時期黨內民主發展略論」, 『黨史硏究與敎學』 2005년 제 3기, p. 55.

5) 「中國共産黨章程」(1945. 6), 〈新華網〉, http://news.xinhuanet.com(검색일: 2011. 5. 30).

6) 曹普, 「新中國成立以來黨內民主發展軌迹」, 『學習時報』 2009년 9월 28일, 〈中國選擧與治理〉, http://www.chinaelections.org; 曹普, 「中共八大: 發展黨內民主的範例」, 『學習時報』, 〈人民網〉 http://theory. people.com.cn(검색일: 2011. 6. 9).

7) 劉少奇, 「在中國共産黨第八次全國代表大會上的政治報告」, 〈新華網〉, http://news.xinhuanet.com(검색일: 2011. 5. 30.); 鄧小平, 「關於修改黨的章程的報告」, 〈新華網〉, http://news.xinhuanet.com(검색일: 2011. 5. 30.).

대회에 이어 당원의 민주적인 권리를 명확히 했고, 더불어 당원 권리를 침해하는 것은 당 기율을 위반하는 것이라고 명확히 규정했다.

구체적인 당내민주 조치로 공산당 제8차 당대회에서는 중앙에서 현급(縣級) 행정단위에 이르기까지 '당대회 연례화'(年會制)와 '당원대표 활동의 일상화'(常任制)를 실행하기로 결정했다. 덩샤오핑은 「당헌수정 보고」에서 다음과 같이 말했다. 즉, "당의 민주생활을 고도의 수준까지 제고하기 위해, 당 중앙위원회는 〈당헌〉 초안 중에서 하나의 근본적인 개혁을 채택했다. 그것은 바로 당의 전국·성급(省級)·현급의 당대회를 모두 매년 개최하는 것이다. 이것은 각급 인민대표대회(즉, 지방의회: 인용자)와 다소 유사한 형태이다."[8] 그 결과 1957년 말까지 성급 행정단위(성·자치구·직할시, 단 티베트자치구는 제외)에서는 당대회 연례화가 실시되었고, 전국 1,500개 현급 행정단위(현·시)에서도 당원대표 활동의 일상화가 실행되었다.[9] 그러나 반우파투쟁과 대약진운동 등 이후의 정치적 상황으로 인해 제8차 당대회의 제2차 회의(1958년 5월 5~23일) 이후 당대회 연례화는 유지될 수 없었다.

공산당 제8차 당대회 이후 20여 년 동안 당내민주는 엄청난 좌절을 겪어야만 했다. 1957년 반우파투쟁의 확대는 각종 민주제도와 법률제도(法制)를 파괴했고, 당내에는 주요 지도자 개인의 독단과 전횡이 횡행했다. 또한 특정 개인이나 소수집단이 자기 의견만 고집하는 풍조가 점차 성행했다. 이렇게 되면서 당내민주는 점차 설 자리를 잃었다. 특히 1959년의 '루산회의'(廬山會議)와 이후 전개된 '반우경운동'(反右傾運動)은 당내민주의 심대한 퇴보를 초래한 정치적 사건이었다. 루산회의에서 펑더화이(彭德懷) 등이 행한 발언이나 편지는 공

---

8) 鄧小平, 「關於修改黨的章程的報告」.

9) 中共湖北省委組織部課題組, 「中國共産黨黨內選擧工作的歷史回顧」, 『黨建研究』 2003년 제5기, 〈中國選擧與治理〉, http://www.chinaelections.org.

산당의 조직원칙에 부합할 뿐만 아니라 당원의 기본 권리였음에도 불구하고 이들의 권리는 철저하게 무시되고 박탈당했다. 마오쩌둥과 다른 견해를 갖고 있었다는 것이 주된 이유였다. 또한, 마오쩌둥의 방침이나 정책과 다른 당내 의견은 계급투쟁의 잣대로 평가되었고, 사실을 말하고 비판하는 당원과 영도간부는 박해를 받았다. 그 결과 당내에서는 누구도 함부로 말할 수 없고, 말을 해도 사실을 말하지 않는 풍조가 확대되었다. 동시에 소수 지도자의 개인독단과 개인숭배도 만연하게 되었다.[10]

이런 과정에서 1962년 초에 개최된 '중앙업무회의'(中央工作會議: 이른바 '7천인 대회')는 당내민주를 회복하기 위한 하나의 시도였다. 이 회의에서 류사오치는 당내의 비정상적인 정치생활에 대하여 "당원의 의견 제시 불허, 당원의 비판 불허, 결함 있고 착오를 저지른 당원에 대하여 지나친 투쟁과 징벌주의 방법의 사용, 타격 보복, 임의 출당(黜黨) 조치의 실시" 등을 문제점으로 지적했다. 그러나 이런 문제에 대해 제도 수립을 통해 근본적으로 문제를 해결하기보다는 업무태도(工作作風) 개선 등 표면적인 현상에 초점을 맞추어 몇 가지 정책을 제기함으로써 당내 문제는 해결되지 않았다.[11]

같은 해 9월에 개최된 공산당 제8기 중앙위원회 제10차 전체회의(8기 10중전회)에서 마오쩌둥은 이런 류사오치의 비판에 대해 반비판을 가했다. 즉, 마오는 이런 문제제기를 '흑암풍'(黑暗風: 현재의 상황을 암흑으로 보는 풍조), '단간풍'(單幹風: 개인소유의 텃밭에서 경작하기), '번안풍'(翻案風: 기존의 방침을 뒤집는 행위)으로 규정하고 비판했던 것이다.[12] 그 결과 마오쩌둥은 중요 정책에 대한 집단적 의사결정을 부

10) 祖金玉, 「建國以來中國共産黨黨內民主發展脈絡及其啓示」, 〈人民網〉, http://dangshi.people.com.cn(검색일: 2011.6.3).

11) 原方, 「中國共産黨黨內民主建設的歷史經驗」, 『前進』 2005년 제2기, pp. 33~35.

정하고 개인독단과 개인숭배를 더욱 조장했던 것이다.

이후 1963년부터 1965년까지 전개된 '사청운동'(四淸運動)에서는 "당내 자본주의 길을 걷는 주자파(走資派)"라는 개념이 제기되고, 계급투쟁의 칼끝이 당내 영도간부에 향했다. 이런 과정에서 당내 문제를 해결하는 방식은 이전의 비판과 자아비판의 온건한 방식에서 살기등등한 '대비판'(大批判) 방식으로 바뀌었다. 이런 상황에서 당내민주는 이제 의미가 없는 허구가 되었던 것이다. 마침내 1966년부터 1976년까지 10년 동안 이어진 문혁 기간에는 당내민주가 완전히 사라졌다. 대신 공산당의 '일원화 지도'(一元化領導)가 횡행하고 마오쩌둥의 개인숭배가 최고조에 달했다.[13)]

문혁 과정에서 개최된 공산당 제 9차 당대회(1969년 4월)와 제 10차 당대회(1973년 8월)에서도 당내민주는 악화되었다. 〈당헌〉에는 당원의 권리와 의무에 관한 규정이 삭제되었고, "당의 각급 지도기관은 모두 선거로 선출한다"는 규정이 "민주협상 및 선출" 규정으로 개악되었으며, 무기명 투표 규정도 삭제되었다. 더불어 감찰위원회에 대한 규정 역시 삭제되었다. 특히 제 9차 당대회에서는 〈당헌〉 개정을 통해 마오쩌둥의 후계자로 린뱌오(林彪, 1907~1971년)의 이름이 명기됨으로써 당내민주가 완전히 무시되었다.[14)]

12) 「毛澤東在八届十中全會上的講話」, 〈烏有之鄉〉 http://www.wyzxsx.com (검색일: 2011. 6. 15).

13) 祖金玉, 「建國以來中國共産黨黨內民主發展脈絡及其啓示」.

14) 「中國共産黨章程」(1969. 4), 〈新華網〉, http://news.xinhuanet.com (검색일: 2011. 6. 16); 「中國共産黨章程」(1973. 8), 〈新華網〉, http://news.xinhuanet.com (검색일: 2011. 6. 16).

2. 공산당 정상화 시기(1978~1991년)

문혁 이후 공산당이 직면한 가장 시급한 과제는 문혁 기간에 파괴된 당 조직과 제도를 복원하고 당과 국가를 정상화하는 것이었다. 그러나 1977년에 개최된 공산당 제 11차 당대회에서는 당내민주와 관련한 포괄적이고 체계적인 조치가 이루어지지 않았다. 단지 〈당헌〉 수정을 통해 당내민주를 간단하게 언급했을 뿐이다(제 19조). 즉, "모든 중요 문제는 집단적으로 결정한다"(제 11조)는 것이 당내민주의 주요 내용이었다. 반면 당내민주에서 핵심인 당원의 권리와 의무 등 다른 주요 사항은 여전히 회복되지 않았다.[15]

이후 1978년 12월에 개최된 공산당 제 11기 중앙위원회 제 3차 전체회의(11기 3중전회)에서 덩샤오핑이 권력을 장악하고, 업무 중점이 '사회주의 현대화 건설', 즉 개혁·개방으로 이동함에 따라 당 조직과 제도의 회복, 당내민주가 다시 추진될 수 있었다. 이 회의에서는 "과거 상당기간 동안 민주집중제가 진정으로 실현되지 않았다"고 비판하며, "당 생활과 국가 정치생활에서 민주를 강화할 것"이 강조되었다.[16] 또한 중앙기율검사위원회(紀律檢查委員會)가 다시 설립됨으로써 고위 당정간부의 권력 행사를 감독하고 통제할 수 있는 제도적 기초가 형성되었다.[17]

공산당의 당내감독기구는 당내민주와 관련하여 매우 중요한 의미를 갖는다. 이것이 있어야만 영도간부의 권력남용과 부패가 어느 정

15) 「中國共產黨章程」(1977. 8), 〈新華網〉, http://news.xinhuanet.com(검색일: 2011. 6. 17).

16) 『鄧小平文選 제 2권』(제 2판) (北京: 人民出版社, 1994), pp. 144~147.

17) 「中國共產黨第十一屆中央委員會第三次全體會議公報」, 〈新華網〉, http://news.xinhuanet.com(검색일: 2011. 5. 30).

도 통제되고, 당내 제도가 민주적으로 운영됨으로써 일반 당원의 권리가 보장될 수 있기 때문이다. 당내감독기관이 처음 생긴 것은 1927년 6월 「공산당 제 3차 당헌 수정 결의안」에서 중앙과 성급 행정단위에 감찰위원회를 설치한다는 규정이 신설되면서였다. 그러나 1928년 공산당 제 6차 당대회에서는 〈당헌〉이 개정되어 감찰위원회 규정이 삭제되었다. 이후 1945년 공산당 제 7차 당대회에서 〈당헌〉에 감찰위원회 조항이 다시 추가되었다. 수정된 〈당헌〉은 중앙감찰위원회가 당대회가 아니라 중앙위원회 전체회의에서 선거로 구성되고, 각 공산당 지방위원회 감찰위원회는 당위원회 전체회의에서 선거로 구성되어 상급 당조직의 비준을 받도록 규정했다.

이후 1949년 11월 사회주의 중국이 수립된 이후 공산당 중앙은 주더(朱德, 1886~1976년) 등 11인으로 중앙기율검사위원회를 구성했다. 1951년 4월에는 현급 이상의 각급 공산당 지방위원회에 기율검사위원회를 설립할 것을 결정했다. 그러나 이 시기의 중앙기율검사위원회는 중앙위원회의 하부 기구에 불과했다. 이후 '가오강(高崗) 사건'을 계기로 1955년 3월에 기율검사위원회를 대신해 중앙과 지방에 감찰위원회를 다시 설치하기로 결정했다. 기율검사위원회와는 달리 감찰위원회는 중앙과 각급 공산당 지방위원회가 구성하는 것이 아니라, 각급 당대회에서 선거를 통해 선출하여 구성하도록 했다. 또한 이때는 상급 및 하급 감찰위원회 간의 관계도 좀더 명확히 규정했다.

1956년 공산당 제 8차 당대회에서는 둥비우(董必武, 1886~1975년)를 서기로 하는 중앙감찰위원회가 설립되었다. 그러나 문혁 기간에 개최된 공산당 제 9차 및 제 10차 당대회에서는 당내감독기관이 폐지되었다. 이후 1978년 공산당 11기 3중전회에 이르러서야 중앙기율검사위원회가 다시 구성되었다. 당시 기율검사위원회의 제 1서기에는 천윈(陳雲, 1905~1995년), 제 2, 3서기와 상무(常務)서기에는 각각 덩잉차오(鄧穎超, 1904~1992년), 후야오방(胡耀邦, 1915~1989년), 황커청(黃克誠, 1902~1986년)이 선출되었다. 이후 점차 지방에 이르기까지 감독기구가 완비되었고, 1982년 공산당 제 12차 당대회에서는 〈당헌〉이 개정되어 기율검사위원회의 임무와 선출방법 등이 구체적으로 명시되었다. 이 규정에 따라 기율검사위원회는 중앙위원회와 마찬가지로 당대회에서 선거로 구성될 수 있었다. 이를 통하여 형식적으로나마 중앙위원회와 기율검사위원회가 상호 견제 및 제약하는 구도가 형성된 것이다.[18)]

이후 1980년 2월에 개최된 공산당 제 11기 중앙위원회 제 5차 전체회의(11기 5중전회)에서 〈당내 정치생활 준칙〉(關於黨內政治生活的若干準則)이 통과되면서 당내민주의 발전과 관련하여 새로운 이정표가 만들어졌다.[19)] 총 12조로 된 〈준칙〉에 포함된 당내민주의 내용은 집단지도의 견지, 이견에 대한 정확한 대응, 당원의 권리 보장, 당내 선거에서 유권자(당원)의 의지 구현, 일반 당원과 군중의 감독 허용, 특권 불허 등이다. 핵심은 권력의 과도한 집중과 개인 독단을 막는 것이었다. 이는 정상적인 당내 정치생활을 회복하고 당내민주를 발전시키는 기초가 되었다.

이어 1980년 8월에 개최된 정치국 확대회의에서 덩샤오핑은 「당과 국가 지도제도의 개혁」이라는 장문의 글을 발표했다. 이 연설은 개혁기 중국의 정치개혁에 대한 '강령성'(綱領性) 문건이 되었고, 이후 정치개혁 전반에 대해서 뿐만 아니라 당내민주에 대해서도 커다란

---

18) 楊濟如, 「改革開放以來中共中央領導機構的恢復與發展」, 『黨史博覽』 2009년 제 6기, pp. 6~8; 楊光, 「改革開放以來中共中央組織機構是怎樣調整的」, 〈中國共產黨新聞網〉, http://theory.people.com.cn(검색일: 2011. 7. 20); 王輝·文道遠, 「權力制約權力: 黨內監督制度的確立及發展」, 『湘潮』(下半月), 2007년 6월 13일, 〈中國選擧與治理〉, http://www. chinaelections.org.

19) 「關於黨內政治生活的若干準則」, 中共中央辦公廳法規室 等編, 『中國共產黨黨內法規選編(1978~1996)』(北京: 法律出版社, 2009), pp. 30~41.

영향을 미쳤다. 여기서 덩샤오핑은 "각급 당위원회는 집단지도와 개인책임 분담이 서로 결합된 제도를 실행해야 한다"고 강조했다.[20]

이를 이어서 1982년 공산당 제 12차 당대회에서는 "당의 민주집중제를 더욱 개선하여 당내 정치생활을 진일보 정상화한다"는 방침이 강조되었다.[21] 먼저, 공산당 조직과 관련된 중대 조정이 있었다. 즉, 공산당 주석과 부주석 직위가 폐지되고 대신 총서기 직위가 신설되었다. 여기서 총서기는 중앙정치국 상무위원 중 한 사람으로 정치국 회의와 정치국 상무위원회 회의의 소집을 책임지고, 중앙서기처의 일상 업무를 주재하는 직무를 담당한다(〈당헌〉 제 21조). 이는 최고지도자의 권력을 축소하여 특정 개인으로의 과도한 권력 집중과 이에 의한 권력 전횡을 막기 위한 조치였다. 다시 말해 이는 '제 2의 마오쩌둥'의 출현을 방지하기 위한 조치라고 할 수 있다. 또한, 개정된 〈당헌〉은 집단지도(集體領導)를 실행하며, 어떠한 형식의 개인숭배도 금지한다는 사실을 강조했다(10조). 영도간부〔領導幹部: 중앙정부(국무원)의 처장(處長), 지방정부의 현장(縣長) 이상의 당정 고위간부〕의 직위도 '종신제'(終身制)가 아니라 상황에 따라 변동 혹은 해제가 가능한 것이라 규정했다. 그 밖에도 이때는 정기적인 당대회의 소집 및 각급 당대회의 임기(5년)도 명확하게 규정했다.[22]

또한 공산당 제 12차 당대회에서는 〈간부 선발 임용 통지〉(關於嚴格按照黨的原則選拔任用幹部的通知)가 결정 하달되었다. 이에 따르면, '영도간부'는 반드시 당의 원칙을 모범적으로 준수하여 임용하고, 조직 인사 업무의 기율을 준수해야 한다. 또한, 영도간부의 선발 및 임

20) 鄧小平, 『鄧小平文選 第二卷』, pp. 320~343.

21) 胡耀邦, 「全面開創社會主義現代化建設的新局面」, 〈新華網〉, http://news.xinhuanet.com(검색일: 2011. 6. 3).

22) 「中國共産黨章程」(1982. 9), 〈新華網〉, http://news.xinhuanet.com(검색일: 2011. 6. 13).

용은 반드시 규정된 절차를 엄격히 준수해서 실행해야 한다. 그 밖에도 간부의 선발 임용은 반드시 '군중노선'에 의거하고, 간부선발은 반드시 당위원회의 집단토론을 거쳐 결정하며 개인적인 결정은 불허한다.[23]

이후 1987년에 개최된 공산당 제 13차 당대회에서는 "당내민주로 인민민주를 추동하는 것은 사회주의 민주정치를 발전시키는 실행가능하고 효과적인 경로"라는 방침이 제시되었다. 이는 당내민주를 출발점으로 하는 정치개혁의 경로가 새롭게 제시된 것이다. 또한, 제 13차 당대회에서는 당내민주를 강화하기 위한 세부 조치가 제시되었다.

첫째, 중앙 지도기관의 업무 방식을 제도화한다. 예를 들어, 중앙정치국 상무위원회는 중앙정치국에, 중앙정치국은 중앙위원회 전체회의에 정기적으로 업무를 보고한다. 둘째, 매년 개최되는 중앙위원회의 개회 횟수를 늘려 중앙위원회의 집단적 의사결정 기능을 강화한다. 셋째, 중앙정치국, 중앙정치국 상무위원회, 중앙서기처의 업무규칙과 각종 운영제도〔예를 들어, 고위 간부들이 참여하는 '민주생활회'(民主生活會)의 정기적이고 엄격한 운영〕를 수립한다. 이를 통해 집단지도를 제도화하고 당 지도자에 대한 감독과 제약을 강화한다. 지방의 각급 당조직도 이에 상응하는 의사규칙 및 표결제도를 수립한다.

넷째, 당내 선거제도를 개혁한다. 즉, 당내선거에서 후보지명의 절차와 차액선거(差額選擧), 즉 정원보다 후보를 일정 비율(차액) 이상 많게 하는 제한적 경쟁선거를 규정한다. 이에 따라 1987년 제 13차 당대회 중앙위원회 선거에서 처음으로 차액선거가 적용되었다. 또한 빠른 시일 내에 차액선거의 범위를 확대한다. 다섯째, 〈당헌〉에 규정된 당원의 민주권리를 보장하고 이에 대한 조례를 제정한다.

---

23) 張明楚・周敬青, 「中國共産黨黨內民主的發展歷程及其基本經驗」, 『黨史黨建雜誌』 2003년 2월 13일, 〈中國選擧與治理〉, http://www.chinaelections.org.

당원 권리의 침범은 곧 당 기율의 위반이며, 반드시 그에 상응하는 처분을 받는다. 여섯째, 당내민주의 통로와 민주생활을 건전화하여 당원이 당내 업무를 한층 더 잘 이해하고 직접 참여하는 기회를 제공한다.[24)]

이와 같은 「정치보고」에 이어 〈당헌〉도 개정되었다. 첫째, "차액선거 방법을 채택하여 정식선거를 진행한다"는 규정이 신설되어 차액선거가 당내선거에 적용되었다. 둘째, "중요 문제는 표결로 결정한다"는 원칙이 도입되어, 당내 토론과 의사결정의 방법과 절차가 좀 더 명확해졌다. 이는 당내민주와 관련하여 이후 전면적으로 실시되는 '인사표결제도'(人事票決制)의 기초가 되었다. 셋째, 당대회의 지위·권한·역할이 강화되었다.[25)]

한편 이와 같은 조치를 구체적으로 실행하기 위해 중앙정치국 전체회의는 〈제 13기 중앙정치국 업무 규칙〉(十三屆中央政治局工作規則(試行)), 〈제 13기 중앙정치국 상무위원회 업무 규칙〉(十三屆中央政治局常委會工作規則(試行)), 〈제 13기 중앙서기처 업무 규칙〉(十三屆中央書記處工作規則(試行))을 제정했다. 또한, 당내 선거에서 차액선거를 전면적으로 실시하기 위해 공산당 조직부는 1988년 3월에 〈성·자치구·직할시 당대회의 차액선거 실행 임시방법〉(關於黨的省·自治區·直轄市代表大會實行差額選擧的暫行辦法)을 하달했다. 이어 1990년 6월에 공산당 중앙은 〈공산당 기층조직 선거업무 임시조례〉(中國共產黨基層組織選擧工作暫行條例)를 제정하여 기층조직의 차액선거를 구체적으로 규정했다.[26)]

---

24) 趙紫陽, 「沿着有中國特色社會主義道路前進」, 〈新華網〉, http://news.xinhuanet.com(검색일: 2011. 6. 24).

25) 「中國共產黨章程部分條文修正案」(中國共產黨第十三次全國代表大會 1987년 11월 1일 通過), 〈新華網〉, http://news.xinhuanet.com(검색일: 2011. 6. 24).

한편, 1987년 공산당 제 13차 당대회 이후 중앙 조직부는 1988년부터 저장성(浙江省)의 일부 지역—타이저우시(臺州市)의 자오장구(椒江區), 사오싱시(紹興市), 융자현(永嘉縣), 루이안시(瑞安市)—, 헤이룽장성(黑龍江省)의 린뎬현(林甸縣)과 자오둥시(肇東市), 산시성(山西省)의 일부 지역—다퉁시(大同市)의 광구(礦區), 훙둥현(洪洞縣), 진중시(晉中市)의 위츠구(榆次區), 허순현(和順縣)—, 허베이성(河北省)의 신지시(辛集市), 후난성(湖南省)의 헝산현(衡山縣) 등 5개성 12개 시·현에서 당대회 연례화를 시험실시하기 시작했다. 그러나 이후에 7개 지역에서는 시험실시가 중단되었다.[27]

이 시기에 추진된 당내민주의 중점 내용을 정리하면 다음과 같은 특징이 있다. 먼저, 집단지도 체제가 강조되었다. 구체적으로, 앞에서 보았듯이 공산당 제 11기 3중전회(1978년)와 제 11기 5중전회(1980년)에서 집단지도 원칙과 개인숭배 반대 방침이 정해졌다. 중앙권력의 과도한 집중을 방지하기 위하여 1982년 공산당 제 12차 당대회에서는 중앙위원회 주석 및 부주석 직위가 폐지되고 총서기 직위가 신설되었다. 1987년 공산당 제 13차 당대회에서는 정치국, 정치국 상무위원회, 서기처, 중앙위원회 간의 관계가 좀더 명확하게 규정되었다. 즉, 서기처는 정치국과 정치국 상무위원회의 업무기구로 규정되면서 더 이상 정책결정권을 행사할 수 없었다. 또한, 당규 제정을 통해 이들 기구의 운영을 규정함으로써 집단지도 체제가 점차로 제도화되었다.

또한, 당내감독이 강화되었다. 당내민주를 위해서는 권력에 대한 견제 기능이 필수적이다. 그래서 1978년 공산당 제 11기 3중전회에

26) 中共中央辦公廳法規室 等編, 『中國共產黨黨內法規選編(1978~1996)』, pp. 187~188, 209~212.

27) 趙子平, 「中共十六大以來黨內民主制度建設獲四方面進展」, 〈中國新聞網〉, 2004년 7월 1일, 〈中國選擧與治理〉, http://www.chinaelections.org.

서는 중앙에서 현급 당위원회까지 기율검사위원회 설치가 결정되었다. 이와 동시에 공산당 중앙과 지방의 기율검사위원회는 각각 국무원과 지방정부의 각 부서에 기율검사조(紀律檢查組)를 파견하도록 규정함으로써 문혁 이전의 기율검사기관 제도가 회복되었다. 공산당 당대회와 중앙위원회, 각급 지방 당대회의 감독 기능도 강화되었다. 예를 들어, 1987년의 공산당 제13차 당대회에서는 당 간부에 대한 민주감독 및 공개감독 원칙이 제시되었다. 이후 각급 공산당 지방위원회는 이에 상응하는 일련의 정책을 추진했다. 당업무 공개의 확대, 고발센터의 설립, 〈당헌〉과 당규에 의거한 각 부서 기율검사조의 상주, 전국 기층조직 당원의 민주적 의견교환 제도의 수립, 영도간부의 민주생활회 제도 강화 등이 대표적이다. 1990년 공산당 제13기 중앙위원회 제6차 전체회의(13기 6중전회)에서는 당내 순시제도(巡視制度)의 도입이 제기되었다. 이후 1996년 1월에 개최된 중앙기율검사위원회 제6차 전체회의에서 당내 순시제도에 대한 구체적인 방법이 결정되었고, 중앙 순시조가 중앙 당정기관과 지방에 대한 감독을 본격적으로 실시했다.

게다가 당내선거의 민주적 요소가 강화되었다. 가장 중요한 정책은 차액선거의 실행이다. 먼저, 〈당내 정치생활 준칙〉(1980년)은 당내 선거에서 민주를 충분히 발양하고 유권자(당원)의 의지를 진정으로 실현할 것을 강조했다. 이를 위해 차액선거의 실행을 강조했다. 1987년 제13차 당대회에서는 당내 선거의 후보 지명 절차와 차액선거 방법이 좀더 명확히 규정되었고, 빠른 시일 내에 차액선거를 전국적으로 확대한다는 방침이 결정되었다. 이를 위해 1988년에 〈성·자치구·직할시 당대회 차액선거 실행의 임시방법〉, 1990년에 〈공산당 기층조직 선거업무 임시조례〉가 제정되었다. 이후 1994년에는 〈공산당 지방조직 선거업무 조례〉가 공포되어 당내 선거에 대한 상세하고 구체적인 규정이 마련되었다.

마지막으로, 당대회가 정비되고 역할이 강화되었다. 우선, 1977년 8월에 개최된 공산당 제 11차 당대회 이후 모든 당대회는 〈당헌〉 규정에 따라 5년에 한 번 정기적으로 개최되었다. 또한, 1980년 7월에 중앙 조직부는 〈지방 각급 당대회 선거 문제 임시방법〉과 〈현 · 시 · 주(州) 당대회 개선 의견〉을 하달했다. 이후 1985년 2월에는 〈각급 당대회 임시규정〉이 하달되었다. 〈임시규정〉은 당대회 개최와 관련된 실질적 내용과 절차적 내용을 모두 포함하고 있으며, 이런 점에서 당대회와 관련된 상세한 규범성 문건이라고 할 수 있다. 이후 1992년 공산당 제 14차 당대회에서는 각급 당대회의 개최 시한에 대한 일부 조정이 있었다. 즉 현급 이상의 공산당 당대회의 시한이 모두 5년으로 통일된 것이다. 또한 당대회의 의사결정 기능이 강화되었다. 마지막으로, 앞에서 보았듯이 1988년부터 전국 12개 지역에서 당대회 연례화가 시험실시되었다.

3. 공산당 제도화 시기(1992~2001년)

1989년 톈안먼 사건과 1991년 소련의 붕괴로 공산당은 정치위기에 직면했다. 이에 공산당은 1987년 제 13차 당대회에서 제기했던 정치개혁을 중단했다. 이와 함께 당내민주를 위한 제반 정책도 중단되었다. 이후 상당한 기간 동안 공산당은 정치위기의 원인을 연구하면서 "당의 단결이 곧 당의 생명이다"라는 명제를 강조했다.[28]

이런 상황에서 개최된 1992년 제 14차 당대회에서는 사회주의 시장경제론으로 정리된 경제개혁이 중점적으로 논의되었고, 정치개혁에 관한 논의는 거의 이루어지지 않았다. 당내민주도 민주집중제와 당의 단결을 실행하기 위한 수단으로서 간단히 제기되었을 뿐이었다. 그 세부 내용은 다음과 같다. 첫째, 당정간부는 민주적으로 정해진 규정과 절차에 따라 선발 및 임용된다. 둘째, 각급 당 조직과 당원의 민주권리를 철저히 보장한다. 셋째, 민주적 통로를 확장하여 당원의 의견・건의・비평이 제때에 당조직에 정확히 반영되도록 한다. 넷째, 각급 당위원회는 반드시 집단지도 체제를 견지하고 이를 더욱 완전하게 운영한다. 다섯째, 중앙과 지방의 각급 당위원회는 모두 당의 민주생활회 제도를 철저하게 실행한다.[29] 여기서 알 수 있듯이, 제 14차 당대회의 당내민주는 기존에 원론 차원에서 제기했던 내용을 반복한 것뿐이다. 여기에는 1987년 제 13차 당대회에서 결정된 당대회 연례화와 당원대표 활동의 일상화가 들어있지 않다.

이후 1994년 공산당 제 14기 중앙위원회 제 4차 전체회의(14기 4중전회)에서 통과된 「당 건설 강화의 중대 문제 결정」(中共中央關於加强

---

28) 江澤民, 「加快改革開放和現代化建設步伐, 奪取有中國特色社會主義事業的更大勝利」, 〈新華網〉, http://news.xinhuanet.com(검색일: 2011. 6. 15).

29) 江澤民, 「加快改革開放和現代化建設步伐」.

黨的建設幾個重大問題的決定) 역시 당조직의 강화를 위해 민주집중제를 제기하면서 민주보다 집중을 강조했다. 이 「결정」에서는 당내민주를 발전시켜 전 당의 적극성을 충분히 발휘해야 한다고 주장한 동시에, 집중을 강화하여 당의 노선·방침·정책을 철저히 집행해야 한다고 강조했다. 광대하고 인구가 많은 중국은 현재 거대하고 복잡한 개혁과 건설의 임무에 직면해 있는데, 중앙의 권위를 옹호해야만 당의 응집력과 전투력이 강화될 수 있다는 것이다. 그러므로 당의 기본 노선·방침·정책과 관계되는 중대 문제에 대해 전체 공산당은 반드시 중앙과 일치단결해야만 한다고 주장했다.

한편 이 「결정」에는 당내민주를 발전시키기 위한 방법으로 몇 가지가 제시되었다. 첫째, 집단지도와 개인책임 분담을 결합하고, 중대 문제는 당위원회 전체회의의 토론을 거쳐 결정한다. 둘째, 공산당 중앙과 지방의 당위원회의 업무 조례를 제정하여 당위원회 및 상무위원회의 직책 범위, 의사규칙, 의사결정 절차를 명확히 한다. 셋째, 당대회 제도를 완비하여 당위원회 전체회의의 역할을 적극 발휘한다. 넷째, 당내감독을 강화한다.[30)]

이런 공산당 제14차 당대회와 제14기 4중전회에서 결정된 방침에 입각하여 이를 실행할 구체적인 조치가 마련되었다. 먼저, 당원의 권리 보장 측면에서 1995년 〈공산당 당원 권리보장 조례〉(中國共産黨黨員權利保障條例(試行))가 제정되었다. 모두 5장으로 구성된 〈조례〉는 당원이 향유하는 각종 권리, 각 권리의 보호, 당원 권리 침범 행위의 처벌 내용·절차·책임으로 이루어졌다. 이 〈조례〉는 당원 권리에 대한 최초의 전문적 당규라는 점에서 의의가 있다.

또한, 공산당 지방위원회의 선출과 운영을 합리화하기 위해 1994년과 1996년에 각각 〈공산당 지방조직 선거업무 조례〉(中國共産黨地

---

30) 「中共中央關於加强黨的建設幾個重大問題的決定」, 《新華網》, http://news.xinhuanet.com(검색일: 2011.6.15).

方組織選擧工作條例)와 〈공산당 지방위원회 업무 조례〉(中國共產黨地方委員會工作條例(試行))가 제정되었다.[31] 〈선거업무 조례〉는 성급에서 현급에 이르기까지 당원대표의 선출, 당위원회 위원의 선출, 상무위원회 위원 및 당서기·부서기의 선출, 상급기관의 심사 및 비준 요청 절차, 선거 방법, 감독과 처분을 규정했다. 특히 선출절차와 차액선거 비율 등을 명확히 하여 유권자(당원)의 권리를 정당하게 행사할 수 있도록 보장했다. 또한 〈지방위원회 업무 조례〉에서는 각급 당위원회의 권한, 의사결정 방법, 감독 및 처분을 명확히 규정하여 당위원회의 민주적 운영의 발판을 마련했다.

게다가 간부 선발 임용 및 관리에 대한 제도화가 추진되었다. 1995년에 제정된 〈당정 영도간부 선발 임용 임시조례〉(黨政領導幹部選拔任用暫行條例)가 대표적이다. 이 〈조례〉에는 간부 선발 과정을 민주적 추천, 고찰, 숙고(醞釀), 토론을 통한 결정으로 규정하여 공산당 지방위원회 서기들의 인사문제 전횡에 제동을 걸고자 했다. 또한 간부 교류제도 및 회피제도(回避制度)를 규정하여 간부들의 부패를 방지하고자 했다.

마지막으로, 당내감독제도 정비는 지속되어, 이 시기에 중요 당규들이 만들어졌다. 예를 들면 1995년의 〈당정기관 영도간부 수입신고 규정〉(關於黨政機關縣(處)級以上領導幹部收入申報的規定), 1996년의 〈중앙기율검사위원회 순시제도 방법〉(中共中央紀律檢查委員會關於建立巡視制度的試行辦法), 1997년의 〈영도간부의 개인 중대사항 보고 규정〉(關於領導幹部報告個人重大事項的規定), 〈공산당 기율처분 조례〉(中國共產黨紀律處分條例(試行)), 〈공산당 당원 영도간부 청렴 준칙〉(中國共產黨黨員領導幹部廉潔從政若干準則(試行))이 대표적이다.

1997년 제 15차 당대회에서는 정치개혁의 목표를 "사회주의 민주

31) 中共中央辦公廳法規室 等編, 『中國共產黨黨內法規選編(1978~1996)』, pp. 189~194, 195~201.

정치의 발전과, 의법치국(依法治國, 법에 의한 통치)의 실행 및 사회주의 법치국가 건설"로 규정했다. 그러나 당내민주에 대한 구체적인 조치는 취해지지 않았다.[32] 수정된 〈당헌〉에도 "당은 자신의 강령과 〈당헌〉에 근거하고, 민주집중제에 의거하여 조직한 통일체"(제 16조)라 표현하였고, 이와 더불어 민주집중제의 6대 원칙(제 16조)을 열거했을 뿐이다.[33]

그래서 이 기간 동안에는 새로운 조치나 시험실시가 이루어지지 않았고, 대신 이전의 제도와 당규가 보완되었다. 구체적으로 우선 간부의 선발과 임용에 대한 제도화가 계속 추진되었다. 이는 〈당정 영도간부 선발 임용 임시 조례〉를 보완하는 것들이다. 대표적으로 1998년의 〈당정기관 경쟁채용 추진 의견〉(關於黨政機關推行競爭上崗的意見), 1999년의 〈영도간부 공개선발 통지〉(中共中央組織部關於進一步做好公開選拔領導幹部工作的通知), 2000년의 〈간부인사제도 개혁 심화 요강〉(深化幹部人事制度改革綱要), 〈당정 고위예비간부 업무 임시규정〉(黨政領導班子後備幹部工作暫行規定), 〈당정 영도간부 취임 전 공시제 의견〉(關於推行黨政領導幹部任前公示制的意見), 2002년의 〈당정 영도간부 선발 임용 업무 조례〉(黨政領導幹部選拔任用工作條例)가 대표적이다.

또한 간부 관리 감독에 대한 제도와 당규가 정비되었다. 1998년의 〈당정 영도간부 평가업무 임시규정〉(黨政領導幹部考核工作暫行規定), 1999년의 〈당정 영도간부 교류업무 임시규정〉(黨政領導幹部交流工作暫行規定), 2000년의 〈조직부서 간부 감독업무 강화 의견〉(中共

32) 江澤民, 「高擧鄧小平理論偉大旗幟, 把建設有中國特色社會主義事業全面推向二十一世紀」, 〈新華網〉, http://news.xinhuanet.com(검색일: 2011. 5. 26).

33) 「中國共産黨章程」(1997. 9), 〈新華網〉 http://news.xinhuanet.com(검색일: 2011. 5. 26).

中央組織部關於加强組織部門幹部監督工作若干意見)이 대표적이다. 마지막으로, 감독 규정도 지속적으로 정비되었다. 특히 제 14차 당대회 이후 제정된 〈기율처분 조례〉, 〈청렴 준칙〉 등을 보완하거나 구체적으로 실행하기 위한 당규들이 제정되었다.

4. 당내민주 본격 추진기(2002년~현재)

2002년 공산당 제 16차 당대회에서는 당내민주에 대한 새로운 방침이 결정되었다. 즉, 제 16차 당대회의 「정치보고」는 "당내민주는 당의 생명으로, 인민민주에 중요한 모범 역할을 하고 인민민주를 견인하는 제도"라고 규정하여 당내민주를 정치개혁의 중요한 정책으로 격상시켰다. 이전까지의 당내민주가 공산당의 집권을 위한 수단이었다면, 제 16차 당대회에서 제기된 당내민주는 공산당의 목적이 되었다. 또한 "당원의 민주권리 보장을 기초로, 당대회 및 당위원회 제도의 완벽화를 중점으로, 체제 및 기제 개혁을 시작으로, 당원과 당조직의 의견을 충분히 반영할 수 있는 당내민주 제도를 수립해야 한다"고 하여 일정한 청사진도 제시했다.

구체적으로 제 16차 당대회에서는 다음과 같은 정책이 결정되었다. 첫째, 일부 시·현에서 시험실시 중인 당대회 연례화를 확대한다. 둘째, 당대회 폐회 기간에 당원대표 역할을 더욱 적극적으로 발휘할 수 있는 각종 통로와 형식, 즉 당원대표 활동의 일상화를 적극 탐색한다. 셋째, "집단지도, 민주집중, 개별숙고, 회의결정"의 원칙에 따라 당 내부의 의사 결정기제를 완전하게 하고, 당위원회 전체회의가 더 많은 역할을 담당하도록 한다. 넷째, 당내 선거제도를 완벽하게 한다. 다섯째, 당내 상황 통보제도, 상황 반영제도, 중대 정책 결정 의견수렴 제도를 개선한다.[34]

이후 2004년에 개최된 공산당 제 16기 중앙위원회 제 4차 전체회의(16기 4중전회)에서는 「공산당 집정능력 강화 결정」이 통과되었다.[35] 「결정」은 당내민주 발전이 정치개혁과 정치문명 건설의 중요

---

34) 江澤民, 「全面建設小康社會, 開創中國特色社會主義事業新局面」, 〈新華網〉, http://news.xinhuanet.com.

내용이라 규정하고, 실행 가능한 구체적인 방안을 제시했다. 첫째, 〈당원 권리보장 조례〉를 철저히 실행하고, 당내 상황통보 제도와 상황 반영제도, 중대 결정 의견수렴 제도를 완전하게 한다. 둘째, 당 업무 공개를 적극 추진하고 당 조직업무의 투명성을 강화하여 당원들로 하여금 당내 업무를 잘 이해하고 참여할 수 있게 한다. 셋째, 당내 이견(異見)이 평등하게 토론될 수 있는 환경을 조성한다.

넷째, 당위원회 상무위원회가 당위원회 전체회의에 책임을 지고 업무를 보고하고 감독받는 제도를 수립한다. 다섯째, 당원대표의 제안 제도를 마련한다. 또한, 당대회 폐회기간에 당원대표의 역할을 발휘할 수 있는 통로와 형식을 적극 모색하며, 당원대표의 제안 처리와 답변기제를 마련한다. 또한 당원대표와 일반 당원의 연계를 강화하여 당원의 의견과 건의를 청취 및 반영한다. 여섯째, 각급 당위원회가 전체회의를 개최하여 중요 안건을 심의할 때는 사전에 당원대표의 의견을 청취하거나 혹은 일부 당원대표의 회의 배석을 요청한다. 일곱째, 당대회 연례화를 확대한다. 마지막으로, 기층 당조직의 지도부에 대한 직접선거 범위를 확대한다.

이후 공산당은 당내민주를 실행하기 위한 구체적인 조치에 착수했다. 먼저, 2004년 9월에 〈공산당 당원권리 보장조례〉(中國共産黨黨員權利保障條例)가 제정되어 당원의 권리가 제도적으로 보장되었다. 이는 1994년 반포된 〈시행조례〉를 다년간의 시행과 보완을 거쳐 공식화한 것으로, 〈당헌〉에 규정된 당원의 알권리, 참여권, 선택권, 감독권 등의 권리를 좀더 명확히 규정하고, 각급 영도간부의 당원 권리보장에 대한 책임을 명확히 했다.

또한 1988년 이후 중단된 당대회 연례화를 다시 시험실시하기 시작했다. 당대회 연례화는 매년 당원대표가 참여하는 회의를 개최하

---

35) 「關於加强黨執政能力建設的決定」, 〈新華網〉, http://news.xinhuanet.com.

여 당대회의 고유 권한을 행사하는 것이다. 이는 당대회가 당내 최고 권력기관 및 최고 의사결정 기구로서의 역할을 충분히 발휘하도록 보장함으로써 〈당헌〉에 규정된 원래 역할을 수행하도록 하는 조치이다.[36] 이를 통하여 당내 권력을 분산하고 소수 지도자에게 권력이 집중되는 현상을 막으며, 당원에게 감독권을 부여할 수 있다. 당대회 연례화는 또한 당원대표 활동의 일상화와 함께 추진되었다.

참고로 1988년부터 당대회 연례화를 실시했던 12개 지역 중에서, 저장성의 샤오싱시, 루이안시, 타이저우시 자오장구와, 산시성의 진중시 위츠구와 허순현 등 모두 5개 지역은 제16차 당대회 시기까지 시험실시를 지속하고 있었다. 이후 2002년 12월에 쓰촨성의 야안시(雅安市), 메이산시(眉山市), 쯔궁시(自貢市) 등 약 20개 시(현·구)에서 당대회 연례화가 추가로 실시되었다. 쓰촨성 이외에도 산둥성(山東省)의 루산시(乳山市), 산시성(山西省)의 스로우시(石樓市), 광둥성(廣東省)의 후이저우시(惠州市), 후베이성(湖北省)의 이두시(宜都市), 장쑤성(江蘇省)의 서양현(射陽縣) 등에서도 시험실시가 시작되었고, 이후 31개 성급 행정단위 중에서 반 이상이 시험실시에 참여했다.[37]

게다가 당위원회 전체회의의 역할이 강화되었다. 제16차 당대회 직전인 2002년 7월에 공포된 〈당정 영도간부 선발 임용업무 조례〉의 제33조에는 다음과 같은 규정이 있다. 즉 "시·현 당위원회, 정부 지도부(領導班子) 정직(正職)의 예비임명(擬任) 및 추천은 상급 당위원회 상무위원회의 지명과 해당 당위원회 전체회의의 심의 및 무기명 투표로 처리한다. 당위원회 전체회의의 폐회기간에는 당위원회 상무위원회가 이를 결정한다. 단 결정 전에 당위원회 전체회의 성원의 의

36) 王長江, 『中國政治文明視野下黨的執政能力建設』(上海: 上海人民出版社, 2005), p. 251.

37) 顔杰峰, 「黨的代表大會常任制的發展脈絡及其啓示」, 『江淮論壇』 2006년 제4기, pp. 12~16.

견을 구해야 한다." 이 규정은 인사표결제도의 기초가 되었다.

이후 2004년 4월에 공산당 중앙은 〈공산당 지방위원회 전체회의의 인선 표결 방법〉(黨的地方委員會全體會議對下一級黨委·政府領導班子正職擬任人選和推荐人選表決辦法)을 제정했다. 〈표결 방법〉은 당정 영도간부에 대한 당위원회 전체회의의 표결방식을 더욱 세밀하게 규정한 절차성 당규로서, 이를 통해 일부 지도자의 자의적인 법적용을 방지하고자 했다. 여기서 규정하고 있는 인사표결제도는, 당위원회 위원이 무기명 투표로 영도간부를 선발 혹은 비준하는 제도를 말한다. 당서기와 각 위원은 동등하게 1인 1표를 행사한다. 이와 같은 인사표결제도는 당위원회의 집단지도 체제를 강화하는 조치이다.[38]

원래 인사표결제도는 1998년 광둥성의 선전시(深圳市)와 장쑤성의 신이시(新沂市)에서 시험실시되었고, 2000년과 2001년에 장쑤성의 타이저우시에서도 시험실시되었다. 유사하게 랴오닝성(遼寧省)의 선양시(沈陽市)에서도 일부 현급 당정간부를 승진 및 임용할 때, 시 당위원회 전체회의에서 표결하는 방식으로 인선이 결정되었다.[39] 제16차 당대회 이후의 사례로, 2004년 9월 저장성 시·현에서 당정간부 인선과 간부추천과 관련된 인사 문제를 결정할 때 기존의 '거수제' 대신에 무기명 투표제가 채택되었다.[40]

네 번째로 간부선발 임용제도가 정비되었다. 예를 들면, 2004년 4월 중앙은 일명 "5+1"이라는 인사제도 규정을 제정했다. 〈당정 영도간부 공개선발 임시규정〉(公開選拔黨政領導幹部工作暫行規定), 〈당정

---

38) 魏青, 「全面表決制是進步」, 『現代金報』 2004년 9월 26일, 〈中國選擧與治理〉, http://www.chinaelections.org.

39) 江田憲治, 「中國共産黨'黨內民主'建設的現實理路及歷史警示」, 『國外理論動態』 2010년 제 12기, pp. 76~91.

40) 岳德亮, 「浙江全面實行幹部任免表決制」, 『中國青年報』 2004년 9월 28일, 〈中國選擧與治理〉, http://www.chinaelections.org.

기관 경쟁채용 업무 임시규정〉(黨政機關競爭上崗工作暫行規定), 〈공산당 지방위원회 전체회의의 인선 표결 방법〉, 〈당정 영도간부 사직 임시규정〉(黨政領導幹部辭職暫行規定), 〈영도간부 사직 후 경영활동 종사 의견〉(關於黨政領導幹部辭職從事經營活動有關問題的意見), 〈당정 영도간부 기업 겸직 정리 통지〉(關於對黨政領導幹部在企業兼職進行清理的通知)가 바로 그것이다. 이후 2006년 7월에는 〈지방 당정 지도부 및 영도간부 종합 인사고과 평가 방법〉(體現科學發展觀要求的地方黨政領導班子和領導幹部綜合考核評價試行辦法)이 공포되었다. 이는 〈당정 영도간부 선발 임용 업무 조례〉를 보완한 것이다.

다섯 번째로 기층 당정 영도간부의 직접선거 범위가 확대되었다. 주된 방법은 '공개추천 직접선거'(公推直選)를 확대 실시하는 것이다. 공개추천 직접선거란 기층 당정 지도부를 결정할 때, 당원뿐만 아니라 비당원이 참여하여 최종후보를 선발하는 선거를 실시하고, 이후 당원이 이들 중에서 직접선거로 영도간부를 선출하는 것을 말한다. 이는 상급 당위원회가 향·진의 지도급 간부를 임명하는 방식에서 탈피하여, 후보추천권을 일반 당원뿐만 아니라 비당원에게 개방하는 '상향식 민주'의 요소를 도입한 것이다. 또한 당원이 참여하는 직접선거에서 차액선거가 실시되어 민주적 요소뿐만 아니라 '경쟁적 요소'도 도입되었다. 2001년 쓰촨성 핑창현(平昌縣) 링산향(靈山鄉)에서 처음 실시된 이 제도는 2005년 10월까지 전국 13개 성 217개 향·진에서 실시되었다.[41]

여섯 번째로 당내감독이 지속적으로 강화되었다. 2003년 제정된 〈공산당 당내감독 조례〉(中國共產黨黨內監督條例(試行))는 최초로 당규 형식으로 당내감독의 중점·절차·방법 등을 구체적으로 규정한 것이다. 이 〈조례〉는 당내감독의 중점 대상이 상급 당조직과 영도간

41) 江田憲治, 「中國共產黨'黨內民主'建設的現實理路及歷史警示」.

부, 특히 각급 지도부의 책임자임을 분명히 밝히고 있다. 또한 2004년 2월에는 기존의 시행령을 수정 보완하여 〈공산당 기율처분 조례〉(中國共産黨紀律處分條例)가 공포되었다. 이에 따른 세칙(細則)도 속속 제정되었는데, 2005년 12월 공포된 〈당원 영도간부 계도 면담 및 서면 질의 임시방법〉(關於對黨員領導幹部進行誡勉談話和函詢的暫行辦法)과 〈당원 영도간부 청렴 임시규정〉(關於黨員領導幹部述職述廉的暫行規定)이 대표적이다.

이와 더불어 2003년 6월부터 중앙 기율검사위원회와 조직부가 연합으로 전국에 감독 순시조(巡視組)를 파견하여 성급(省級: 한국의 도지사급) 당정간부를 중점 감독했다. 2005년 초에는 금융 관련 당정기관과 영도간부를 대상으로 하는 금융순시조도 파견되었다. 중앙 순시조의 감독 범위는 초기에는 성급 지도부에 집중되었는데, 이후에는 현급(시・현・구: 한국의 군수・시장급)까지 확대되었다. 순시조의 감독은 주로 4개 항목을 포함한다. 첫째, 당의 노선・방침・정책의 관철 상황, 둘째, 민주집중제의 실행 상황, 셋째, 영도간부의 선발 임용 상황, 넷째, 당의 업무태도와 청렴(黨風廉政) 책임제의 수행 상황이 그것이다.[42]

마지막으로 당업무 공개를 점진적으로 추진하였다. 당업무 공개의 단초는 〈당내감독 조례〉의 다음 규정에서 찾을 수 있다. 즉, "중앙위원회의 결의・결정과 중앙정치국의 회의 내용은 필요에 따라 적당한 방식으로 일정 범위 혹은 전 당에 통보할 수 있다. 지방의 각급 당위원회 결의나 결정은 일반적으로 하급 당조직과 당원에게 통보해야 하며, 실제 상황에 따라 적당한 방식으로 사회에 공개한다(제 15조)"는 것이다. 당업무 공개의 내용은 첫째, 당 조직의 정책결정과 이에

42) 丁俊萍, 廖義軍, 「中國共産黨黨內監督機構的發展歷程及其啓示」, 『同濟大學學報』 2008년 제 6기, 〈中國選擧與治理〉, http://www.chinaelections.org.

대한 집행 및 감독활동, 둘째, 간부선거와 임면의 규칙·과정·결과, 셋째, 당 조직이 파악한 중대 정보, 넷째, 당비 납부와 사용, 다섯째, 역사 공문서(檔案)이다.[43] 당업무 공개는 당조직의 투명도를 높여 당원의 알권리를 보장하는 것이며, 이를 통해 당내 업무를 보다 잘 이해하고 참여할 수 있게 한다. 또한 지도부의 권력 행사와 직무 이행에 대해 파악하고 이를 감독할 수 있게 한다.

2002년 제16차 당대회에서 제기된 당업무 공개 방침에 따라 2004년 7월 장쑤성의 전장시(鎭江市)에서는 최초로 당업무 공개를 결정했다. 공개 내용은 군중의 관심사항으로 6개의 대(大)항목과 30여 개의 소(小)항목을 포함했다. 그 가운데는 기존에 비밀로 취급되던 기층 지도부에 대한 군중의 만족도 평가도 포함되었다.[44] 이후 각지에서 이와 유사한 당업무 공개가 시험실시되었다. 2005년 5월에는 인터넷망인 〈중국공산당 뉴스〉(中國共産黨新聞網)가 개편되어 '지도자 동태', '인사 임면(任免)', '조직 업무', '이론 평론' 등 30개에 달하는 항목을 배치했다.[45] 이는 인터넷을 통한 당업무 공개의 발판이 되었다.

2007년에 개최된 공산당 제17차 당대회에서는 "당내민주를 확대하여 인민민주를 추동한다"는 방침이 다시 한 번 강조되었다. 또한 당내민주를 적극적으로 추진하기 위한 몇 가지 정책이 제시되었다. 첫째, 당대회 제도를 더욱 완전하게 하고, 당원대표 활동의 일상화를 실행한다. 이를 위해 일부 지역에서 당대회 연례화를 시험실시한

43) 王貴秀, 「黨務公開勢在必行」, 『中國黨政幹部論壇』 2007년 6월 19일, 〈中國選擧與治理〉, http://www.chinaelections.org.

44) 郭奔勝, 白旭, 「中共擴大黨務透明度以力促民主政治」, 『新華社』 2007년 8월 24일, 〈中國選擧與治理〉, http://www.chinaelections.org.

45) 馬洪亮, 「陽光黨務成爲政治改革新亮點, 網絡充當重要平臺」〈中新網〉 2005년 7월 12일, 〈中國選擧與治理〉, http://www.chinaelections.org.

다. 둘째, 각급 공산당 지방위원회 전체회의와 상무위원회의 업무기제를 더욱 완전하게 하여 당위원회 전체회의가 중대 문제를 결정하는 데 더욱 큰 역할을 담당하게 한다. 셋째, 민주집중제를 엄격히 실행하고, 집단지도와 개인책임 분담의 결합 제도를 더욱 개선하여 개인 혹은 소수의 독단을 방지한다.

넷째, 공산당 지방위원회가 중대 문제와 중요 간부를 결정할 때는 표결제를 실시한다. 다섯째, 중앙정치국은 중앙위원회 전체회의에, 각급 공산당 지방위원회 상무위원회는 당위원회 전체회의에 정기적으로 업무를 보고하고 감독을 받는 제도를 수립한다. 여섯째, 당내 선거제도를 개혁하여 후보 지명제도 및 선거방식을 개선한다. 일곱째, 기층 당조직의 지도부 인선에 당원 및 군중의 공개추천과 상급 당조직의 추천을 결합하는 방식을 확대한다. 또한 기층 당조직 지도부의 직접선거 범위를 확대하고, 당내 기층민주의 다양한 형식을 탐색한다.[46]

한편 제17차 당대회에서 통과된 〈당헌〉에서도 당내민주에 대한 규정이 추가되었다.[47] 첫째, 당업무 공개를 적극 추진하고 당내의 민주적인 토론 환경을 조성하며, 당업무의 투명도를 높이고 광대한 당원의 알권리를 확대한다. 둘째, 당원대표 활동의 일상화를 추진하여, 당원대표가 법정 임기(5년) 동안에 권한을 충분히 행사하여 역할을 발휘할 수 있도록 한다. 셋째, 중앙과 성급 당위원회의 순시제도를 명시하여 당내감독을 강화한다. 넷째, 중앙정치국은 중앙위원회 전체회의에, 각급 공산당 지방위원회 상무위원회는 당위원회 전체회의에 정기적으로 업무를 보고하고 감독을 받는다. 이 규정은 당내의

---

46) 胡錦濤, 「高擧中國特色社會主義偉大旗幟　爲奪取全面建設小康社會新勝利而奮鬪」, 〈新華網〉, http://news.xinhuanet.com(검색일: 2011.7.5).

47) 「十七大關於〈中國共産黨章程(修正案)〉的決議」, 〈新華網〉, http://news.xinhuanet.com(검색일: 2011.7.5).

권력 위임관계를 명확히 하기 위한 조치이다.[48]

이후 2009년 9월 공산당 제 17기 중앙위원회 제 4차 전체회의(17기 4중전회)에서 「새로운 정세하 당 건설 개선 결정」(中共中央加强改進新形勢下黨建設若干重大問題的決定)이 통과되었다. 「결정」은 민주집중제 및 당내민주와 관련하여 몇 가지 내용을 담고 있다. 첫째, 당원의 주체적 지위와 민주적 권리를 보장한다. 둘째, 당업무 공개를 추진하고, 당내 상황 통보제도를 개선하며, 당내 소식을 제때에 공포하고, 당내 정보소통 통로를 넓힌다. 또한, 당위원회 대변인(新聞發言人)제도를 만들고, 당 간행물과 인터넷망을 효율적으로 이용한다. 당원의 의견 표현 통로를 넓히고, 당내 업무에 대한 공청회, 자문제도를 수립하며, 기층 당 지도부에 대한 당원의 정기 평가제도를 수립한다.

셋째, 당대회 제도와 당내 선거 제도를 완전하게 한다. 당원대표의 후보추천을 확대하고, 후보 지명 방식을 개선한다. 당원대표의 제안제도를 수립한다. 당대회 연례화를 완전하게 하며, 당원대표의 중대결정 참여, 중요 간부 추천과 평가 참여, 당위원회 회의의 배석제도를 완비한다. 당원대표 활동의 일상화 시험을 지속하며, 당내선거 방법을 더욱 개선하여 선거절차·투표방식·후보 소개방법을 완비한다. 당원 및 주민의 기층 당조직 지도부 공개추천 방식과 상급 당조직의 추천 방식을 결합하여 기층 당조직 지도부의 직접선거 범위를 확대한다. 선거로 선출된 영도간부의 임기내 직무변동을 엄격히 통제하여 선거결과를 최대한 존중한다.

넷째, 당내민주적 의사결정 기제를 좀더 완전하게 한다. 먼저, 중대 문제 결정에서는 당위원회 전체회의가 좀더 많은 역할을 담당하게 한다. 또한 당위원회 상무위원회의 의사규칙 및 결정절차를 완전

48) 「中國共産黨章程」, 〈新華網〉, http://news.xinhuanet.com(검색일: 2011.7.5).

하게 하고, 당위원회의 표결제도도 개선한다. 그 밖에 당위원회 상무위원회가 당위원회 전체회의에 정기적으로 수행하는 업무보고 제도와 감독수용 제도를 개선한다. 마지막으로, 중대 문제 결정에 대한 보고제도를 구체화하며, 과오수정 제도와 책임추궁제도를 개선한다. 다섯째, 집중과 통일을 유지한다.[49]

이상에서 2007년 제 17차 당대회 이후 공산당이 결정한 당내민주 정책을 살펴보았다. 이들 정책은 2002년 제 16차 당대회부터 계속 추진되던 사항들이다. 특기할 만한 것으로는 다음 몇 가지를 들 수 있다. 먼저, 앞에서 보았듯이 중앙정치국이 중앙위원회 전체회의에 업무를 보고하고 감독을 받는 제도가 도입되었다(지방도 이와 유사한 제도 도입). 이 제도는 공산당 중앙이 먼저 실행한 후에 공산당 지방위원회에 실행을 요구한 것으로, 당내민주의 추진과정에서 공산당 중앙이 모범을 보인 사례라고 할 수 있다.

또한, 2008년 7월에 〈공산당 당원대표 임기제 임시조례〉(中國共産黨全國代表大會和地方各級代表大會代表任期制暫行條例)가 제정 및 실행되면서, 각지에서 시험실시되었던 당원대표 활동의 일상화가 당의 제도로 공식 인정되었다.

그 밖에도, 인사제도의 보완이 지속적으로 이루어졌다. 예를 들어, 2010년에는 4가지 종류의 새로운 당규가 공포되었다. 〈당정 영도간부 선발임용 업무 책임추궁 방법〉(黨政領導幹部選拔任用工作責任追究辦法(試行)), 〈당정 영도간부 선발임용 업무보고 방법〉(黨政領導幹部選拔任用工作有關事項報告辦法(試行)), 〈공산당 지방위원회의 간부 선발임용 업무보고 및 민주평가 방법〉(地方黨委常委會向全委會報告幹部選拔任用工作幷民主評議辦法(試行)), 〈현급 당서기의 간부 선발임용 업무이행 이임검사 방법〉(市縣黨委書記履行幹部選拔任用工作職責離

49) 「中共中央加强改進新形勢下黨建若干重大問題的決定」, 《新華網》, http:// news.xinhuanet.com(검색일: 2011. 7. 7).

任檢查辦法(試行))이 바로 그것이다.[50]

이와 같은 4가지 종류의 새로운 당규 제정에 대해 공산당 중앙 조직부는 높이 평가했다. 먼저, 4가지 당규는 상호 연결된 것으로 사전보고, 사후평가, 이임 검사, 당규 위반 및 책임 추궁의 감독체계가 일정한 체계를 갖추게 되었다. 이에 따라 간부 인사와 관련된 중요한 분야에 대한 엄격한 감독이 가능하게 되었다. 또한, 업무 경계를 세분화하고 시행절차를 규범화하며 책임추궁 조치를 명확히 했다. 이로써 그동안 간부선발 임용업무의 책임주체와 책임 구분이 불명확하고, 책임 추궁도 제대로 실현되지 않았다는 문제가 어느 정도 해결될 수 있게 되었다. 그 밖에도, 각급 당위원회의 "일인자"(一把手)와 조직부에 대한 감독을 강화하고 감독 효과도 높였다. 마지막으로, 감독방법을 개선하여, 간부선발 임용의 과정뿐만 아니라 해당 지역주민의 만족도도 함께 살펴봄으로써, "표면상으로는 법정 절차를 지키면서 이면에서는 부정을 저지르는" 문제를 효과적으로 해결하고자 했다.[51]

마지막으로 당업무 공개가 점차 제도화되었다. 2010년 9월 중앙판공청은 〈기층조직 당업무 공개 실행 의견〉(關於黨內基層組織實行黨務公開的意見)을 하달하였고, 11월에는 중앙기율검사위원회와 조직부가 〈현위원회 권력공개 투명운영 의견〉(關於開展縣委權力公開透明運行試點工作的意見)을 하달하여 기층 및 현급의 당업무 공개를 추진하였다. 또한 2009년 10월 쓰촨성의 메이산시(眉山市)에서 당위원회 대변인제도를 최초로 실시한 이후, 창사시(長沙市), 구이양시(貴陽市), 난징시(南京市) 등 6개 지역에서 시험실시되었다. 이후 중앙 기율검

50) 「中共中央辦公廳印發〈黨政領導幹部選拔任用工作責任追究辦法(試行)〉」, 〈新華網〉, http://news.xinhuanet.com(검색일: 2011.7.11).

51) 「中央組織部就幹部選拔任用四項監督制度答記者問」, 〈新華網〉, http://news.xinhuanet.com(검색일: 2011.7.11).

사위원회, 조직부, 선전부 등 11개 중앙 부서가 대변인 제도를 만들었으며, 현재까지 당업무 공개의 중점 사항으로 추진되고 있다.[52]

52) 魯寧, 「高層黨務公開助推社會民主」, 『東方早報』 2010년 7월 1일, 〈中國選擧與治理〉, http://www.chinaelections.org.

5. 소결: 요약

1949년 사회주의 중국의 건국 이전까지 공산당의 당내민주는 사회주의 혁명, 항일전쟁(1937~1945년), 국공내전(1945~1949년) 등 긴급한 상황으로 인해 현실적으로 큰 의미를 가질 수 없었다. 이런 상황이 종식되고 나서야 비로소 당내민주를 추진할 수 있는 정치환경이 만들어졌던 것이다. 건국 이후 최초로 개최된 1956년의 제 8차 당대회는 공산당 역사상 가장 민주적인 대회였고, 여기서 결정된 정책은 또한 당내민주 발전에 중요한 기준점이 되었다. 그러나 당내민주가 꽃피우던 기간은 너무 짧았다. 혁명을 거치면서 형성된 마오쩌둥의 개인적 권위는 당규나 제도로 통제하기에는 너무 큰 것이었다. 결국 마오가 주도한 문혁이 시작되면서 당내민주는 완전히 사라지고 말았다.

1978년 제 11기 3중전회에서 권력을 장악한 덩샤오핑 등 개혁파 지도부의 일차적 과제는 문혁의 재발을 방지하는 것이었다. 문혁은 한 개인에게 권력이 집중되면 당 조직이 파괴될 뿐만 아니라 국가도 위기에 처할 수 있다는 사실을 보여주었다. 이 때문에 개혁 초기에 추진된 정책은 민주집중제를 회복하여 권력집중을 방지하고, 당 조직과 운영을 정상화하는 데 초점이 맞추어졌다. 집단지도 체제의 완비, 당내감독의 재개, 선거제도와 당대회의 정비는 모두 이런 필요성에 의해 추진된 정책이다. 1987년 제 13차 당대회에 이르러서야 경제개혁을 가속화하기 위해 새로운 정치개혁이 필요하다는 공감대가 형성될 수 있었다. 그 결과 '당정분리'(黨政分開)를 핵심내용으로 하는 정치개혁 방침이 확정되었고, 당내민주도 한 단계 발전할 수 있는 계기가 마련되었다.

그러나 1989년 톈안먼 사건과 1991년 소련 붕괴 이후 정치적 위기에 직면한 공산당 지도부는 의욕적으로 추진했던 정치개혁을 중단하고 당의 단결과 집중을 강조했다. 1992년 제 14차 당대회에서 사회주의 시장경제론이 당 방침으로 결정되고, 이에 따라 시장제도와 경제적 대외개방이 급속히 진행되면서 경제가 빠르게 성장할 수 있었다. 장쩌민(江澤民)으로 대표되는 '제 3세대' 지도부는 이런 국내외 상황에서 정치개혁을 추진해야 할 절박한 필요성을 느끼지 못했다.

이후 2002년 공산당 제 16차 당대회에서 후진타오(胡錦濤)를 중심으로 하는 '제 4세대' 지도부가 등장하면서 당내민주는 새로운 전기를 맞게 되었다. 그동안 공산당은 급속한 경제성장과 국민 생활수준 향상을 통해 통치 정당성을 확보할 수 있었다. 그러나 향후에도 중국이 고도 성장을 지속한다는 보장이 없기 때문에 공산당이 업적 정당성(*performance legitimacy*)에만 의존하는 것은 현명한 정책이 아니었다. 또한, 당정간부의 부정부패가 만연하고, 사회적으로 빈부격차가 확대되면서 공산당의 통치 정당성을 훼손하는 상황과 조건이 증가했다. 이 때문에 공산당은 당내민주와 같은 정치개혁을 통해 통치 정당성의 기반을 공고화하고 확대할 필요가 있었다.

2002년 제 16차 당대회 이후 추진된 당내민주의 주요 정책은 바로 이와 같은 목표를 달성하기 위한 것이었다. 구체적으로 당원의 권리보장, 당대회의 연례화와 당원대표 활동의 일상화, 당위원회 전체회의의 역할 강화, 간부인사제도의 합리화, 직접선거의 확대, 당업무 공개, 당내감독의 강화 등이 당내민주의 주요 정책이다. 이런 정책은 소수의 영도간부가 독점했던 권력을 분산하고 당 조직과 운영을 더욱 합리화하고 제도화하려는 것이다.

지금까지 살펴본 당내민주 정책은 대개 민주집중제의 틀 내에서 논의되고 추진된 것이다. 그런데 최근에는 이 틀을 벗어난 논의가 진행되고 있다. 예를 들어, 민주집중제는 조직원칙인 반면 당내민주는 운영원리 또는 정치원칙이기 때문에 이 둘은 다르다는 주장이 있다.[53] 혹은 민주집중제는 간접민주인 반면 당내민주는 직접민주로서 두 가지는 다르다는 주장도 있다.[54] 특히 일부에서는 민주집중제가 당내민주의 발전을 방해한다고 주장한다.[55] 지금까지 공산당 지도부는 권력분립이나 다당제 등 자유 민주주의 제도를 반대한다는 입장을 반복해서 강조했다. 이와 유사하게 민주집중제는 공산당의 기본원칙이기 때문에 공산당이 이에 대한 새로운 해석이나 정책을 공식적으로 허용하기는 쉽지 않다. 그러나 당내민주 논의가 민주집중제의 틀을 벗어나지 못한다면 당내민주의 획기적인 발전은 이루어질 수 없을 것이다.

53) 孫應帥, 『中國共産黨黨內民主理論硏究』(合肥: 合肥工大出版社, 2007); 許耀桐, 「民主集中制與民主制關係辨證」, 『學習與實踐』 2010년 제 5기, 〈中國選擧與治理〉, http://www.chinaelections.org; 武三中, 「黨內民主比民主集中制更根本」, 『北京日報』 2007년 11월 26일, 〈中國選擧與治理〉, http://www.chinaelections.org.

54) 張慕良, 「黨的民主集中制和黨的民主制的區別」, 『學習時報』 2010년 7월 27일, 〈中國選擧與治理〉, http://www.chinaelections.org.

55) 史嘯虎, 「黨主集中制的實質是阻碍黨內民主」, 〈中國選擧與治理〉, http://www.chinaelections.org.

제 4장

당내민주의 실천 I

중앙 엘리트 정치의 변화

대부분의 국가에서 그렇듯이 중국에서도 최고 정치 엘리트가 참여하는 중앙 정치, 즉 엘리트 정치(*elite politics*)와 지방 정치는 다르다. 그래서 공산당의 당내민주도 중앙과 지방에서 다른 방식으로 추진되었다. 이에 따라 당내민주를 분석할 때는 중앙과 지방을 분리해서 검토해야 한다. 이 장에서는 엘리트 정치의 당내민주를 분석하고, 다음 장에서는 지방의 당내민주를 분석할 것이다.

중국의 엘리트 정치가 지방 정치와 다른 점은 몇 가지 측면에서 확인할 수 있다. 먼저, 중앙 정치는 국가 전체에 영향을 미치기 때문에 정책 결정과 집행에서 매우 신중한 모습을 보인다. 이에 비해 지방은 상대적으로 쉽게 정책을 결정하고 집행한다. 실제로 중국은 지난 30년 동안 '점(點)에서 선(線)으로, 선에서 면(面)으로' 새로운 정책을 확대 실시하는 점진적 개혁 방식을 채택했다. 이때 지방은 새로운 정책을 시험하는 역할을 수행한다. 이는 당내민주도 마찬가지이다.

즉, 중요한 정책은 일부 지방에서 시험실시(試點)되고, 시험실시를 거쳐 검증된 정책만을 공식 제도로 확정한 다음 전국적으로 확대 실시한다. 이때 중앙에도 정책이 실시된다.

또한, 엘리트 정치에서는 '비공식 정치'(*informal politics*)가 매우 중요하다. 이는 법과 제도가 아니라, 정치 엘리트의 개인권위(이른바 카리스마)나 사적인 호혜(*favor*)와 충성(*loyalty*)이 맞교환되는 후견인-수혜자(*patron-client*) 관계 등 비공식 요소에 의해 운영되는 정치를 말한다. 비공식 정치의 대표적인 사례가 덩샤오핑(鄧小平, 1903~1997년) 등 '혁명원로'(革命元老)가 공식직책의 보유 여부와는 관계없이 최고 통치자로서 권력을 행사하는 '원로정치'(元老政治, *elders politics*)이다. 주요 정치지도자와 그를 추종하는 집단, 즉 파벌이 경쟁하는 '파벌정치'(宗派政治, *factional politics*)도 비공식 정치의 한 종류로 볼 수 있다.

지난 30년 동안 정치 제도화(*political institutionalization*)가 진행되면서 비공식 정치는 많이 축소되었지만 현재에도 여전히 존재하고 있고, 과거에는 그것이 더욱 심각했다. 예를 들어, 원로정치는 1980년대는 물론 1990년대 중반까지 엘리트 정치를 규정하는 핵심요소였다. 파벌정치는 성격, 내용, 역할이 계속 변화했지만 1980년대부터 현재까지 엘리트 정치의 중요한 요소로 작동하고 있다. 이 때문에 중앙 정치에서는 공산당의 공식정책이 원로정치나 파벌정치로 인해 제대로 집행되지 않는 경우가 있다. 반대로, 법이나 제도가 규정한 것은 아니지만 원로정치나 파벌정치로 인해 만들어진 요소가 엘리트 정치에 커다란 영향을 미치는 경우도 있다. 엘리트 정치의 당내민주 확대가 이에 해당된다. 이런 이유로 엘리트 정치의 당내민주를 분석할 때는 공산당의 의도한 정책 결과와 함께 의도하지 않는 정치환경의 변화도 주목해야 한다.

그 밖에도 지방 정치와는 다르게 중앙 엘리트 정치에서는 지도 및 감독의 주체가 없다는 특징이 있다. 각급 지방 공산당위원회는 공산당 중앙이나 성급(省級) 당위원회 등 상급조직의 지도와 감독 하에서 당내민주를 추진한다. 이 과정에서 일부 정책은 지방 영도간부의 이익을 침해하지만 중앙이 강력히 요구하기 때문에 추진되는 경우도 있다. 당 지도부 경쟁선거나 당위원회 전체회의의 권한 강화가 이에 해당한다. 그런데 공산당 중앙은 당의 최고 층위 집단이기 때문에 이를 지도하고 감독할 상부조직이 없다. 이처럼 엘리트 정치에는 외부 지도 및 감독기관이 부재하고, 대신 최고 정치 엘리트와 이들로 구성되는 파벌 간의 '내부' 견제와 감독이 존재할 뿐이다.

한편, 공산당 중앙도 당의 일부이기 때문에 엘리트 정치의 당내민주도 지방의 당내민주와 동일한 원칙에 입각해야 한다. 다시 말해, 원칙의 측면에서 중앙과 지방에는 모두 동일한 당내민주가 적용된다. 그러나 당내민주가 중앙과 지방에서 실현되는 방식은 다르다. 따라서 엘리트 정치의 당내민주를 분석할 때는 이와 같은 보편성(즉, 당내민주의 동일한 원칙)과 특수성(즉, 중앙과 지방의 상이한 실현 방식)을 동시에 파악해야 한다.

이와 관련하여, 장쩌민(江澤民)과 후진타오(胡錦濤) 시대의 엘리트 정치는 전과는 다른 두 가지 새로운 요소가 나타났다는 사실에 주목해야 한다. 하나는 집단지도(集體領導, *collective leadership*) 체제의 형성이다. 이는 권력분산 체제의 등장을 의미한다. 다른 하나는 통치 엘리트 간의 협의와 타협을 통한 인선 및 중대정책의 결정이다. 이는 공산당의 민주적 운영을 의미하고, 다른 말로는 엘리트 민주주의(*elite democracy*)의 확대라고 할 수 있다. 이런 두 가지 새로운 요소가 바로 엘리트 정치의 당내민주이다.

먼저, 집단지도 체제의 형성은 최고 통치 엘리트 간의, 또한 이들을 중심으로 형성된 파벌 간의 권력공유(權力共有, *power-sharing*) 또는 권력분점(分點)을 의미한다. 집단지도 체제의 형성은, 현재 당내민주의 핵심 정책으로 추진되는 공산당 지방위원회 전체회의의 권한 강화와 동일한 성격을 갖고 있다. 또한, 협의와 타협을 통한 정책결정도 당위원회 전체회의의 민주적 운영, 특히 '인사표결제도'(人事票決制)와 동일한 성격을 갖고 있다. 다시 말해, 엘리트 정치의 두 가지 새로운 요소는 총서기 개인이나 단일 파벌이 독단적으로 당을 운영하지 못하도록 권력을 분산하고, 인사 및 중대정책을 결정할 때는 상무위원 전체가 협의와 타협을 통해 민주적으로 결정하도록 한다는 점에서, 당위원회 전체회의의 권한 강화 및 민주적 운영과 같은 성격이라는 것이다.

이 장에서는 먼저, 개혁기 중국의 엘리트 정치에 대한 논의를 간단하게 살펴볼 것이다. 이는 엘리트 정치의 당내민주를 분석하기 위한 준비 작업에 해당한다. 이후, 덩샤오핑 시대, 장쩌민 시대, 후진타오 시대로 구분하여 엘리트 정치의 당내민주를 분석할 것이다. 이때는 논리적 분석이나 서술뿐만 아니라, 각 시기별 특징을 잘 보여줄 수 있는 사례를 제시하고 분석할 것이다. 엘리트 정치의 변화와 당내민주의 확대 여부는 권력승계 및 새로운 당 지도부 구성과 관련된 인선(人選), 그리고 중대정책의 결정 과정과 결과에 대한 분석을 통해 잘 이해할 수 있기 때문이다. 특히 장쩌민 시대와 후진타오 시대의 사례분석에서는 필자의 이전 연구, 즉 제16차 당대회와 제17차 당대회의 인선 및 정책결정 분석을 활용할 것이다.[1)]

이런 분석을 통해 이 장에서는 다음 사항을 주장할 것이다. 먼저, 엘리트 정치는 장쩌민 시대를 거쳐 후진타오 시대에 들어 변화되었고, 이와 함께 당내민주도 중앙 정치에서 본격적으로 추진되었다. 그 핵심 내용은 집단지도 체제의 형성(즉, 권력분산)과, 협의와 타협을 통한 정책결정(즉, 민주적 당 운영)이라는 엘리트 민주주의의 확대

1) 구체적으로, 제16차 당대회의 사례분석은 조영남, 『후진타오 시대의 중국정치』(파주: 나남, 2006)의 제4장, 제17차 당대회의 사례분석은 조영남, 『21세기 중국이 가는 길』(파주: 나남, 2009)의 제3장을 참고했다.

이다. 반면, 덩샤오핑 시대에는 원로정치가 엘리트 정치를 주도하면서 중앙 정치에서는 당내민주가 제대로 추진될 수 없었다. 또한, 엘리트 정치의 당내민주는 당 제도화의 결과이면서 동시에 자연스런 정치변화(특히 파벌정치의 변화)의 결과이다.

1. 개혁기 엘리트 정치의 논의[2)]

중국의 엘리트 정치에 대해서는 그동안 많은 연구가 있었다. 마오쩌둥(毛澤東) 시대의 엘리트 정치에 대한 네이싼(Andrew Nathan)의 파벌정치 모델(*factionalism*)과 그에 대한 저우(Tang Tsou)의 비판은 대표적인 사례이다.[3)] 장쩌민 시대의 엘리트 정치에 대해서는 크게 두 가지 견해가 제기되었다. 우선, 티위스(Frederick Teiwes)는 비록 중국정치에서 파벌이 중요한 의미를 갖는다는 점은 인정하지만 개혁기에 엘리트 정치는 크게 변했다고 주장한다. 중국정치도 다른 국가의 정치, 즉 정치 엘리트가 국민의 의견을 수렴하여 정책에 반영하고 국민의 지지를 얻기 위해 서로 치열한 경쟁을 벌이는 정치와 비슷한 모습으로 변해가고 있다는 것이다. 그래서 중국정치는 '정상 정치'(*normal politics*)로 바뀌고 있다고 주장한다.[4)] 샴보(David Shambaugh)

2) 이 절은 조영남, 『후진타오 시대의 중국정치』, pp. 154~156의 내용을 수정 보완한 것이다.

3) Andrew J. Nathan, *China's Crisis: Dilemmas of Reform and Prospects for Democracy*(New York: Columbia University Press, 1990), pp. 23~37; Joseph Fewsmith, *Elite Politics in Contemporary China*(Armonk: M. E. Sharpe, 2001), pp. xi-xxvii; Jonathan Unger(ed.), *The Nature of Chinese Politics: From Mao to Jiang*(Armonk: M. E. Sharpe, 2002); *Journal of Democracy* 2003년 1월호(Vol. 14, No. 1) 논문.

4) Frederick C. Teiwes, "The Politics of Succession: Previous Patterns and a New Process", John Wong and Yongnian Zheng(eds.), *China's Post-Jiang Leadership Succession: Problems and Perspectives*(Singapore: Singapore University Press, 2002), pp. 21~58; Frederick C. Teiwes, "Normal Politics with Chinese Characteristics", *China Journal*, No. 45 (January 2001), pp. 69~82; Frederick C. Teiwes, "The Paradoxical Post-Mao Tradition: From Obeying the Leader to 'Normal Politics'", *China Journal*, No. 34(July 1995), pp. 55~94.

도 장쩌민 시대의 엘리트 정치가 '좀더 합리적이고 정상적이고 예측 가능하게 되었다'고 비교적 긍정적으로 평가하고 있다.[5]

이에 비해 휴스미스(Joseph Fewsmith)는 중국에서 정상 정치를 주장하는 것은 시기상조라고 주장한다. 그에 따르면 비록 개혁기에 일정한 변화가 있었지만 중국정치는 여전히 저우가 말한 승자독식(*winner-takes-all*)의 원리에 따라 작동하며, 후견인주의(*clientalism*)에 기초한 비공식 정치가 법과 제도에 기초한 공식 정치보다 더 중요하다는 것이다.[6] 다시 말해 중국의 엘리트 정치는 이전과 근본적으로 단절되지 않았다.

이후 후진타오 시대의 엘리트 정치를 관찰하면서, 휴스미스는 비공식 정치에 대한 자신의 주장을 조금 더 정교하게 발전시켰다. 그에 따르면, 중국의 엘리트 정치는 '유사 공식화'(*quasi-formalization*)라고 부를 수 있다. 우선, 공식 규칙(*formal rules*)이 제도화되어 비공식 정치의 범위를 제한하지만, 비공식 규칙이 여전히 존재하여 공식 규칙이 규제하지 못하는 공간을 채운다. 또한, 유사 공식화에서는 공식 규칙의 집행을 강제할 수 있는 기제가 없다. 마지막으로, 유사 공식화는 비공식 정치에서 공식 정치로 가는 중간 또는 과도기가 아니며, 비교적 오랜 기간 존재하는 안정적인 상황이다.[7]

---

5) David Shambaugh, "The Dynamics of Elite Politics during the Jiang Era", *China Journal*, No. 45 (January 2001), pp. 101~111.

6) Joseph Fewsmith, "The New Shape of Elite Politics", *China Journal*, No. 45 (January 2001), pp. 83~93; Joseph Fewsmith, "Elite Politics", Merle Goldman and Roderick MacFarquhar (eds.), *The Paradox of China's Post-Mao Reforms* (Cambridge: Harvard University Press, 1999), pp. 47~75.

7) Joseph Fewsmith, "Elite Politics: The Struggle for Normality", Joseph Fewsmith (ed.), *China Today, China Tomorrow: Domestic Politics, Economy, and Society* (Lanham: Rowman & Littlefield Publishers, 2010), pp. 149~164.

한편, 디트머(Lowell Dittmer)도 휴스미스의 견해에 동의하면서 개혁기 중국의 비공식 정치에서는 파벌정치가 중요하며, 인치(人治), 강한 지도자에 의한 통치는 지금도 지속되고 있다고 주장한다. 즉, 중국정치를 정상 정치라고 규정하는 것은 지나치다는 것이다. 단 그는 개혁기 비공식 정치에 중요한 변화가 있었다는 사실을 인정한다. 비공식 정치에서 파벌은 단지 행동의 단위일 뿐이며, 마오쩌둥 시대처럼 이데올로기가 정치를 주도하지 않는다는 것이다. 또한 이전과는 달리 개혁기 파벌주의는 주로 정책 쟁점을 중심으로 전개된다는 것이다.[8]

이런 논의를 평가한다면, 두 가지 주장 모두 일리가 있다고 할 수 있다. 다시 말해, 개혁기 중국에는 비공식 정치(파벌정치)와 공식 정치(정상 정치)가 공존한다는 것이다. 그러나 우리는 변화하는 현실, 즉 시간이 가면서 중국정치가 비공식 정치에서 공식 정치로 발전하고 있다는 사실에 주목해야 한다. 이런 발전으로 인해 엘리트 정치는 상당히 안정화될 수 있었던 것이다. 이는 뒤에서 살펴볼 장쩌민 시대와 후진타오 시대의 엘리트 정치에서 잘 나타난다. 또한 이와 같은 엘리트 정치의 변화가 있기 때문에, 우리는 중앙 정치의 당내민주 확대를 주장할 수 있다.

---

8) Lowell Dittmer, "The Changing Shape of Elite Power Politics", *China Journal*, No. 45(January 2001), pp. 53~67; Lowell Dittmer, "Chinese Informal Politics", *China Journal*, No. 34(July 1995), pp. 1~34; Lowell Dittmer and Yu-Shan Wu, "The Modernization of Factionalism in Chinese Politics", *World Politics*, Vol. 47, No. 4(July 1995), pp. 467~494.

2. 덩샤오핑 시대: '원로정치'의 지배

1978년 12월 공산당 제 11기 중앙위원회 제 3차 전체회의(11기 3중전회)부터 1994년 공산당 제 14기 중앙위원회 제 4차 전체회의(14기 4중전회) 무렵까지 덩샤오핑이 최고지도자로서 개혁·개방 정책을 추진했던 시기를 덩샤오핑 시대라고 부를 수 있다.[9] 이는 원로정치가 엘리트 정치를 지배했던 시기이다. 덩샤오핑은 문화대혁명(文化大革命, 1966~1976년) 때 파괴된 당조직과 운영을 정상화하고 문혁의 재발을 방지하기 위해 민주집중제의 철저한 실시를 주장했고, 실제로 전국적으로 당내민주 확대가 추진되었다. 그러나 당내민주는 엘리트 정치에서는 제대로 실시되지 못했다. 바로 원로정치 때문이다.

1) 당내민주의 부재(不在)와 그 원인

리버쌀(Kenneth Liberthal)의 연구에 의하면, 1990년대 중반까지 중국의 엘리트 정치는 공식규정 및 제도가 아니라 소집단의 동학(*dynamics*)에 의해 비공식적으로 운영되었다. 이런 비공식 정치의 핵심에 바로 원로정치가 있었다. 구체적으로 당시 중국은 25~35명 규모의 최고 통치 엘리트가 통치했다. 이는 다시 두 집단으로 구성되는데, 첫째가 원로집단이고, 두 번째가 정치국 위원이다. 이 두 집단

---

9) 1994년을 전후해서 덩샤오핑이 건강 악화로 사실상 활동을 중단하고, 주요 원로들이 사망하면서 원로들의 영향력은 급속히 축소되었다. 그래서 이 무렵에 덩샤오핑으로부터 제 3세대 지도자로의 권력이양이 사실상 완료되었다고 평가할 수 있다. Yun-han Chu, "The Evolution of Beijing's Policy toward Taiwan", Yong Deng and Fei-Ling Wang(eds.), *China Rising: Power and Motivation in Chinese Foreign Policy*(Lanham: Rowman & Littlefield Publishers, 2005), p. 247.

중에서 실권을 장악한 것은 원로집단이다. 여기서 공산당의 공식 지도부는 중대 문제의 경우에는 원로집단의 결정사항을 집행하는 하부 기관의 역할을 수행할 뿐이었다. 다만 일반적이고 작은 문제의 경우에는 자체적으로 정책을 결정하고 집행할 수 있었다.[10]

먼저, 원로집단은 사회주의 혁명에 직접 참여하고, 문혁 시기 정치적 박해를 받다가 개혁·개방 정책의 실시 이후 정치의 전면에 등장하여 1990년대 중반까지 권력을 장악한 이른바 '8대 원로'를 지칭한다. 여기에는 덩샤오핑, 천윈(陳雲, 1905~1995년), 리셴녠(李先念, 1909~1992년), 펑전(彭眞, 1902~1997년), 양상쿤(楊尙昆, 1907~1998년), 보이보(薄一波, 1908~2007년), 왕전(王震, 1908~1993년), 덩잉차오(鄧穎超, 1904~1992년)가 포함된다.[11] 이들은 1987년 제 13차 당대회 이전까지는 당·정·군의 공식 직책을 갖고 있었고, 그 이후에는, 특히 1992년 제 14차 당대회 이후에는 공식직책에서 물러났다. 참고로 덩샤오핑은 1987년 11월 제 13차 당대회부터 1989년 11월까지 중앙군사위원회(中央軍事委員會/중앙군위) 주석직을 유지했고, 그 이후에는 모든 공식 직위에서 물러났다. 그러나 공식직위에서 물러난 이후에도 원로들의 정치적 영향력은 여전했다.

이를 잘 보여주는 것이 바로 1987년 제 13차 당대회 직후 개최된 중앙위원회 제 1차 전체회의(13기 1중전회)에서 통과된 결정이다. 여기서는 두 가지가 확정되었다. 첫째, 덩샤오핑에게 인선을 포함한 중

---

10) Kenneth Lieberthal, *Governing China: From Revolution through Reform* (New York: W.W. Norton & Company, 1995), pp. 184~192.

11) Andrew J. Nathan, "Introduction: The Documents and Their Significance", Zhang Liang (compiled), Andrew J. Nathan and Perry Link (eds.), *The Tiananmen Papers* (New York: Public Affairs, 2001), pp. xv~xlv. 참고로 휴스미스는 '8대 원로'에 덩잉차오 대신에 완리(萬里, 1916년~현재)를 포함시킨다. Joseph Fewsmith, "What Zhao Ziyang Tells Us about Elite Politics in the 1980s", *China Leadership Monitor*, No. 30 (Fall 2009).

대정책의 최종 결정권을 부여한다. 이에 따라 덩샤오핑은 당 중앙이 중대정책을 결정할 때 단순히 '자문'하는 것이 아니라, 자신의 집에서 원로와 정치국 상무위원이 참여하는 정치국 확대회의를 개최할 수 있고, 이 회의를 통해 중대정책을 결정할 수 있는 권한을 보유하게 되었다.[12)]

둘째, 양상쿤과 보이보는 각각 덩샤오핑과 천윈 및 리셴녠을 대신해서 정치국 및 정치국 상무위원회 회의에 참석할 수 있다. 이에 따라 공식직책에서 물러난 원로들은 대리인을 통해 당 회의의 중요 내용을 상세히 파악할 수 있었고, 동시에 이들을 통해 당의 정책결정에 영향력을 행사할 수 있게 되었다.[13)] 이런 측면에서 1990년대 중반까지 중국의 엘리트 정치는 철저하게 '사인정치'(私人政治, *personalistic politics*)의 특징을 보였다고 평가할 수 있다.[14)]

이처럼 원로가 공식직책을 보유했는가 여부와는 상관없이 실제 권력을 행사하는 원로정치의 시대에는, 공산당 정치국과 정치국 상무위원회의 정식 구성원은 중대정책과 관련해서 실권을 행사할 수 없었다. 1987년 1월 후야오방(胡耀邦, 1915~1989년)의 후임으로 임명되어 1989년 6월까지 공산당 총서기를 역임한 자오쯔양(趙紫陽, 1919~2005년)의 말은 이런 상황을 잘 표현한다. 즉, 그에 따르면, 그는 비록 공산당의 총서기였지만 실제로는 '비서실장'(秘書長)의 역할만 했다는 것이다. 대신 원로들이 실권을 행사했다.[15)] 이런 면에서 총서

12) 자오쯔양, 바오푸(鮑樸) 정리, 장윤미·이종화 역, 『국가의 죄수: 자오쯔양 중국공산당 총서기 최후의 비밀 회고록』(서울: 에버리치홀딩스, 2010), pp. 106~107.

13) Nathan, "Introduction", pp. xv~xlv.

14) Fewsmith, "What Zhao Ziyang Tells Us", p. 2.

15) Yongnian Zheng, *The Chinese Communist Party as Organizational Emperor: Culture, Reproduction and Transformation* (London: Routledge, 2010), pp. 76~77.

기를 포함한 공식 지도부는 원로의 실무책임자에 불과했다.

또한 이와 같은 원로정치가 지배하는 시기에는, 당규나 당내 제도가 아니라 원로 간의 협의를 통해 주요 인선과 중대정책이 결정되는 특징이 나타났다. 아무런 공식직책도 없는 원로가 중대정책을 결정한다는 사실 그 자체가 바로 비공식 정치가 공식 정치를 압도하는 현상을 보여준다. 이런 상황에서는 최고 통치 엘리트가 권력을 공유 또는 분점하는 집단지도 체제나 엘리트 민주주의가 등장할 수 없었다. 한마디로 당시의 엘리트 정치에서는 당내민주가 부재했다.

물론 원로정치에도 일정한 내부 견제가 있었다. 혹은 공산당의 최고 엘리트 집단 전체는 아니더라도, 최소한 원로 상호간에는 비공식적인 '견제와 균형'(*checks and balance*)의 원리가 어느 정도 작동했다고 볼 수 있다. 이는 덩샤오핑 개인의 권위에 한계가 있었기 때문에 나타난 현상이다. 기존 연구에 의하면, 마오쩌둥 시대에는 중대정책과 관련하여 마오가 최종결정권을 행사했고, 이에 대해 그 누구도 이의를 제기할 수 없었다. 이런 면에서 마오쩌둥은 '절대적인 권력'(*Mao-in-command*)을 행사했다. 이에 비해 덩샤오핑은 비록 중대정책의 최종 결정권을 보유했지만 모든 결정을 자기의 권한 하에 자기 마음대로 할 수 있었던 것은 아니다. 다시 말해, 중대정책을 결정할 때는 원로, 특히 천윈 및 리셴녠과 반드시 사전에 협의해야 했다. 그래서 덩샤오핑은 영국 내각에서 총리의 지위를 표현하는 '동급자 중의 일인자'(*first among equals*)로서 '상대적인 권력'을 행사했다고 평가할 수 있다.[16] 바로 이 점에서 덩샤오핑 시대의 원로정치에는 일정한 견제와 균형의 원리가 작동했다고 볼 수 있다는 것이다.

한편 중국정치체제의 특수성을 고려할 때, 원로정치의 존재, 또는 덩샤오핑과 같은 '영도핵심'(領導核心, *core leadership*)의 존재를 비난할

16) Nathan, "Introduction", pp. xxix~xxx; Fewsmith, "What Zhao Ziyang Tells Us", pp. 2~3; Zheng, *The Chinese Communist Party*, pp. 78~80.

수 없을지도 모른다. 즉, 네이싼(Andrew Nathan)의 지적처럼, 덩샤오핑 개인 또는 원로들의 역할은 '초헌법적'(*extra-constitutional*)이지만 '정당성이 결여된 것'(*illegitimate*)은 아니다.[17] 중국과 같은 당-국가 체제에서는 권력이 공산당으로, 이는 다시 소수의 최고지도자와 파벌에 집중하는 현상이 발생한다. 이런 상황에서 만약 권력승계와 관련된 인선이나 중대정책 결정을 놓고 통치 엘리트 간에 이견이 발생하여 교착상태에 빠진다면 이는 곧 정치체제 전체의 마비와 정치적 혼란을 야기할 수 있다. 이 때문에 교착상태를 해결할 수 있는 존재, 즉 영도핵심이 필요하다는 것이다.[18] 마오쩌둥 시기에는 마오가, 덩샤오핑 시기에는 덩이 이런 역할을 담당했던 것이다.

2) 사례분석

덩샤오핑 시대에는 원로정치가 엘리트 정치의 핵심요소였고, 이로 인해 당내민주가 부재했다는 사실은 실제 사례를 통해서 확인할 수 있다. 이를 잘 보여주는 것이 1989년 4~6월 톈안먼(天安門) 사건에 대한 처리, 후야오방 및 자오쯔양의 총서기 퇴진 결정, 장쩌민의 총서기 발탁이다. 요컨대, 이런 모든 중대 결정은 공산당 중앙의 공식 제도를 통해서가 아니라, 원로들의 협의라는 비공식 정치를 통해 이루어졌다. 공식제도는 이런 비공식 결정을 사후에 추인하여 합법성(*legitimacy*)을 부여하는 역할을 수행했을 뿐이다.

---

17) Nathan, "Introduction", p. xxxi.

18) Zheng, *The Chinese Communist Party*, pp. 76~77.

(1) 정책결정 사례: 1989년 톈안먼 사건의 처리

톈안먼 사건의 처리와 관련하여 가장 중요한 사항은 3가지였다. 첫째, 학생시위의 성격 규정이다. 즉, 이를 '반당(反黨), 반(反)사회주의 동란(動亂)'으로 규정하여 강경 진압할 것인가, 아니면 애국심의 발로에서 나온 정당한 요구로 볼 것인가 하는 문제이다. 이 성격 규정에 따라 학생시위에 대한 공산당의 대응 방침이 결정된다. 둘째, 계엄령의 선포와 군대(인민해방군)의 동원이다. 셋째, 톈안먼 광장의 무력 진압에 대한 최종 결정이다. 자오쯔양의 회고록인 『국가의 죄수』와, 공산당 문서가 유출되어 출판된 『중국 6·4 진상』(中國'六四'眞相)〔이른바 '톈안먼 백서'(Tiananmen Paper)〕에 의하면, 3가지 중대정책은 모두 원로와 정치국 상무위원이 참석한 정치국 확대회의에서 결정되거나, 아니면 대리인(양상쿤)을 통해 원로들에게 관련 내용이 보고되고 원로들이 이를 승인하는 방식을 통해 결정되었다. 그 과정에서 덩샤오핑은 최종 결정권을 행사했다. 또한 당시 회의는 대개 덩샤오핑의 사저(私邸)에서 개최되었다.

먼저, 학생시위를 '동란'으로 규정하는 결정은 1989년 4월 24일의 정치국 상무위원회 회의에서 리펑(李鵬, 1928년~현재: 당시 정치국 상무위원), 리시밍〔李錫銘, 1926년~현재: 당시 정치국원이며 베이징시(北京市) 당서기〕, 천시퉁〔陳希同, 1930년~현재: 당시 베이징시 시장〕의 주도로 결정되었다.[19] 이후 양상쿤과 리펑은 회의의 결정 사항을 덩샤오핑에게 보고했고, 덩은 평소에 학생들의 '자유화'(自由化)에 대한 강경대응을 주장했기 때문에 학생시위를 '반당, 반사회주의 동란'으로

---

19) 참고로 당시 정치국 상무위원은 자오쯔양, 리펑, 차오스(喬石, 1924년 ~현재), 후치리(胡啓立, 1929년~현재), 야오이린(姚依林, 1917~1994년) 등 모두 5인이었고, 당시 자오쯔양은 북한 방문 중이라 이 회의에 참석할 수 없었다.

규정한 결정을 즉각 승인했다. 이후, 이런 내용을 담은 『인민일보』(人民日報)의 사설(社說), 즉 「반드시 기치선명하게 동란에 반대해야 한다」(必須旗幟鮮明地反對動亂)가 4월 26일에 발표되었다. 이에 따라 학생들은 평화적으로 시위를 종결할 수 있는 명분을 잃었다. 이후 시위는 단식투쟁 등 강경한 방식으로 전개되었고, 이는 끝내 유혈사태로 이어졌다.[20]

계엄령 선포에 대한 결정은 1989년 5월 17일 덩샤오핑의 사저에서 개최된 정치국 확대회의에서 결정되었다. 여기에는 5인의 정치국 상무위원과 덩샤오핑, 양상쿤이 참석했다. 자오쯔양의 회고록에 의하면, 리펑과 야오이린은 덩샤오핑과의 "암묵적인 밀약"이 있었던 것처럼 계엄령 선포를 반대하는 자오쯔양의 발언을 즉각 비판했다. 당시 상무위원의 의견 분포를 보면 계엄령 찬성 2인(리펑, 야오이린), 반대 2인(자오쯔양, 후치리), 기권 1인(차오스)이었다. 그러나 이런 입장 분포와는 상관없이 덩샤오핑은 학생시위와 자오쯔양의 태도를 비난하면서 계엄령 선포와 군대의 베이징시 이동을 결정했다. 동시에 리펑, 양상쿤, 차오스 3인으로 구성된 임시소조(小組)를 구성하여 계엄 실시를 책임지도록 결정했다. 이후 자오쯔양이 불참한 5월 19일의 정치국 상무위원회 회의에서 계엄령이 공식 선포되었다.[21]

마지막으로, 군대를 동원한 톈안먼 광장의 '진압'(淸場) 결정은 6월 2일의 정치국 확대회의에서 이루어졌다. 이 회의에는 덩샤오핑, 리셴녠, 펑전, 양상쿤, 보이보, 왕전 등 원로와, 자오쯔양과 후치리를 제외한 3인의 정치국 상무위원(리펑, 차오스, 야오이린)이 참석했다. 이 회의에서 덩샤오핑은 "6월 2일 저녁에 광장 진압 계획을 수립하여 2일 이내에 완성한다"는 결정을 내렸다. 또한 양상쿤이 회의 결정 사

---

20) 자오쯔양, 『국가의 죄수』, pp. 55~62.
21) 자오쯔양, 『국가의 죄수』, pp. 77~91.

항을 중앙군위에 전달하고, 리펑이 회의에 불참한 천윈에게 전달하도록 결정되었다. 이후 6월 3일 오후에 개최된 계엄령 집행회의에서 6월 4일 새벽 1시에 계엄군이 광장에 진입하여 6시에 진압 임무를 완료한다는 작전 계획을 확정했다. 이 회의에는 양상쿤, 3인의 정치국 상무위원, 베이징시 당위원회와 군구(軍區) 지도자, 중앙군위 지도자가 참석했다.[22)]

(2) 인선 사례: 후야오방, 자오쯔양, 장쩌민의 발탁과 퇴진

공산당의 당규와 제도를 무시하고 원로들이 중대정책을 결정한 것처럼, 공산당 총서기를 비롯한 당 지도부 인선도 이들이 결정했다. 우리는 이를 몇 가지 사례를 통해 확인할 수 있다.

우선, 자오쯔양의 회고록에 의하면, 1982년 제12차 당대회에서 총서기로 선출된 후야오방은 공식적으로는 1987년 1월 4일 덩샤오핑의 사저에서 개최된 정치국 확대회의에서 사직(辭職)이 결정되었다. 이 회의에는 덩샤오핑, 천윈, 양상쿤, 보이보, 펑전, 왕전, 완리, 자오쯔양 등이 참석했다. 사직 방식은 후야오방이 덩샤오핑에게 사직서를 제출하고, 정치국이 이를 수리하는 것이었다. 이후 약 2주 후인 1월 16일에 개최된 정치국 확대회의에서 후야오방의 사직과 함께 자오쯔양의 총서기 임명이 공식 선포되었다. 자오쯔양의 임명도 당연히 덩샤오핑이 주도한 원로회의에서 사전에 결정되었다.

그런데 후야오방의 총서기 경질은 이보다 6개월 전인 1986년 여름 베이다이허(北戴河)의 원로회의에서 이미 결정되었다고 한다. 그때 후야오방을 1년 후인 1987년 하반기에 개최될 예정인 제13차 당대회에서 경질한다는 방침을 결정했다는 것이다. 이유는 여러 가지였는

---

22) 張良 編著, 『中國'六四'眞相』(下) (香港: 明淨出版社, 2001), pp. 885~913.

데, 가장 중요한 것은 덩샤오핑 등 원로들의 거듭되는 요구에도 불구하고 후야오방이 총서기로서 지식인과 대학생의 자유화 문제를 단호하게 처리하지 못했다는 점이다. 또한, 북한에게 너무 많은 양보를 하고, 일본을 방문하여 사전에 논의된 적이 없는 3천 명의 일본 청소년의 초청을 결정하는 등 '신중하지 못한 일처리'도 문제가 되었다. 이런 상황에서 1986년 12월에 전국 주요 대도시에서 대학생 시위가 발생하자 덩샤오핑과 원로들은 후야오방을 강하게 비난하면서 예정된 시간을 6개월 앞당겨 경질을 결정했던 것이다.[23]

1987년 11월 베이징에서 개최된 공산당 제13차 당대회의 지도부 인선도 덩샤오핑을 중심으로 한 원로들의 주도로 결정되었다. 자오쯔양의 회고록에 의하면, 1987년 7월 7일 덩의 사저에서 관련 회의가 개최되었는데, 여기서 덩이 원로들의 진퇴와 정치국 상무위원의 인선을 최종 결정했다고 한다. 먼저, 덩은 중앙군위 주석직을 유지하고, 천윈은 중앙고문위원회 주임, 리셴녠은 중국인민정치협상회의 전국위원회(全國政協/전국정협) 주석에 선임되었다. 반면 펑전은 전국인민대표대회(全國人民代表大會/전국인대) 상무위원회 위원장에서 물러나는 등 공식직책에서 완전히 퇴진하도록 결정되었다. 이런 결정에 대해 원로들은 처음에는 반대했지만 덩의 주장으로 결국 이를 수용했다고 한다. 정치국 상무위원의 인선과 관련하여, 처음에는 7인안, 즉 자오쯔양, 완리, 리펑, 차오스, 야오이린, 후치리, 톈지윈(田紀雲, 1929년~현재: 당시 국무원 부총리)이 상정되었다. 그런데 심의 중에 야오이린이 갑자기 완리와 톈지윈에 대해 문제를 제기하면서 논란이 생겼고, 인선 결정의 연기를 우려한 덩샤오핑이 문제가 된 두 사람을 제외하기로 결정하여 상무위원은 5인으로 최종 확정되었다고 한다. 이후 덩샤오핑은 양상쿤을 국가주석, 완리를 전국인대 상무위

---

23) 자오쯔양, 『국가의 죄수』, pp. 257~287.

원회 위원장에 임명했다.[24]

마지막으로, 1989년 톈안먼 사건 과정에서 자오쯔양의 총서기직 경질과 장쩌민의 선임도 덩샤오핑을 중심으로 한 원로들의 결정이었다. 먼저, 자오쯔양의 회고록에 의하면, 1989년 5월 20일 이른바 '8대 원로'와 3인의 정치국 상무위원(리펑, 차오스, 야오이린)이 참석한 정치국 확대회의가 덩샤오핑의 사저에서 개최되었다. 이때는 자오쯔양에게 회의 참석은 말할 것도 없고, 회의 개최 사실도 통보하지 않았다. 회의 참석자들은 자오쯔양의 문제점을 비판하면서 그의 총서기직 박탈을 논의했다. 자오의 핵심 문제는 총서기로서 덩샤오핑 등 원로가 주도한 당의 결정, 즉 학생시위의 '동란' 규정과 강경대응에 반기를 들고 당의 결정을 집행하지 않았다는 것이다. 논의 결과 자오의 총서기직 박탈이 결정되었다. 이후 1989년 6월 23~24일에 개최된 공산당 제 13기 중앙위원회 제 4차 전체회의(11기 4중전회)에서 자오쯔양의 총서기직 박탈 처분이 공식 발표되었다.[25]

장쩌민의 총서기 발탁은 1989년 5월 27일 덩샤오핑의 사저에서 '8대 원로'가 참석한 회의에서 결정되었다. 『중국 6·4진상』에 따르면, 덩샤오핑은 천윈 및 리셴녠과의 사전 협의를 거쳐 장쩌민을 총서기로 임명하기로 결정하고 이를 이 회의에서 발표했다. 동시에 자오쯔양과 후치리 후임의 정치국 상무위원으로 송핑(宋平, 1917년~현재)과 리루이환〔李瑞環, 1934년~현재: 당시 톈진시(天津市) 당서기〕을 제안했다. 이에 다른 원로들은 자기의 의견을 접고 덩의 제안에 동의했다. 이런 사전 결정 이후에 장쩌민은 1989년 6월 23~24일에 개최된

24) 자오쯔양, 『국가의 죄수』, pp. 323~330.

25) 자오쯔양, 『국가의 죄수』, pp. 92~102. 참고로 『중국 6·4진상』은 다른 내용을 담고 있다. 우선, 회의 날짜가 5월 21일이다. 또한 회의에는 8대 원로만 참석했다. 마지막으로, 이 회의에서는 총서기 인선 논의(장쩌민, 리펑, 차오스, 송핑 등이 거론)가 있었지만 최종 결정은 못했다. 張良, 『中國'六四'眞相』(下), pp. 587~596.

공산당 11기 4중전회에서 총서기로 공식 선출되었다. 이런 일련의 인선 과정에 대해 이 책의 편저자인 장량은 원로들이 정치국 상무위원의 참여를 배제한 상태에서 〈당헌〉의 규정을 유린하고 공산당의 〈당내생활 준칙(準則)〉을 파괴하면서 불법적으로 공산당의 최고 정책결정권자를 교체한 '무혈정변'(不流血的政變)이라고 평가했다.[26)]

---

26) 張良, 『中國'六四'眞相』(下), pp. 752~759.

3. 장쩌민 시대: 엘리트 정치의 변화

덩샤오핑을 비롯한 원로들의 퇴진 이후 중국의 엘리트 정치에는 커다란 변화가 나타났다. 집단지도 체제의 형성과, 협의와 타협을 통한 정책결정이 바로 그것이다. 이에 따라 중앙 정치에서도 당내민주가 점진적으로 추진될 수 있게 되었다. 이는 당 제도화 정책의 추진 결과이면서 동시에 자연스런 정치변화의 의도하지 않은 결과이기도 했다. 한편 장쩌민 시대에는 엘리트 정치의 '과도기적 특징'도 함께 나타났다.

1) 엘리트 정치의 변화[27)]

앞에서 살펴보았듯이, 덩샤오핑 시대의 엘리트 정치는 결코 제도화되지도 않았고 안정적이지도 않았다. 후야오방, 자오쯔양, 장쩌민의 자의적인 임명과 실각은 이를 잘 보여준다. 동시에 이와 같은 권력승계와 중대정책 결정은 심각한 당내외 갈등과 혼란을 야기했다. 1986~87년 학생 민주화운동과 1989년 톈안먼 사건은 엘리트 정치의 불안정 속에서 발생한 것이다.

그러나 장쩌민 시대에 들어 엘리트 정치는 점차 제도화되고 안정화되는 추세를 보였다. 장쩌민 집권1기(1989~1996년)는 과도기였다. 예를 들어, 장쩌민은 1989년 톈안먼 사건과 자오쯔양의 실각이라는 정치적 혼란 속에서 공산당 총서기와 중앙군위 주석에 임명되었고, 이후 경쟁자를 제거한 후에야 비로소 최고지도자가 될 수 있었다. 이런 과도기를 거쳐 장쩌민 집권2기(1997~2002년)에 들어서 엘리트 정

27) 이 내용은 조영남, 『21세기 중국이 가는 길』, pp. 29~34를 수정 보완한 것이다.

치는 더욱 안정화되는 모습을 보여주었다. '제 3세대'에서 '제 4세대' 지도자로의 권력이양이 평화롭고 순조롭게 이루어진 것은 이를 잘 보여준다.

이렇게 변화된 엘리트 정치는 앞에서 말한 두 가지 특징을 서서히 보여주기 시작했다. 첫째, 복수의 최고 통치 엘리트나 파벌이 권력을 공유 또는 분점하는 집단지도 체제가 형성되었다. 다시 말해, 덩샤오핑을 마지막으로 카리스마적 지도자가 퇴진하면서 특정 개인이나 파벌이 정치권력을 독점하는 현상이 사라졌다. 예를 들어, 장쩌민 시대에는 장쩌민을 중심으로 한 상하이파(上海幇)가 주도 세력이었지만 이들이 권력을 독점하고 국가정책을 자신들의 뜻대로 결정할 수 있었던 것은 아니었다. 장쩌민 집권1기에는 장쩌민-차오스(당시 전국인대 위원장)-리펑(당시 국무원 총리)의 '삼두체제'가 형성되었고, 집권2기에는 장쩌민-리펑(당시 전국인대 위원장)의 '이원체제'가 형성되었던 것이다. 후진타오 시대(2002~2012년)에 들어서는 공청단(共青團) 지도자 출신을 중심으로 한 '후진타오 세력'(이른바 '공청단파')과 상하이파 및 태자당(太子黨)을 중심으로 한 '장쩌민 · 쩡칭훙(曾慶紅, 1939년~현재) 세력'이 중앙과 지방에서 권력을 분점했다.

둘째, 첫 번째 특징의 결과로서, 최고 통치 엘리트가 협의와 타협을 통해 인선과 중대정책을 결정하는 엘리트 민주주의가 확대되었다. 이렇게 되면서 권력승계나 당 노선 · 정책 결정이 전보다 훨씬 안정적이고 평화롭게 이루어질 수 있었다. 예를 들어, 2002년 공산당 정치국 상무위원의 인선과정에서는 최대 세력인 상하이파가 다수(9인 중 5인)를 차지하고 다른 세력이 일정한 지분을 인정받는 타협이 이루어졌다. 또한 2004년 9월 장쩌민의 중앙군위 주석직 사임과 후진타오의 승계, 2006년 9월 천량위(陳良宇, 1946년~현재) 상하이시 당서기의 퇴진과 2007년 3월 시진핑(習近平, 1953년~현재)의 상하이시 당서기 임명 등은 후진타오 세력과 쩡칭훙 세력의 협의와 타협을 통해 이루어졌다.

이처럼 엘리트 정치에서 집단지도 체제가 형성되고 엘리트 민주주의가 확대될 수 있었던 배경으로는 크게 4가지를 들 수 있다. 이 중에서 첫째는 공산당의 의도적인 정책 추진의 결과이며, 나머지는 의도하지 않은 정치변화의 결과이다.

먼저, 1990년대 더욱 강력하게 추진된 공산당 조직과 운영의 제도화가 엘리트 정치의 당내민주 확대에 큰 기여를 했다. 당내민주와 당의 제도화는 논리적으로 밀접히 관련되어 있고 실제로 두 가지는 함께 추진되었다. 여기서 공산당의 제도화는 당 중앙(즉, 당대회, 중앙위원회, 정치국)이 제정한 〈당헌〉(黨章)과 당규에 따라 당이 조직되고 운영되는 과정과 결과를 지칭한다. 당 제도화는 1980년대에는 문혁의 피해를 극복하여 당을 정상화할 목적으로, 이후에는 당의 안정적인 집권을 보장할 목적으로 공산당이 추진한 핵심 정책이다.

당내민주는 바로 이와 같은 당조직과 운영의 제도화가 어느 정도 이루어져야만 추진될 수 있다. 당조직이 파괴되고 운영이 정지된 문혁 시기에는 마오쩌둥의 개인숭배와 '4인방'(四人幫)의 권력농단, 즉 당내민주가 부재했다는 사실은 이를 반증한다. 동시에 당내민주의 실시는 당의 제도화를 통해서만 제대로 보장될 수 있다. 다시 말해 당내민주의 주요 정책이 공산당의 결정을 통해 공식제도로 확정된 이후에 전국에 걸쳐 안정적으로 추진될 수 있다는 것이다. 예를 들어, 시험실시를 통해 검증된 일부 당내민주 정책이 2007년 제 17차 당대회의 〈당헌〉 개정과 2008년 관련 당규의 제정을 통해 당의 공식제도로 확정되었고, 이를 토대로 전국적으로 확대 실시될 수 있었다.

실제로 1990년대에는 공산당조직과 운영의 제도화 면에서 큰 진전이 있었다. 제 2장에서 간략하게 논의했듯이, 이 기간에는 많은 당규가 제정되면서 당조직과 운영의 법적·제도적 기초가 만들어졌다. 특히 〈공산당 당원 권리보장 조례〉(1994년), 〈공산당 지방조직 선거

업무 조례〉(1994년), 〈공산당 지방위원회 업무 조례〉(1996년)의 제정은 공산당의 당내민주 발전에 크게 기여한 것으로 평가된다.

같은 맥락에서 1997년 제 15차 당대회의 '의법치국'(依法治國, 법에 의한 통치) 방침의 결정, 2002년 제 16차 당대회에서의 '의법집정'(依法執政, 법에 의한 집정) 방침의 결정도 당조직과 운영의 제도화에 큰 기여를 했다. 의법치국과 의법집정은 한마디로 말하면, '국가통치의 법제화'(法制化) 정책이라고 할 수 있다. 이에 따라 공산당의 국가 통치는 이전의 '정책에 의한 통치'(依靠政策治國)에서 '법과 제도에 의한 통치'(依靠法律制度治國)로 근본적으로 변화하게 되었다. 이것이 당조직과 운영의 제도화와 밀접히 연관되고, 동시에 이를 촉진했다는 사실은 말할 필요가 없다.

한편, 장쩌민 시대에 들어 엘리트 정치가 변화하고 이에 따라 중앙정치에서도 당내민주가 확대된 것은, 공산당의 제도화 노력 이외에도 자연스런 정치변화의 의도하지 않은 결과이기도 했다. 여기서는 먼저, 카리스마적 지도자의 퇴진과 함께 어느 특정 개인이나 파벌이 다른 경쟁자나 파벌을 물리적으로 제거할 수 없게 된 상황을 들 수 있다. 다시 말해 절대 권력자가 없는 상황에서 파벌 간에 서로를 인정하고 타협하는 일종의 '신사협정'(*code of civility*)이 게임의 법칙으로 인정될 수밖에 없었다는 것이다. 그리고 이것이 엘리트 정치의 새로운 변화, 즉 집단지도 체제의 형성과 엘리트 민주주의의 확대에 기여했다. 실제로 한 연구에 따르면 1949년 이후 중국정치를 볼 때, 카리스마적 지도자의 퇴진과 함께 독재 또는 헤게모니가 약화될 때 파벌 간에 타협이 가능했고, 그로 인해 엘리트 정치가 안정화되는 현상이 나타났다.[28]

또한, 장쩌민 시대에 들어 파벌과 파벌투쟁의 성격이 변화한 점을

28) Jing Huang, *Factionalism in Chinese Communist Politics* (Cambridge: Cambridge University Press, 2000), pp. 24~25, 425~428.

들 수 있다.[29] 마오쩌둥 시대에 파벌은 주로 이념(*ideology*)과 노선 대립을 기반으로 형성되었고, 파벌투쟁은 승자독식(*winner-takes-all*)의 원리에 따라 생사를 건 투쟁으로 격렬하게 전개되었다. 문혁 시기의 이념 대립과 지도자 숙청은 이를 잘 보여준다. 덩샤오핑 시대에는 '개혁파'나 '보수파' 같은 명칭이 보여주듯이 파벌이 주로 정책 차이로 형성되었고, 파벌투쟁은 전보다 덜 격렬했지만 여전히 치열하게 전개되었다. 후야오방과 자오쯔양의 실각은 이를 잘 보여준다.[30]

그런데 장쩌민 시대의 파벌은 이런 이념 및 노선 대립이나 정책 차이가 아니라 다양한 원인으로 형성되었다. 칭화대학 출신의 정치 엘리트를 지칭하는 '칭화대파'(清華幇)와 같은 학연(學緣), '상하이파'와 '베이징파'와 같은 지연(地緣), '공청단파'와 같은 업무, '태자당'과 같은 혈연(血緣)이 대표적인 파벌 형성의 원인이다.[31] 이는 1992년 제14차 당대회에서 '사회주의 시장경제론'이 확정되면서 당 지도부 내에 개혁·개방정책에 대한 합의가 형성되었고 그 때문에 지도자 간에 이념 대립이나 정책 차이가 크게 부각되지 않은 결과이다. 그래서 최근의 파벌투쟁은 중앙과 지방의 요직을 어떻게 배분할 것인가를 놓고 벌어지는 자리다툼의 성격을 강하게 띠고 있다.[32] 이렇게 되면

---

29) Lowell Dittmer, "Leadership Change and Chinese Political Development", Yun-han Chu, Chih-cheng Lo and Ramon H. Myers(eds.), *The New Chinese Leadership: Challenges and Opportunities after the 16th Party Congress* (Cambridge: Cambridge University Press, 2004), pp. 10~32: Lowell Dittmer and Yu-shan Wu, "Leadership Coalitions and Economic Transformation in Reform China: Revisiting the Political Business Cycle", Lowell Dittmer and Guoli Liu(eds.), *China's Deep Reform: Domestic Politics in Transition* (Lanham, Maryland: Rowman & Littlefield Publishers, 2006), pp. 49~80.

30) Huang, *Factionalism in Chinese Communist Politics*, pp. 424~425.

31) Cheng Li, *China's Leaders: The New Generation* (Lanham, Maryland: Rowman & Littlefield, 2001), pp. 15~17.

서 파벌투쟁은 생사를 건 투쟁이 아니라 소수파에게도 일정한 몫(자리)을 배정할 수 있도록 타협하고 흥정하는 거래로 변화되었다. 그 결과 정치 엘리트 간의 협의와 타협이 가능해졌던 것이다.

마지막으로, 공산당 지도부의 단결 유지에 대한 강한 공감대 형성이 중요한 작용을 했다. 1989년 6월 톈안먼 사건과 1991년 소련 붕괴 이후, 중국에서는 '안정이 모든 것에 우선한다'(穩定壓倒一切)는 원칙이 수립되었고, 이는 현재까지 이어지고 있다. 특히 1990년대 중반 이후 노동자 · 농민 등 개혁 · 개방정책의 피해계층(집단)이 형성되고 이들이 조직적으로 저항하는 규모와 빈도수가 증가하면서 공산당 지도부는 일종의 위기의식을 공유하고 있다.[33] 그런데 사회안정을 위해서는 정치안정이 필수적이고, 중국과 같은 공산당 일당체제에서는 당의 통합과 단결유지가 정치안정의 핵심이다. 덩샤오핑이 말했듯이 만약 정치적으로 문제가 생긴다면 그것은 공산당이 분열할 경우이다. 이런 당 지도부의 위기의식과 단결 강조가 파벌투쟁의 악화를 방지하는 데 중요한 역할을 했다. 이에 따라 파벌 간에 권력을 공유하고 중대정책은 협의와 타협을 통해 해결하는 규범이 형성될 수 있었던 것이다.

한편 장쩌민 시대의 엘리트 정치는 '과도기적 특징'도 함께 갖고 있다는 사실을 기억해야 한다. 다시 말해, 엘리트 정치에 두 가지 새로운 요소가 등장한 것은 사실이지만, 동시에 과거 원로정치에서 나타났던 비공식 정치의 유산도 아직 강하게 남아있다는 것이다. 이는 구체적으로 장쩌민 개인의 상대적으로 높은 지위, 이에 따른 집단지도체제의 불완전한 형성, 협의와 타협을 통한 당내 정책결정의 미흡으로 나타났다. 한마디로 장쩌민 시대에는 엘리트 정치의 변화가 아직

32) Dittmer, "Leadership Change and Chinese Political Development", p. 19.

33) Susan L. Shirk, *China: Fragile Superpower* (Oxford: Oxford University Press, 2007), pp. 6~7, 255, 269.

철저하지 못했고, 이에 따라 엘리트 정치의 당내민주도 여전히 제한되었다는 것이다. 이는 아래에서 살펴볼 다양한 사례에서 확인할 수 있다.

이런 과도기적 특징은 먼저 장쩌민 집권의 특수성으로 인해 나타났다.[34] 구체적으로 장쩌민은 1989년 6월 톈안먼 사건 이후 공산당 총서기로 선임되어 2002년 10월 제16차 당대회에서 사임할 때까지 약 13년 동안, 만약 중앙군위 주석직을 기준으로 하면 2004년 9월까지 약 15년 동안 최고 권좌에 있었다. 이런 장기집권으로 인해 장쩌민은 자신의 권력기반을 충분히 공고히 할 수 있었고, 이를 기반으로 집단지도 체제에서 우월한 권력을 행사할 수 있었다. 상하이파의 대규모 요직 등용을 통한 친위세력의 형성, 천시퉁의 숙청과 리펑의 약화를 통한 베이징파의 무력화, 차오스 등 '간수파'(甘肅幫)의 퇴진 등은 이를 보여주는 대표적인 사례이다.

또한 뛰어난 통치업적을 통해 장쩌민은 비록 덩샤오핑 정도는 아니더라도 일정한 개인적 권위를 확보할 수 있었다. 톈안먼 사건 이후 정치적 불안정의 극복, 1991년 소련 및 사회주의권의 붕괴에 따른 국제정세의 변화와 미국 등 서방세력의 압박에 대한 성공적인 대응, 1990년대 급속한 경제성장과 국민 생활수준의 향상, 1997~1998년 아시아 경제위기의 극복과 아시아 지역 강대국(*regional power*)으로의 부상, 2001년 세계무역기구(WTO) 가입과 국제적 지위의 제고 등 장쩌민 집권 기간에 중국은 국내외로 눈부시게 발전했다. 이를 배경으로 후진타오 시대에 들어 중국은 세계 강대국(*global power*)으로 급부상하고 있다. 이와 같은 성과를 기반으로 장쩌민은 개인적인 권위를

---

34) Zheng Yongnian, "The 16th National Congress of the Chinese Communist Party: Institutionalization of Succession Politics", Weixing Chen and Yang Zhong(eds.), *Leadership in a Changing China*(New York: Palgrave Macmillan, 2005), p. 23.

확보할 수 있었고, 이 때문에 그는 집단지도 체제에서 우월한 지위를 누릴 수 있었던 것이다.

2) 사례분석

사례분석에서는 '장쩌민 이론'이라고 할 수 있는 '3개대표'(三個代表) 이론이 2002년 제16차 당대회에서 공산당의 공식 지도이념(*ideology*)으로 결정되는 것을 분석할 것이다. 또한, 제16차 당대회에서의 당 지도부 인선 사례를 분석할 것이다.

(1) 정책결정 사례: 제16차 당대회의 '3개대표 이론' 확정

3개대표 이론은 공산당의 임무와 성격을 새롭게 규정한 이론으로, 공산당은 ① 선진(先進) 생산력의 발전 요구, ② 선진 문화의 전진 방향, 그리고 ③ 가장 광범위한 인민의 근본이익을 대표해야 한다는 주장이다. 당대회에서 이런 이론을 당의 공식 지도이념으로 승격시키는 문제는 매우 중요한 사안이다. 당의 노선, 방침, 정책은 근본적으로 지도이념에 따라 결정되고 집행되기 때문이다. 그래서 공산당의 최고지도자는 항상 자신의 이론을 당의 공식이념으로 만들기 위해 노력했다. 실제로 역대 최고지도자의 이론은 당대회의 결정과 〈당헌〉 개정을 통해 공산당의 공식 지도이념이 되었다. 이른바 '마오쩌둥 사상'과 '덩샤오핑 이론'은 이를 잘 보여준다.

이는 제3세대와 제4세대 지도자에게도 해당한다. 어떤 면에서 보면 신세대 지도자들은 자신의 이론 창시와 당의 공식이념화에 더욱 커다란 의욕을 보인다. 이들에게는 마오쩌둥이나 덩샤오핑이 보유했던 카리스마적 지도력이 없기 때문에 자신의 권위를 강화하기 위해서는 새로운 공식이념의 창시가 필요하기 때문이다.[35] 예를 들어,

만약 3개대표 이론이 당의 지도이념으로 결정된다면, 장쩌민은 이론적인 측면에서는 마오쩌둥이나 덩샤오핑과 같은 최고지도자의 권위를 획득할 수 있다. 이런 이유로 장쩌민과 후진타오는 이론 창시와 자기 이론의 당의 공식이념화를 위해 많은 노력을 경주했다.

이런 이유로, 2002년 제16차 당대회의 정책결정과 관련하여 가장 중요한 것은, 3개대표 이론을 〈당헌〉 개정을 통해 당의 지도이념으로 승격시킬 것인가 여부였다. 결론적으로 말하면, 우선, 제16차 당대회에서 3개대표 이론은 마르크스-레닌주의, 마오쩌둥 사상, 덩샤오핑 이론과 함께 당을 지도하는 공식이념으로 결정되었다. 단 '장쩌민'이라는 개인 명칭은 배제되었다. 또한, 3개대표 이론의 공식 지도이념화와 함께 당의 성격 규정도 변화했다. 개정된 〈당헌〉 '총강'(總綱)에서 새롭게 규정하듯이, 공산당은 이제 "중국 노동자계급의 선봉대이며 동시에 중국 인민과 중화민족의 선봉대"가 된 것이다. 다시 말해, 공산당은 노동자·농민·지식인 등 인민의 이익을 대변하는 '계급정당'에서 국민 전체를 대표하는 '국민정당'(*catch-all party*)으로 변화한 것이다.

그런데 3개대표 이론의 당 공식 지도이념화는 덩샤오핑 시대의 원로정치에서 그랬던 것처럼 소수의 최고지도자들이 비공식 회의에서 결정하는 방식으로 이루어지지 않았다. 그 대신 장쩌민 세력의 오랜 준비와 주요 파벌 간의 타협, 즉 타 세력의 인정과 수용을 통해 이루어졌다. 이런 점에서 3개대표 이론의 당 공식이념화는 엘리트 정치의 변화와 당내민주의 확대를 보여주는 좋은 사례라고 할 수 있다.

3개대표 이론의 당 이념화는 장쩌민의 권위 수립을 위해 오랫동안 추진된 일련의 노력이 완성되었음을 의미한다. 그 전사(前史)는 멀리 1995년 장쩌민이 '3강'(三講: 3가지 강조), 즉 정치·학습·바른 태도

---

35) Zheng, *The Chinese Communist Party*, pp. 83~86.

(政治·學習·正氣)를 강조하는 이론을 제창한 것으로 거슬러 올라간다. 장쩌민의 제창 이후, 그의 오른팔이며 당중앙 조직부장 겸 서기처(書記處) 서기였던 쩡칭훙은 당내에 만연된 부패와 '잘못된 사업 풍토'(不正之風)를 바로잡는다는 목표로 현급(縣級: 현·시·구) 이상의 고위 당정간부를 대상으로 '3강교육운동'(三講敎育運動)을 전개할 것을 제안했다. 공산당 중앙이 이런 제안을 수용함에 따라, 중국에서는 1996~1997년, 1998~1999년 두 차례에 걸쳐 전국적으로 대대적인 3강교육운동이 전개되었다.

이와 같은 3강교육운동을 통해 장쩌민의 정치적 권위는 전보다 높아졌다. 단적으로 이 운동기간 동안 당원들은 부패 문제, '당풍'(黨風)과 관련된 마오쩌둥 사상 및 덩샤오핑 이론과 함께 장쩌민의 주장을 같은 비중으로 학습했다. 이로써 장쩌민은 마오쩌둥, 덩샤오핑과 같은 권위 있는 최고지도자 대열에 올라서게 되었다.[36] 이런 점에서 이 운동을 통해 장쩌민은 어느 정도 이론적 권위를 확보했다고 할 수 있다.

물론 3강교육운동에 대해 당시 최고 정치엘리트가 모두 흔쾌히 동의한 것은 아니다. 한 연구에 의하면, 당시 정치국 상무위원이었던 리펑, 리루이환, 주룽지(朱鎔基, 1928년~현재), 웨이젠싱(尉健行, 1931년~현재)은 이 운동이 장쩌민의 개인숭배 운동에 불과하다는 이유로 직간접으로 반대했다고 한다. 그러나 일부 정치지도자는 이를 적극 지지했다. 예를 들어, 제 4세대 지도자의 선두주자였던 후진타오는 쩡칭훙과 함께 3강교육운동을 지지했고, 실제로 이를 적극 추진했다고 한다.[37]

이후에도 장쩌민의 이론적 권위 강화 시도는 계속되었다. 예를 들

---

36) 宗海仁, 『朱鎔基在1999』(香港: 明鏡出版社, 2001), pp. 156~157.

37) 宗海仁, 『朱鎔基在1999』, pp. 138~172.

어, 당시 공산당 정치국원이며 중앙 선전부장(宣傳部長)이었던 딩관건(丁關根, 1929년~현재)은 장쩌민의 개인 권위를 강화하기 위해 2000년 여름 무렵 '장쩌민을 핵심으로 하는 제 3세대 지도자의 10대 업적'을 편찬하는 작업을 추진했다고 한다. 그런데 보이보, 완리, 양바이빙(楊白冰, 1920년~현재), 왕한빈(王漢斌, 1925년~현재) 등 원로들이 이를 장쩌민의 개인숭배 작업이며 동시에 덩샤오핑 이론을 대체하기 위한 시도라며 반대했다. 그 결과 이 편찬사업은 중단되었다.[38]

이러한 노력의 연장선상에서 장쩌민은 2000년 2월 3개대표 이론을 제기했다. 그리고 2001년 7월 1일 공산당 창당 80주년 기념식 축사를 통해 3개대표 이론을 공식화했다. 이후 공산당은 21세기를 맞아 새로운 집정당으로 거듭나기 위해 '3개대표 이론 학습운동'을 2002년 11월 제 16차 당대회 직전까지 약 1년 동안 전국적으로 전개했다.[39] 이런 장쩌민의 지속적인 노력의 결과, 또한 3개대표 이론 앞에 '장쩌민'을 삭제한다는 조건 하에, 타 세력들은 3개대표 이론의 당 공식 지도이념화를 수용할 수 있었다. 즉, 2002년 제 16차 당대회는 이런 과정의 종착역이었다. 이처럼 장쩌민은 마오쩌둥이나 덩샤오핑과는 달리 지속적인 노력과 다른 세력의 동의 하에서만 자신의 이론을 공산당의 공식 지도이념으로 만들 수 있었다.

(2) 인선 사례: 제 16차 당대회의 지도부 인선

장쩌민 시대 엘리트 정치의 변화된 모습은 16차 당대회의 공산당 지도부 인선에서도 살펴볼 수 있다. 특히 인선 사례에서는 장쩌민 시

---

38) Lowell Dittmer, "Chinese Leadership Succession to the Fourth Generation", Gan Lin and Xiaobo Hu(eds.), *China after Jiang* (Washington, D.C.: Woodrow Wilson Center, 2003), pp. 25~28.

39) 宗海仁, 『第四代』(香港: 明鏡出版社, 2002), pp. 299~304.

대의 과도기적 특성이 강하게 나타나고 있다. 즉, 장쩌민은 집단지도 체제에서 개인의 우월한 지위를 이용하여 엘리트 정치의 비공식 규범을 어기는 현상이 나타났던 것이다. 또한 장쩌민은 인선 결정에서 다른 정치 지도자나 파벌보다 월등한 영향력을 행사했던 것이다. 이는 크게 장쩌민의 중앙군위 주석직 유임과 상하이파의 당 지도부 다수 점유를 통해 확인할 수 있다.

먼저, 장쩌민은 1997년 제15차 당대회에서 비공식 규범으로 만들어진 70세 규정을 어기고, 76세의 나이에 중앙군위 주석에 다시 선출되었다. 여기서 70세 규정은 70세를 넘은 정치지도자는 정치국원과 정치국 상무위원, 국가주석, 국무원 총리, 전국인대 위원장, 전국정협 주석을 맡을 수 없다는 비공식 규범을 말한다. 이후 2004년 9월 중앙군위 주석직을 사임할 때까지 장쩌민의 지위는 약 2년 동안 지속되었다. 근거는 덩샤오핑의 선례였다. 즉, 덩샤오핑은 1987년 11월 제13차 당대회에서 정치국 상무위원직에서는 물러나면서도 중앙군위 주석직은 유지했고, 이는 1989년 11월까지 2년 동안 지속되었다.

그런데 중국에서 공산당 총서기와 중앙군위 주석이 일치하지 않을 경우 일반적으로 후자가 권력의 중심에 있다고 간주된다. 즉, 후진타오 시대 초기에는 후진타오가 명목상으로는 최고지도자였지만 실제로는 장쩌민이 최고지도자였다는 것이다. 이렇게 되면서, 후진타오 국가 주석과 장쩌민 중앙군위 주석이 함께하는 '두 개의 주석'(兩個主席) 체제가 형성되었다. 이는 법적 권력 중심(즉, 후진타오 세력)과 실제 권력 중심(즉, 장쩌민 세력)이 권력을 분할하는 두 개의 권력중심이 존재함을 의미한다. 결국 후진타오 시대는 권력을 장쩌민과 공유해야 하는 불완전한 권력승계 상태에서 시작되었다.

이와 같은 불완전한 권력승계는 장쩌민의 개인 권위가 강력했기 때문에, 동시에 그의 추종세력이 이를 적극 지지했기 때문에 가능했던 것이다. 예를 들어, 1999년에는 후진타오, 류화칭(劉華淸, 1916~

2011년), 장완녠(張萬年, 1928년~현재), 딩관건 등 많은 정치 엘리트가 장쩌민에게 공산당 총서기직 및 중앙군위 주석직의 유임을 건의했다. 2000년 여름에 개최된 베이다이허 회의에서는 주룽지 당시 총리가 장쩌민의 유임을 지지하는 발언을 했다고 한다. 그 후 2001년과 2002년 제 16차 당대회 직전까지 군의 지도자들이 장쩌민의 유임을 지속적으로 요청했다.[40] 이런 요구는 장쩌민의 중앙군위 주석직 유지를 정당화하는 역할을 했다.

재미있는 것은 제 16차 당대회를 준비하면서 일부 원로들이 장쩌민의 완전한 퇴진을 요구했는데 장쩌민이 이를 묵살했다는 점이다. 기존 연구에 의하면, 2002년 7~8월 베이다이허 회의에서 보이보는 정치국에 편지를 보내는 형식으로 장쩌민의 완전한 퇴진을 요청했다. 또한 완리, 차오스, 송핑 등 전임 당 지도자들도 장쩌민과 관련된 당정의 지도자들에게 편지를 쓰는 방식을 통해 장쩌민이 공산당 총서기직과 중앙군위 주석직에서 모두 물러날 것을 요구했다고 한다. 후진타오를 중심으로 한 새로운 당 지도부가 힘 있게 공산당과 국가를 운영하기 위해서는 제 3세대 지도부가 완전히 퇴진하는 것이 필요하다는 이유에서였다.[41] 그러나 장쩌민은 이런 요구를 묵살하고 중앙군위 주석직을 유지했던 것이다.

이는 두 가지 사실을 말해 준다. 하나는 원로가 여전히 존재했고, 이들은 공산당 총서기와 중앙군위 주석 선출과 같은 주요 인선에서 발언권을 행사했다는 사실이다. 다른 하나는 장쩌민의 권력이 이들의 요청을 무시해도 좋을 만큼 공고해졌다는 사실이다. 바꾸어 말하면, 이때의 원로들은 1980년대의 원로들과 달리 인선과 중대정책 결

---

40) Dittmer, "Chinese Leadership Succession to the Fourth Generation", pp. 25~28; Zheng, "The 16th National Congress of the Chinese Communist Party", pp. 25~28.

41) 宗海仁, 『曖昧的權力交接』(香港: 明鏡出版社, 2003), p. 20.

정에서 '결정적인' 영향력을 행사할 수 없었다. 동시에 이는 공식 지위가 비공식 영향력을 어느 정도 통제할 수 있다는 사실을 보여준다.

한편, 2002년 제 16차 당대회에서는 356명의 중앙위원(위원 198명, 후보위원 158명), 25명의 정치국원(후보위원 1명 포함), 9명의 정치국 상무위원, 8명의 중앙군위 구성원(주석·부주석, 위원)이 선출되었다. 이런 인사교체는 제 3세대 지도자가 퇴진하고 제 4세대 지도자가 전면에 등장했다는 점에서 세대교체의 의의가 있었다. 결론적으로 말하면, 제 16차 당대회의 인선에서는 장쩌민 세력 또는 상하이파가 당·정·군의 고위직 중 다수를 차지했다.

군의 경우, 중앙군위 주석직을 맡고 있는 장쩌민이 군 인선에 지대한 영향을 행사했기 때문에 후진타오를 제외한 중앙군위 구성원 모두를 장쩌민 사람으로 보아도 문제가 없다. 정치국 상무위원을 보면, 전체 9명의 상무위원 중 쩡칭훙, 우방궈(吳邦國, 1941년~현재), 황쥐(黃菊, 1938~2007년), 자칭린(賈慶林, 1940년~현재), 리창춘(李長春, 1944년~현재) 등 상하이파가 최소 5인이었다. 또한 국무원 지도자(즉, 총리·부총리·국무위원) 10인 중에서 상하이시에서 근무했거나 장쩌민의 후원을 받았던 사람(즉, 상하이파)은 황쥐, 쩡페이옌(曾培炎, 1938년~현재), 후이량위(回良玉, 1944년~현재), 화젠민(華建敏, 1940년~현재), 천즈리(陳至立, 1942년~현재) 등 최소 5인이었다.

이와 같은 공산당 지도부 인선을 보면, 장쩌민 세력이 후진타오 세력과 권력을 분점했다기보다는 압도적으로 다수파가 되어 권력을 장악했다고 할 수 있다. 이런 면에서 제 16차 당대회의 인선은 집단지도 체제의 구성이라는 점에서는 부족함이 있다. 또한 이런 사실이 바로 장쩌민 시대의 과도기적 특징을 보여주는 것이다.

4. 후진타오 시대: 엘리트 정치의 발전

장쩌민 시대에 시작된 엘리트 정치의 변화와 이에 따른 중앙 정치에서의 당내민주 확대는 후진타오 시대에 들어 더욱 가속화되었다. 이런 점에서 새로운 엘리트 정치는 후진타오 시대에 들어 확립되었다고 할 수 있다. 동시에 엘리트 정치에서의 당내민주도 이와 함께 본격적으로 추진되었다.

1) 엘리트 정치의 발전

후진타오 시대의 엘리트 정치는 장쩌민 시대의 엘리트 정치를 계승 발전한 것이다. 이에 따라 앞에서 살펴본 두 가지 특징, 즉 집단지도 체제의 형성과 협의와 타협을 통한 정책결정이 후진타오 시대에도 지속되었다. 차이가 있다면, 이런 특징이 후진타오 시대에는 더욱 철저하게 실현되었다는 점이다.

이처럼 후진타오 시대에 들어 엘리트 정치가 더욱 제도화되고 이에 따라 당내민주가 발전하게 된 것은 크게 두 가지 배경 때문이다. 우선, 후진타오 시대에 공산당 중앙은 당내민주를 중요한 정치개혁의 하나로 간주했고, 이에 따라 엘리트 정치에서도 당내민주가 전과 다르게 적극 추진되었다. 이를 단적으로 보여주는 것이 바로 2002년 제16차 당대회에서 당내민주 확대가 공산당의 중요한 정치개혁 방침으로 결정된 사실이다. 특히 이때는 '당내민주를 통한 인민민주의 견인' 방침이 다시 한 번 확정되었다.

이런 방침에 입각하여, 전국적으로 당내민주의 핵심 정책, 즉 당대회 연례화(黨代會常任制), 당원대표 활동의 일상화(黨代表任期制), 당지도부 인선에서의 부분적 경쟁선거 도입〔이른바 '공개추천 직접선거'(公推直選) 제도], 공산당 지방위원회 전체회의의 권한 강화와 민주적 운영(특히 인사표결제도)이 본격적으로 시험실시되기 시작했다. 뿐만 아니라 이런 실천을 통해 검증된 두 가지 정책, 즉 당원대표 활동의 일상화와 감독 순시제도(巡視制度)의 상례화가 2007년 제 17차 당대회에서 〈당헌〉 개정을 통해 공식제도로 확정되었다.

일부 정책의 경우에는 공산당 중앙이 당내민주를 주도하기도 했다. 예를 들어, 2003년 10월 공산당 제 16기 중앙위원회 제 3차 전체회의(16기 3중전회)에서 정치국이 중앙위원회에 최초로 업무보고(工作報告)를 실시했다.[42] 이는 실제적 의미보다 상징적 의미가 강한 것이지만, 공산당 중앙이 당내민주를 매우 중시하고 동시에 솔선수범하여 이를 적극 추진하고 있다는 사실을 국내외에 알리는 중요한 사건이었다. 실제로 이를 근거로 공산당 중앙은 지방도 중앙처럼 당내민주를 적극 추진할 것을 요구했다. 이처럼 당내민주가 정치개혁의 중요 정책으로 추진되면서 중앙 정치에서도 당내민주가 전보다 더욱 강력하게 추진되게 되었다. 그런데 이런 공산당의 당내민주 확대 결정보다 더욱 중요한 것은 통치 엘리트 내 파벌정치의 변화이다. 한마디로, 후진타오 시대에는 중요한 파벌 간에 '세력균형'(*balance of power*)이 좀더 철저하게 이루어졌고, 이에 따라 집단지도 체제의 형성과 엘리트 민주주의의 발전이 더욱 촉진되었다. 파벌 간 역(力)관계와 관련해서는 장쩌민·쩡칭훙 세력(즉, 상하이파와 태자당)을 한편으로 하고, 후진타오 세력(즉, 공청단파)을 다른 한편으로 하는 세력균형이 중앙과 지방 모두에서 이루어졌다. 이런 파벌 간 세력균형에서 후진

42) 참고로 1987년 제 13차 당대회에서 공산당 중앙은 당내민주 확대를 위해 중앙위원회 위원 선거에 최초로 5% 범위의 '차액선거'(差額選擧), 즉 정원(당선자)보다 후보를 일정 비율 이상 많게 추천하는 제한적 경쟁선거를 도입했다. 그러나 제 13차 당대회의 정치개혁 방침은 1989년 톈안먼 사건과 1991년 소련 붕괴를 겪으면서 폐기되었고, 당내민주 확대 정책도 강력하게 추진되지 못했다.

타오 총서기는 장쩌민 전임 총서기보다 훨씬 미약한 권력을 행사할 수 있을 뿐이다. 비유적으로 말하면, 덩샤오핑과 장쩌민이 '동급자 중 일인자'의 권한을 행사했다면, 후진타오는 '여럿 중 하나'(*one of them*)의 권력만을 행사한다고 말할 수 있다. 이런 사실들은 사례분석을 통해 확인할 수 있다.

2) 사례분석

여기서는 2007년 10월에 개최된 제17차 당대회의 핵심의제였던 후진타오 통치이념의 당 이념화 문제와, 새로운 당 지도부의 인선을 정책결정 및 인선 사례로 선택하여 살펴볼 것이다.

(1) 정책결정 사례: 제17차 당대회의 '과학적 발전관'과 '조화사회 건설론'

2007년 제17차 당대회의 중대정책 결정, 즉 '과학적 발전관'(科學發展觀)과 '조화사회론'(和諧社會論)을 당의 공식 지도이념으로 채택하는 과정은 후진타오 시대 엘리트 정치의 변화와 당내민주의 확대를 엿볼 수 있는 중요한 사례이다. 구체적으로 제17차 당대회에서는 지난 3년간의 당내 논의를 거쳐 과학적 발전관이 마오쩌둥 사상, 덩샤오핑 이론, 3개대표 이론과 함께 공산당의 지도이념으로 공식 결정되어 〈당헌〉에 기재되었다. 반면, 후진타오가 많은 노력을 들여 추진했던 조화사회론은 그렇지 못했다. 즉, 조화사회 건설은 당의 4대 목표, 즉 정치·경제·정신문명·사회 목표의 하나로만 인정되었다.

먼저, '조화사회 건설'은 2002년 제16차 당대회에서 2020년까지 공산당이 달성해야 하는 목표로 결정된 '전면적 소강사회(全面的小康社會) 건설'과는 분명히 다른 개념이다. 이런 면에서 우리는 이를 '후진타오 이론'이라고 부를 수 있다. 그래서 후진타오의 입장에서 보면,

조화사회론이 공산당의 지도이념으로 공식화되고, 과학적 발전관은 그것의 한 구성요소로 편입되는 것이 가장 이상적이다. 왜냐하면 조화사회론은 중국이 추구하는 목표(즉, 조화사회 건설)와 그것을 달성하는 방법(즉, 과학적 발전관)을 모두 포괄하기 때문이다. 이렇게 되면 국내적으로는 조화사회론과 과학적 발전관이, 대외적으로는 '조화세계론'(和諧世界論)과 '평화발전론'(和平發展論)이 서로 어우러지는 완전한 '후진타오 이론'이 탄생할 수 있다.

후진타오 집권1기(2002~2007년)에 과학적 발전관과 조화사회론이 제기되는 과정을 보면 후진타오는 조화사회론을 중심으로 한 자신의 이론을 창시할 의도가 있었다고 볼 수 있다. '조화'(和諧)라는 말이 공산당의 공식문건에 처음 등장한 것은 2002년 제16차 당대회에서 장쩌민이 발표한 '정치보고'에서였다. 그러나 그것이 '사회주의 조화사회 건설'이라는 명칭 하에 내용을 갖춘 개념으로 등장한 것은 2004년 9월 공산당 16기 4중전회에서 통과된 「공산당 집정능력 건설 강화 결정」을 통해서였다. 여기에는 조화사회 건설과 함께 과학적 발전관이라는 명칭이 공식 등장했다. 그런데 주의할 것은 조화사회론이 독립된 하나의 항목으로 제시된 것에 비해 과학적 발전관은 사회주의 시장경제론의 세부항목으로만 제시되었다는 점이다. 이는 비록 시기상으로는 과학적 발전관이 조화사회론보다 먼저 제기되었지만 그 중요도 면에서는 조화사회론이 과학적 발전관보다 더 중시되었음을 의미한다.[43]

이후 조화사회론이 더욱 체계화된 모습으로 등장한 것은 2005년 2월 중앙당교에서 개최된 '장관급(省部級) 주요 영도간부의 사회주의 조화사회건설 능력제고를 위한 연수반'에서 행한 후진타오의 연설을

---

43) 中共中央, 「中共中央關於加强黨的執政能力建設的決定」, 本書編寫組 編, 『〈中共中央關於加强黨的執政能力建設的決定〉 輔導讀本』(北京: 人民出版社, 2004), pp. 1~39.

통해서였다. 여기서 후진타오는 사회주의 조화사회 건설이 "중대임무"(重大任務)로서 중앙 및 지방의 각급 공산당이 이를 "당면임무"로 간주하고 추진할 것을 지시했다. 또한 이때에 처음으로 조화사회 건설의 6가지 지도사상, 즉 "민주와 법치, 공평과 정의, 성심과 우애, 충만과 활력, 안정과 질서, 인간과 자연의 조화"가 제시되었다.[44)]

이를 이어, 2005년 10월 공산당 제16기 중앙위원회 제5차 전체회의(16기 5중전회)에서 통과된 「국민경제 및 사회발전 제11차 5개년 계획 제정에 대한 중공중앙의 건의」에서는 과학적 발전관과 조화사회론이 각각 독립된 항목으로 언급되었다. 여기서 과학적 발전관은 주로 경제발전 문제를 다루었고, 조화사회론은 사회모순 및 사회문제 해결에 집중되었다. 또한 양자관계에서 조화사회 건설이 과학적 발전의 "원칙" 중 하나로 제시되었다.[45)] 이는 조화사회론이 여전히 과학적 발전관보다 상위의 개념임을 보여준다.

이후 2006년 10월의 공산당 제16기 중앙위원회 제6차 전체회의(16기 6중전회)에서 사회주의 조화사회 건설이 단독 의제로 상정되어 토의되었다. 이때 채택된 문건, 즉 「사회주의 조화사회 건설의 몇 가지 중대문제에 대한 중공중앙의 결정」에서는 조화사회의 성격(즉, "중국특색 사회주의의 속성"), 6가지의 지도사상, 2020년까지 달성해야 하는 아홉 가지의 주요 임무, 그리고 조화사회 건설의 6가지 원칙이 제시되었다. 그런데 주목할 점은 조화사회의 위상이 변화했다는 사실이다. 즉 2005년 2월의 후진타오 연설에서는 조화사회가 당장 추진해야 하는 "중대문제"로 제기되었는데, 이때는 공산당이 장기간에 걸쳐 이룩해야 하는 "중대한 전략임무"(重大戰略任務)로 변화한 것이다. 여기

44) 「胡錦濤强調扎實做好工作大力促進社會和諧團結」, 〈新華網〉 2006년 10월 8일, http://xinhuanet.com.

45) 中共中央, 「關於制定國民經濟和社會發展第15個5年規劃的建議」, 本書編寫組, 『輔導讀本』, pp. 1~36.

에 더해 조화사회론과 과학적 발전관의 관계에서 과학적 발전관이 '이인위본'(以人爲本, 국민을 기본으로 함), '개혁 · 개방', '민주 · 법치' 등과 함께 조화사회 건설을 추진할 때 준수해야 하는 6가지 "원칙" 중 하나로 제시되었다.[46] 이는 양자관계에 변화가 발생했음을 보여준다. 즉 과학적 발전관이 조화사회론의 상위개념으로 지위가 상승한 것이다.

마지막으로, 2007년 6월 중앙당교에서 후진타오가 행한 연설〔이른바 '6 · 25 연설(講話)'〕에서는 과학적 발전관이 주로 논의되고 조화사회론은 약간만 언급되었다. 이제는 과학적 발전관이 조화사회론의 상위개념으로 확고하게 자리를 잡았던 것이다.[47]

공산당의 내부상황을 상세하게 알 수 없어 단정적으로 말할 수는 없지만, 이상의 검토를 통해 우리는 과학적 발전관이 지난 3년간의 당내 토론과 조정을 거치면서 조화사회론의 하위개념에서 상위개념으로 위상이 변화되었음을 알 수 있다. 이는 조화사회론이 '후진타오 이론'으로서 공산당의 공식 지도이념이 되는 것이 사실상 좌절되었음을 의미한다.

그 결과 2002년 제 17차 당대회의 〈당헌〉 개정에서는 조화사회론이 아니라 과학적 발전관이 공산당의 공식 지도이념으로 결정되었다. 즉, 개정된 〈당헌〉에서는 과학적 발전관이 "마르크스-레닌주의, 마오쩌둥 사상, 덩샤오핑 이론 및 '3개대표' 중요사상과 일맥상통하고, 시대와 함께 발전한 과학이론(科學理論)이며, 우리나라 경제 · 사회 발전의 중요한 지도방침(指導方針)이고, 중국특색의 사회주의 발전에서 반드시 견지하고 관철해야 하는 중대 전략사상(重大戰略思想)"으로

46) 中共中央, 「關於構建社會主義和諧社會若干重大問題的決議」, 〈人民網〉 2006년 10월 19일, http://people.com.cn.

47) 「胡錦濤在中央黨校發表重要講話」, 〈人民網〉, 2007년 6월 25일, http://people.com.cn.

규정되었다.

반면 조화사회 건설은 사회주의 시장경제, 사회주의 민주정치, 사회주의 선진문화 건설과 함께 공산당이 추구하는 4가지 과제 중 하나로만 언급되었다. 더 나아가 조화사회론의 내용도 이전에 제기되었던 많은 주장이 삭제되어 매우 빈약하게 서술되었고, 그 성격도 사회문제(예를 들어, 인민내부모순) 처리를 위한 방침 정도로 간주되었다. 이렇게 되면서 조화사회 건설이 아니라 전면적 소강사회 건설이 2020년까지 공산당이 추구해야 하는 목표로 유지될 수 있었다.[48]

이처럼 조화사회론이 아니라 과학적 발전관이 당의 지도이념으로 확정된 배경은 두 가지를 들 수 있다. 하나는 조화사회론 자체가 안고 있는 문제이고, 다른 하나는 '장쩌민 · 쩡칭훙 세력'의 반대이다. 조화사회론이 지도이념이 되기에는 애매모호한 점이 있다. 예를 들어 조화사회 건설의 6가지의 지도사상 중에서 '민주와 법치'를 제외하고는 모두 추상적인 윤리규범에 가깝기 때문에 그것을 구체적인 정책으로 만들어 집행하기가 쉽지 않다. 또한 조화사회가 사회주의의 목표인 계급 없는 평등사회 구현 등과 어떤 연관이 있는지도 분명하지 않다. 그 밖에도 조화사회 건설이 전면적 소강사회 건설, 그리고 과학적 발전관과 어떻게 논리적으로 연관되는지 불분명하다.

한편 장쩌민 · 쩡칭훙 세력의 입장에서 보면, 과학적 발전관이나 조화사회론이 당의 지도이념이 되는 것은 좋지 않다. 중국에서는 여전히 지도이념이 중요하고 새로운 지도이념을 창시한 지도자는 대단한 권위를 갖기 때문이다. 그런데 이들 입장에서 보면, 조화사회론

48) Cary Huang, "Congress Secures Hu Legacy", *South China Morning Post*, August 22, 2007, http://www.scmp.com; Ting Shi, "Hu up with Party Greats after It Adopts His Scientific Theory", *South China Morning Post*, August 22, 2007, http://www.scmp.com; Laurence Braham, "Scientific Harmony", *South China Morning Post*, November 6, 2007, http://www.scmp.com.

이 덩샤오핑 이론이나 3개대표 이론과 같은 반열에 드는 것을 더욱 찬성할 수 없다. 왜냐하면 후진타오 이론인 조화사회론이 지도이념이 되면 후진타오는 이념 창시자가 되고, 이렇게 되면 그의 개인 권위는 확고부동하게 되기 때문이다.

좀더 구체적으로 살펴보자. 조화사회론과 비교했을 때, 균형발전과 지속가능한 발전(*sustainable development*)을 핵심 내용으로 하는 과학적 발전관은 장쩌민·쩡칭훙 세력도 어느 정도 수용할 수 있는 개념이다. 우선, 과학적 발전관은 장쩌민 시대의 사회·경제 방침과 깊은 연관성이 있다. 지역 균형발전 전략인 서부대개발(西部大開發) 정책이 1999년에 시작된 것이나, 2003년 제 10기 전국인대 제 1차 회의에서 행한 주룽지 총리의 「정부업무보고(工作報告)」에서 '3농'(三農: 농업·농민·농촌) 문제 해결을 강조한 것은 이를 잘 보여준다. 2006년 농업세 전면 폐지를 포함해 후진타오 정부가 추진한 농업진흥 정책, 즉 '사회주의 신(新)농촌 건설'도 사실은 2000년 안후이성(安徽省)에서 시험실시한 것을 전국으로 확대 실시한 것에 불과하다. 따라서 과학적 발전관은 순수하게 후진타오 이론이라고 할 수 없고, 장쩌민·쩡칭훙 세력도 상당한 '지분'을 주장할 수 있다.

또한, 과학적 발전관은 수식어로 "과학적"이 붙었지만 분명히 "발전"을 "제일 임무"로 한다고 명시하고 있다. 따라서 공산당 내에서 균형이나 분배보다 성장을 중시한다는 장쩌민·쩡칭훙 세력도 이를 충분히 수용할 수 있다. 그래서 과학적 발전관은 실제 적용과정에서 "과학적"은 무시되고 "발전"만 강조될 가능성이 충분히 있다. 따라서 이는 장쩌민 시대 정책의 단절보다 계승을 의미하는 것이다.

(2) 인선 사례: 제 17차 당대회의 지도부 인선

2007년 제 17차 당대회의 공산당 지도부 인선은 후진타오 시대의 변화된 엘리트 정치를 보여주는 또 다른 중요한 사례이다. 17차 당대회의 인선과 관련하여 가장 먼저 지적할 것은 지도부 인선과정의 제도화가 더욱 진전되었다는 점이다.[49] 이것은 2002년 제 16차 당대회에서 나타났던 현상이 더욱 발전한 것으로 볼 수 있다.[50]

먼저, 2007년 제 17차 당대회의 정치국 상무위원회 인선에서는 '68세 규정'을 근거로 68세 이상의 인물이 예외 없이 퇴진했다. 이 비공식 규범은 2002년 제 16차 당대회에서 장쩌민이 리루이환 전국정협 주석의 퇴진을 강요할 때 세운 것이다. 앞에서 보았듯이, 1997년 제 15차 당대회에서는 '70세 규정'이 적용되어 차오스 전국인대 위원장이 퇴진했다. 이와 관련하여 핵심 이슈는 쩡칭훙 국가 부(副)주석의 퇴진 여부였다. 그런데 그도 68세 연령 기준에 따라 퇴진했다. 나머지는 사망한 황쥐 국무원 부총리, 우관정(吳官正, 1938년~현재/69세) 중앙기율검사위원회 서기, 뤄간(羅幹, 1935년~현재/72세) 중앙정법위원회 서기였다. 2012년 제 18차 당대회를 지켜보아야 하겠지만, 이런 나이 제한규정(정년제)의 예외 없는 적용은 엘리트 정치가 더욱 제도화되었다는 사실을 의미한다. 다시 말해, 장쩌민 시대와는 달리 이제는 그 누구도 예외를 인정하지 않으며, 이런 면에서 참된 집단지도 체제가 성립되었다고 할 수 있다.

---

49) 王海軍, 「中央黨校副校長: 中央新領導班子具有三個特」, 〈新華網〉 2007년 10월 24일, http://xinhuanet.com; Jiangtao Shi, "Four Allies of Hu Elevated to New Politburo", *South China Morning Post*, October 23, 2007, http://www.scmp.com. 인선관련 공산당의 규칙은 Zhiyue Bo, *China's Elite Politics: Political Transition and Power Balancing* (Singapore: World Scientific, 2007), pp. 55~64 참조.

50) Zheng, "The 16th National Congress of the Chinese Communist Party", pp. 15~36; Gan Lin, "Leadership Transition, Intra-Party Democracy, and Institution Building in China", Chen and Zhong, *Leadership in a Changing China*, pp. 37~55; Dittmer, "Leadership Change and Chinese Political Development", pp. 10~32.

또한, 제 17차 당대회의 정치국원 인선에서는 '민주추천회의'(民主推薦會)가 도입되었다는 특징이 있다. 이는 엘리트 정치의 당내민주가 전보다 더욱 발전했음을 보여주는 것이다. 원래 이 제도는 지방 공산당 및 국가기관 지도부 인선에 적용되는 것이다. 이는 일정 직급 이상의 공산당 간부들이 상급 조직(인사) 부서가 사전에 제시한 공산당·정부·의회의 고위직 예비후보를 대상으로 투표를 실시하고, 상급 조직(인사) 부서는 최종 후보명단을 결정할 때 이 투표 결과를 중요한 인선 근거로 삼는 제도이다.[51)]

구체적으로 2007년 6월 25일 베이징 중앙당교(中央黨校)에서는 공산당 제 16기 중앙위원 전체, 퇴임 원로들, 일부 고위직 당정간부 등 400여 명이 참석하는 '당원영도간부회의'(黨員領導幹部會議)가 개최되었다. 회의 참석자들은 정치국 상무위원회가 제출한 200명의 정치국원 예비후보 — 이 중에서 신임 정치국원 예비후보는 63세 미만의 장관급(省部級) — 를 대상으로 '추천투표'(推薦票)를 실시했다. 후진타오는 이때 인선기준으로 3가지 즉, 당성(黨性: 당 이념 집행의 충실도와 중앙과의 일치성), 능력·경험·업적·군중관계, 그리고 업무태도(工作作風)와 청렴도를 제시했다. 이후 정치국 상무위원회는 투표결과를 기초로 정치국원 후보명단을 작성하여 2007년 9월 27일 정치국 상무위원회 회의에서 '건의명단'을 결정했다. 정치국은 2007년 10월 8일에 회의를 개최하여 이를 확정하여 중앙위원회에 제출했다. 이때 정치국원 명단이 사실상 확정되었다.[52)]

이 밖에도 이번 중앙위원회 위원 인선에서는 전보다 50% 정도가 늘어난 지방 및 중앙의 고위 간부(제 16차 당대회의 약 3만 명에서 4만 3천

---

51) 〈黨政領導幹部選拔任用工作條例〉(2002. 7), 『中國共産黨黨內法規新編』(北京: 法律出版社, 2005), pp. 38~53.

52) 劉思揚·孫乘斌·劉剛, 「肩負起黨和人民的重托」, 〈人民網〉, 2007년 10월 22일, http://people.com.cn.

명으로 증가)가 후보추천 · 평가 · 고찰 등에 참여했다. 또한 중앙위원 예비인선 과정에서는 다양한 방식의 투표가 이루어짐으로써 중앙위원 인선의 객관성 · 공정성 · 민주성을 높였다고 평가된다.[53] 특히 중앙위원회 위원들이 비밀투표를 통해 정치국원을 선출한 것은 이번이 처음이었다.[54] 이처럼 다양한 인선제도의 도입은 공산당 중앙이 당조직과 운영의 제도화를 위해 많은 노력을 기울이고 있음을 보여준다. 동시에 이는 당내민주가 엘리트 정치에서도 본격적으로 추진됨을 보여준다.

또한, 2007년 제17차 당대회의 지도부 구성은 파벌 간의 협의와 절충을 통해 이루어졌다. 이는 후진타오 총서기가 독단적으로 인선을 결정하지 않았음을 보여준다. 첫째, 정치국 상무위원회의 9인제가 유지되었다. 2002년 제16차 당대회에서 상무위원 9인제(이전에는 7인제)가 도입된 이유는 장쩌민이 당권을 후진타오에게 넘겨주면서 정치국 상무위원회에 상하이파를 다수 포진시키기 위한 것이었다. 그래서 후진타오는 제17차 당대회를 준비하면서 당내 정책결정의 효율성과 업무분담의 타당성을 근거로 7인제로의 복귀를 주장했던 것으로 알려졌다. 7인제는 총서기 1인 외에 나머지 6인이 각각 중요한 업무영역, 즉 공산당(黨務), 정부(政務), 의회(人大), 정협(政協), 당규율(紀委), 정법(政法)을 맡는 구도이다. 그러나 반대세력이 당내민주의 확대를 명분으로, 실제로는 후진타오 총서기로의 권력집중의 우려에서 이에 반대했다. 그 결과 최종적으로 9인제가 유지되면서 총서기의 권한이 여전히 제한받는 체제가 수립되었다.[55]

---

53) 劉思揚 · 孫乘斌 · 劉剛, 「爲了黨和國家興旺發達長治久安: 黨的新一屆中央領導機構産生紀實」, 〈新華網〉 2007년 10월 24일, http://xinhuanet.com.

54) 王海軍, 「中央黨校副校長」.

55) Xiangwei Wang, "The Limits of Hu's Influence Are Laid Bare", *South China Morning Post*, October 23, 2007, http://www.scmp.com; Joseph

둘째, 정치국 상무위원회에서 '후진타오 세력'은 소수파이다. 즉, 후진타오 본인을 제외한 8인의 상무위원 중에서 최소 5인이 장쩌민·쩡칭훙 세력이고, 이에 비해 분명한 후진타오 세력은 리커창(李克强, 1955년~현재) 1인뿐이다. 후진타오에 우호적인 원자바오(溫家寶, 1942년~현재) 총리를 합해도 후진타오 세력은 열세이다. 이처럼 비록 후진타오가 총서기로 중요한 영향력을 행사할 수 있지만 최고 지도부 구성에서 소수파에 불과하기 때문에 모든 중대정책은 장쩌민·쩡칭훙 세력과의 협의 및 타협을 통해 결정해야만 했다.

셋째, '제 5세대'로의 권력승계와 관련하여 복수 후계구도가 형성되었다. 역대 권력승계에서는 차세대 최고지도자가 단수로 선정되는 것이 관례였다. 예를 들어, 덩샤오핑 시기에는 후야오방, 자오쯔양, 장쩌민이, 장쩌민 시대에는 후진타오가 그랬다. 후진타오도 이런 관례와 권력승계의 안정화를 명분으로 리커창 1인의 후계구도를 선호했던 것으로 알려졌는데, 결과는 리커창과 시진핑이 후계자로 지명되는 2인 경쟁구도가 형성되었다. 당내 서열에서는 시진핑이 6위, 리커창이 7위를 차지함으로써 현재 상황에서 보면 리커창보다 시진핑이 공산당 총서기직을 승계할 가능성이 높다. 이 경우 리커창은 국무원 총리직을 승계한다. 이런 점에서 보면 후진타오의 권력승계 구도는 좌절되었다. 이는 총서기로서 후진타오가 행사할 수 있는 인사권이 매우 제한적이라는 사실, 다시 말해 그는 단지 '여럿 중 하나'의 권한만을 행사한다는 사실을 보여준다.

Kahn, "Politburo in China Gets Four New Members," *New York Times*, October 23, 2007, http://www.nytimes.com.

5. 소결: 요약과 전망

덩샤오핑 시대에는 중앙 엘리트 정치에서 당내민주가 존재할 수 없었다. 원로정치가 엘리트 정치를 지배했기 때문이다. 덩샤오핑을 비롯한 혁명원로들은 공식직책의 보유 여부와는 상관없이 실제 권력을 행사했고, 이에 따라 주요 인선과 중대정책 결정이 원로 주도의 비공식 정치를 통해 이루어졌다. 이런 상황에서는 통치 엘리트 간의 권력 분산이나 민주적인 당 운영도 기대할 수 없었다.

장쩌민 시대에 들어 엘리트 정치에 변화가 생기면서 중앙 차원에서도 당내민주가 추진될 수 있었다. 덩샤오핑과 같은 카리스마적 지도자가 퇴진하면서 복수의 통치 엘리트와 파벌이 권력을 분점하는 집단지도 체제가 형성되었던 것이다. 또한 이에 따라 주요 인선과 중대정책은 이들 간의 협의와 타협을 통해 결정되었다. 즉, 통치 엘리트 간의 권력 분산과 이에 따른 민주적인 당 운영이 실현된 것이다. 엘리트 정치의 당내민주는 바로 이 두 가지 요소를 지칭하는 것이다. 이와 같은 엘리트 정치의 변화와 당내민주의 확대는 후진타오 시대에 들어 더욱 가속화되었다.

엘리트 정치의 당내민주 확대는, 공산당 중앙의 의도적인 정책 추진과 자연스런 정치환경의 변화가 결합되어 나타난 현상이다. 공산당은 1980년대부터 안정적인 집권기반 강화를 목표로 당의 제도화를 지속적으로 추진했다. 이런 당의 제도화 노력의 결과 당내민주의 추진에 필요한 기초가 놓여졌다. 동시에 시험실시를 통해 검증된 일부 정책이 당 제도로 확정되면서 중앙과 지방 모두를 망라하여 당내민주가 안정적으로 추진될 수 있었다. 이는 1997년 제 15차 당대회에서의 의법치국, 2002년 제 16차 당대회에서의 의법집정 방침의 결정과 집행을 통해 잘 나타났다.

다른 한편 원로정치의 종결과 함께 변화된 정치환경이 엘리트 정치의 당내민주 확대에 기여했다. 카리스마적 지도자의 퇴진에 따른 절대 권력자의 부재와 통치 엘리트 간의 상호인정, 파벌 형성 기제의 변화와 이에 따른 파벌정치의 성격 변화, 사회·경제적 불안의 확대에 따른 정치적 안정 및 단결의 중요성 증대와 최고 통치 엘리트의 위기의식 확대 등이 이런 변화이다. 이에 따라 엘리트 정치에서는 권력분산, 즉, 집단지도 체제의 형성과 민주적 당 운영, 즉, 협의와 타협을 통한 정책결정이 정착될 수 있었다. 요컨대 엘리트 정치에서도 당내민주가 확대될 수 있었다.

향후에도 엘리트 정치의 당내민주 확대는 지속될 것이다. 이는 크게 3가지 측면에서 살펴볼 수 있다. 우선, 과거에 이룩한 정치개혁의 성과가 당내민주의 확대를 촉진하는 역할을 할 것이다. 공산당은 길게는 30여 년 동안, 짧게는 2002년 제16차 당대회부터 10년 동안 당내민주를 중요한 개혁정책으로 추진해왔다. 당원대표 활동의 일상화나 감독 순시제도의 상설화와 같은 일부 정책은 이미 당의 공식제도로 확정되어 전국적으로 실시되고 있다. 이에 따라 공산당 지방위원회의 조직과 운영에는 많은 변화가 있었다. 이와 같은 당내민주의 확대 추세는 이미 대세이고, 향후 어떤 엘리트 집단이 집권해도 되돌릴 수 없다. 특히, 많은 사회·경제적 문제(예를 들어, 사회 불평등의 확대, 지역격차의 확대)의 누적으로 인해, 급속한 경제성장과 국민생활 수준의 향상을 통한 통치 정당성의 제고가 조금씩 한계에 부딪치고 있는 현재, 공산당은 당내민주의 확대 등과 같은 정치개혁을 통해 통치 정당성을 강화해야 한다.

또한, 1997년 제15차 당대회의 의법치국, 2002년 제16차 당대회의 의법집정 방침의 결정과 추진은 당내민주의 확대를 촉진할 것이다. 본론에서 자세히 논증했듯이, 당내민주의 확대는 당조직과 운영의 제도화와 밀접히 연결되고, 실제로 양자는 같이 추진되었다. 의

법치국/의법집정 방침은 공산당의 새로운 정치개혁 프로그램으로, 지난 10여 년 동안 공산당, 정부, 의회, 법원 등 당정기관 전체가 이를 추진해오고 있다. 이에 따라 당조직과 운영의 제도화는 더욱 촉진되고, 집단지도 체제의 형성(즉, 권력 분산)과 협의와 타협을 통한 정책 결정(즉, 당 운영의 민주화)도 더욱 힘 있게 추진될 것이다.

마지막으로, 엘리트 정치의 파벌 간 세력균형도 더욱 안정적으로 지속될 것이다. 단적으로 '제 4세대'에서 '제 5세대' 지도자로의 권력 승계와 관련하여, 제 5세대 지도자는 시진핑과 리커창의 '복수후계 체제'로 출발했다. 복수후계 체제는 2012년 하반기에 개최될 제 18차 당대회를 통해 '복수영도(領導) 체제'로 변화될 가능성이 높다. 이 체제는 '중국 특색의 권력분담 제도'라고 할 수 있다. 여기서 시진핑은 국가주석, 공산당 총서기, 중앙군위 주석을 겸직하면서 공산당, 군사, 대외정책을 책임지고, 리커창은 국무원 총리로서 내정(內政), 특히 경제와 사회관리를 책임진다. 당내 서열 면에서는 시진핑이 리커창보다 상위지만 이는 공식 직위에 따른 것이지 개인 권위에 따른 것이 아니다. 따라서 복수영도 체제에서는 양자가 다른 영역에서 비교적 동등한 권한을 행사할 것이다.

이처럼 향후 수립될 복수영도 체제에 의해, 제 5세대 지도자 시대의 엘리트 정치에서는 특정 지도자나 파벌이 권력을 독점하는 일이 더욱 힘들어질 것이다. 동시에 이에 따라 특정 개인이나 파벌이 주요 인선과 중대정책 결정을 주도하는 일도 거의 없을 것이다. 결국, 향후 엘리트 정치에서는 집단지도 체제가 더욱 공고하게 형성될 것이고, 협의와 타협을 통한 정책결정도 더욱 안정적으로 이루어질 것이다. 요컨대 엘리트 정치의 당내민주는 더욱 확대될 것이다.

제 5장

당내민주의 실천II

지방 공산당의 변화

당내민주가 주로 추진되는 곳은 지방이다. 그래서 이 장에서는 중국공산당(이하 공산당) 지방조직의 당내민주 시험실시가 어떻게 이루어지고 있는지를 살펴볼 것이다. 즉, 당내민주의 현황과 한계를 분석하는 것이 이 장의 목표이다.

이를 위해 우선, 공산당 지방조직의 현황과 한계에 대한 이해가 필요하다. 공산당의 지방조직은 다시 지방조직과 기층조직으로 나누어진다. 이 글에서는 우선 공산당의 지방조직과 기층조직의 조직구조 및 구성방법과 더불어 그 운영상의 문제에 대하여 살펴볼 것이다. 그것은 첫째, 아래로부터 점진적으로 진행되는 당내민주 시험실시에서 조직 층위(層位)가 시험실시의 범위와 내용을 제한하기 때문이다. 다음으로는 공산당 지방조직의 구성 및 운영과정에서 나타나는 문제를 살펴볼 것이다. 그것은 지방조직에서 당내민주의 필요와 방향에 대한 이해와 관련된다.

다음으로는, 당내민주의 시험실시가 구체적으로 어떠한 방식으로 이루어지고 있는가를 살펴볼 것이다. 공산당 지방조직에서 이루어지고 있는 당내민주 시험실시는, 각종 경쟁선거의 실시, 권력구조 및 조직체계의 개혁을 위한 당대회 및 당위원회 제도의 개혁, 정보공개를 위한 당업무의 공개, 의사결정의 민주화, 아래로부터 감독기제를 강화하는 민주적 감독의 시험실시 등을 포함한다. 여기서는 이런 시험실시가 어떻게 이루어지고 있는가를 사례를 중심으로 살펴볼 것이다. 마지막으로 당내민주 시험실시가 어떤 의의와 한계를 갖는가를 살펴보고, 당내민주의 향후 전망에 대해서도 살펴보겠다.

이 장에서 다루는 내용은 주로 현재 진행형의 개혁이기 때문에 가능한 한 최신의 자료에 근거하여 분석하려고 노력했다. 그래서 대부분의 자료는 중국에서 나온 조사보고서 형식의 연구서, 신문자료, 일부 내부자료 및 관련 문건이다. 그렇지만 지방자료는 일부 접근이 가능하지만 중앙조직부 자료는 간접적인 자료 외에는 접근이 불가능하는 등 자료접근에 한계가 있다. 또한, 공식 발표된 자료는 선전적인 의미가 크며, 본문에서 살펴볼 쓰촨성(四川省) 핑창현(平常縣)의 사례와 같은 당내민주의 문제와 한계를 보여주는 사례는 그 중요성에도 불구하고 내부자료로만 발표되고 있다.[1] 이런 사실은 당내민주의 실체를 파악하는 데 많은 어려움이 있다는 것을 의미한다.

1) 高新軍, 「平昌縣黨內民主改革之殤」, 『改革內參』 2010년 14기.

1. 공산당 지방조직의 구성과 운영

〈공산당 당헌〉(章程)에 따르면 공산당 지방조직은 다시 지방조직과 기층조직으로 구분된다.[2] 지방조직은 성급(省級), 지급(地級), 현급(縣級) 등 3등급의 위계체계로 구성된다. 성급 단위로는 성·자치구·직할시가 있으며, 지급 단위로는 구(區)가 설치된 시와 자치주(自治州)가 있다. 현, 기(旗: 소수민족 지역 단위)·자치현(自治縣: 소수민족 지역 단위), 구가 설치되어 있지 않은 일반시(즉, 현급시), 직할시와 지급시의 하부단위인 구(區) 등이 현급 단위에 해당한다. 기층조직은 말 그대로 공산당의 하부 기본조직으로, 기업, 농촌, 기관, 학교, 연구단위, 도시의 가도(街道: 한국의 동에 해당)와 사구(社區: 주민밀집 거주지 등 지역공동체), 사회단체, 인민해방군의 중대(中隊) 등에서 3인 이상의 당원이 있으면 조직된다. 이 중에서 농촌의 향(鄕)·신(鎭)(한국의 읍·면에 해당)·촌(村), 도시의 가도·사구는 지방의 기층 행정조직에 해당한다.

이러한 공산당의 지방조직과 기층조직은 위계적으로 구성되어 있으며 '민주집중제의 원칙'과 '당 간부관리 원칙'에 의해 위로부터 통제를 받는다는 공통점이 있다. 하지만 그 조직구조와 운영방식에는 차이가 있다. 공산당 지방조직의 권한과 운영은 1996년 4월에 제정된 〈공산당 지방위원회 업무 조례〉(中國共産黨地方委員會工作條例(試行))(이하 〈지방업무 조례〉)에 규정되어 있다. 그리고 지방조직의 구성은 1994년 1월에 제정된 〈공산당 지방조직 선거업무 조례〉(中國共産黨地方組織選擧工作條例)(이하 〈지방선거 조례〉)에 규정되어 있지만 지방조직의 지도부는 이른바 '영도간부'〔領導幹部: 중앙정부(국무원)의 처장

---

2) 〈中國共産黨章程〉(2007년 수정).

(處長), 지방정부의 현장(縣長) 이상의 당정 고위간부]에 속하기 때문에 그들의 선발과 임용 등에 관하여는 2002년 7월에 제정된 〈당정 영도간부 선발임용 업무 조례〉(黨政領導幹部選拔任用工作條例) 등에 따른다.

이에 비해 기층조직은 조직의 종류와 성격에 따라 규정이 다르고, 기업 기층조직, 농촌 기층조직, 당정기관의 기층조직, 일반 대학교의 기층조직 등은 모두 각각에 적용되는 규정에 따라 운영된다.[3] 그리고 기층조직의 구성은 1990년 6월에 제정된 〈공산당 기층조직 선거업무 임시조례〉(中國共産黨基層組織選擧工作暫行條例)에 따른다.

1) 지방조직과 구성

(1) 공산당의 지방조직

성급-지급-현급으로 구성되는 공산당 지방조직은 당대표대회(이하 당대회), 지방위원회와 상무위원회, 당서기 업무회의(辦公會議), 당서기 및 당부서기, 공산당 각 부서, 기율검사위원회(紀律檢査委員會)로 구성된다.

지방 당대회는 당의 최고지도기관으로 동급 당위원회와 기율검사위원회의 보고를 듣고 심사하며, 지역의 중대문제에 대해 결정하고 동급 당위원회와 기율검사위원회를 선출하는 권한을 갖는다. 지방 당대회는 당위원회에서 소집하여 5년에 한 번씩 개최하는 것을 원칙

---

3) 기업의 기층조직은 〈공산당 국유기업 기층조직 업무 조례〉(中國共産黨全民所有制工業企業基層組織工作條例) (1986년 제정), 농촌의 기층조직은 〈공산당 농촌 기층조직 업무 조례〉 (中國共産黨農村基層組織工作條例) (1999년), 당과 국가기관의 기층조직은 〈공산당 당국가기관 기층조직 업무 조례〉(中國共産黨黨和國家機關基層組織工作條例) (1998년), 일반 대학교는 〈공산당 고등학교 기층조직 업무 조례〉(中國共産黨普通高等學校基層組織工作條例) (1996년)를 따른다.

으로 한다. 지방 당대회에 참가하는 당원대표의 정원과 선거방법은 동급 당위원회에서 결정하고 상급 당위원회의 비준을 받도록 되어 있다. 그리고 공산당 지방위원회와 기율검사위원회는 동급 당대회에서 선출된다. 공산당 지방위원회 전체회의〔중국에서는 이를 전위회(全委會)라고 간략하게 부른다〕는 당위원회 상무위원회〔중국에서는 이를 상위회(常委會)라고 간략하게 부른다〕와 당서기 및 부서기를 선출하는데, 이들은 선출된 후에 상급 당위원회에 보고하여 비준을 받아야 한다. 당위원회 상무위원회는 당위원회 전체회의의 폐회 기간에는 전체회의의 권한을 행사한다.[4)]

공산당 지방위원회 전체회의와 상무위원회로 구성되는 공산당 지방위원회는 해당 지역의 '영도핵심'(領導核心)이다. 이들 조직은 당 노선·방침·정책, 국가법률·법규를 관철시키고 집행할 뿐만 아니라, 그 지역의 정치·경제·문화 및 사회발전을 실행하도록 전면적으로 지도하는 기관이다.[5)]

공산당 지방위원회 전체회의는 당대회 폐회기간에 해당 지역 당조직의 지도기관으로서 상급 당조직의 지시와 동급 당대회의 결의를 집행하는 기관이다. 전체회의의 직책은 다음과 같다. 첫째, 지역 경제발전, 사회건설, 당 제도와 조직 발전, 기타 전면적이고 중대한 문제를 결정한다. 둘째, 상급 당조직과 동급 당대회가 결정하거나 결의한 조치를 관철 집행한다. 셋째, 상무위원회의 업무보고를 청취하고, 상무위원회와 그 구성원을 감독한다. 넷째, 당대회와 당원대표회의의 소집을 결정한다. 다섯째, 상무위원회, 당서기 및 당부서기를 선출한다. 여섯째, 상무위원회가 결정을 요청한 문제나 당위원회 전체회의에서 결정해야 하는 중대문제를 결정한다.[6)] 공산당 지방위

4) 〈共産黨章程〉 24~28조.

5) 〈中國共産黨地方委員會工作條例(試行)〉(1996年 4月 5日) 3조.

6) 〈中國共産黨地方委員會工作條例(試行)〉 6조.

원회 전체회의는 대개 1년에 2회 이상 개최하며, 구성원(위원)의 3분의 2이상이 참석하여야 하며 의제는 상무위원회에서 정한다.[7]

한편, 상무위원회는 당위원회 전체회의의 폐회 기간 중 당의 권한을 행사하고 상급 당조직의 지시 및 당위원회 전체회의의 결의를 집행하는 역할을 맡는다. 구체적으로 당위원회 상무위원회의 직책은 다음과 같다. 첫째, 공산당 지방위원회 전체회의를 소집하여 전체회의에 업무를 보고하고 전체회의의 결정사항에 대한 의견을 제기한다. 둘째, 상급 당조직의 지시와 전체회의의 결의를 수행한다. 셋째, 해당 지역의 경제건설, 사회발전, 당 발전 등에 대한 일상적이고 중요한 문제를 결정한다. 넷째, 동급 지방의 국가기관, 사회단체, 경제조직, 문화조직 및 기타 조직의 당조(黨組: 해당기관의 당 지도조직)에서 요청한 문제를 결정한다. 다섯째, 간부관리 권한과 규정된 절차에 따라 간부의 추천·지명·임면을 책임지며, 간부의 교육과 감독도 책임진다. 여섯째, 당위원회의 명의로 상급 당조직에 요청하거나 업무를 보고하며, 소속 당조직의 지시·통지·통보 및 기타 당위원회 명의로 발표하는 중요문건을 반포한다.[8]

또한, 당위원회 상무위원회는 대개 매월 2회 개최하며 중요한 상황이 발생하는 경우에는 수시로 개최할 수 있다. 상무위원회의 의제는 당서기가 정한다. 상무위원회는 구성원(상무위원)의 과반수 참석으로 회의를 개최할 수 있으나, 인사 문제와 관련된 회의는 반드시 구성원의 3분의 2이상이 참석하여야 한다.[9] 공산당 지방위원회 서기는 상무위원회 활동을 책임지고 상무위원들의 활동을 조정하는 역할을 담당한다. 또한 당서기는 상무위원의 감독을 받는 것과 동시에 상무위원에 대한 감독을 수행하며 상무위원은 당서기의 업무를 지원

---

7) 〈中國共産黨地方委員會工作條例(試行)〉 15~17조.

8) 〈中國共産黨地方委員會工作條例(試行)〉 7조.

9) 〈中國共産黨地方委員會工作條例(試行)〉 19~21조.

해야 한다.[10]

〈표 5-1〉과 〈표 5-2〉는 상하이시(上海市)와 선전시(深圳市)의 상무위원회의 구성 상황을 정리한 것이다. 이를 통해 상무위원회가 어떻게 구성되는가를 잘 알 수 있다.

한편, 당서기 업무회의는 당서기와 부서기, 조직부장 등 상무위원회의 반수에 해당하는 핵심 간부가 참여하는 회의이다. 당서기 업무회의에서는 상무위원회에서 의결할 문제를 미리 준비하고, 상무위원회에서 의결한 사항의 실행을 협의하며, 그 밖에 일상 업무에 대한 교류를 진행하는 회의이다. 당서기 업무회의는 의사결정 기관이 아니기 때문에 중대문제를 결정해서는 안 된다. 또한 필요할 경우에는 수시로 회의를 개최할 수 있다.[11]

〈표 5-1〉 상하이시 공산당 상무위원회(中共上海市委): 12인(2010년 12월)

<table>
<tr><th colspan="2"></th><th>직위</th><th>역할</th></tr>
<tr><td colspan="2">서기(1인)</td><td></td><td>시 전체 업무 총괄</td></tr>
<tr><td colspan="2" rowspan="2">부서기(2인)</td><td>상무 부서기</td><td>당 업무 총괄</td></tr>
<tr><td>시장(市長)</td><td>시정부 행정업무 총괄</td></tr>
<tr><td rowspan="8">위원
(9인)</td><td rowspan="6">공산당
(6)</td><td>정법위원회 서기</td><td>법원, 검찰, 경찰, 교도소 등 업무</td></tr>
<tr><td>기율검사위원회 서기</td><td>당 기율 감독</td></tr>
<tr><td>조직부장</td><td>당 · 정 · 단체의 인사업무</td></tr>
<tr><td>선전부장</td><td>당 · 정 · 단체의 선전 · 교육 · 이념 · 언론 업무</td></tr>
<tr><td>통일전선부장</td><td>민주당파, 종교 · 지식인, 사영 · 외자기업가, 화교 등 업무</td></tr>
<tr><td>비서장 겸 판공청 주임</td><td>공산당 일상업무 총괄</td></tr>
<tr><td>정부(2)</td><td>부(副) 시장</td><td>시정부 행정 업무 분담</td></tr>
<tr><td>지역(1)</td><td>황푸구(黃埔新區) 당서기</td><td>구(區) 업무 총괄</td></tr>
</table>

10) 〈中國共産黨地方委員會工作條例(試行)〉 12조.

11) 〈中國共産黨地方委員會工作條例(試行)〉 26~27조.

〈표 5-2〉 선전시 공산당 상무위원회(中共深圳市委): 13인(2010년 12월)

<table>
<tr><th colspan="2"></th><th>직위</th><th>역할</th></tr>
<tr><td colspan="2">서기(1인)</td><td></td><td>시 전체 업무 총괄</td></tr>
<tr><td colspan="2">부서기(1인)</td><td>시장(市長)</td><td>시정부 행정업무 총괄</td></tr>
<tr><td rowspan="9">위원
(11인)</td><td rowspan="4">공산당
(4)</td><td>조직부장</td><td>당 · 정 · 단체의 인사업무</td></tr>
<tr><td>선전부장</td><td>당 · 정 · 단체의 선전 · 교육 ·
이념 · 언론 업무</td></tr>
<tr><td>통일전선부장</td><td>민주당파, 종교 · 지식인, 사영 ·
외자기업가, 화교 등 업무</td></tr>
<tr><td>비서장 겸 판공청 주임</td><td>공산당 일상업무 총괄</td></tr>
<tr><td rowspan="2">정부(3)</td><td>부(副) 시장(2)</td><td>시정부 행정 업무 분담</td></tr>
<tr><td>부시장 겸 공안부장</td><td>치안담당</td></tr>
<tr><td rowspan="2">지역(2)</td><td>바오안구(寶安區) 당서기</td><td>구(區) 업무 총괄</td></tr>
<tr><td>룽강구(龍崗區) 당서기</td><td>구(區) 업무 총괄</td></tr>
<tr><td>군(1)</td><td>선전시 경비구 정치위원</td><td>군 정치업무 총괄</td></tr>
</table>

마지막으로, 공산당 기율검사위원회는 당원과 당조직의 당규율(黨紀) 위반을 조사하고 처분하는 기관이다. 지방과 기층의 기율검사위원회는 '이중영도'(雙重領導)의 원칙에 따라 동급 당위원회의 지도와 더불어 상급 기율검사위원회의 지도를 받는다. 그래서 중요하거나 복잡한 사건에 대한 처리 결과는 동급 당위원회와 상급 기율검사위원회에 모두 보고해야 한다.

(2) 공산당 지방조직의 구성 방법

공산당 지방위원회 구성에 대해서는 〈당헌〉과 더불어 〈지방선거조례〉에 상세하게 규정하고 있다. 특히 당서기와 부서기 등 영도간부에 대하여는 〈당정 영도간부 선발임용 업무 조례〉 등 영도간부에 대한 각종 당규에 상세하게 규정되어 있다. 당 지방조직을 구성하기 위해서는 우선 당원대표, 공산당 지방위원회 위원과 후보위원, 당위원회 상무위원회 위원, 기율검사위원회 위원과 그 상무위원회 서기·부서기·위원을 선출하여야 한다. 〈지방선거 조례〉에서는 성급, 지급, 현급 단위의 당원대표, 당위원회 위원, 상무위원회 위원, 당서기와 당부서기의 선출에 대해 상세하게 규정하고 있다.

당대회에 참여하는 당원대표의 정원은 기본적으로 성급 단위는 400~800명, 지급 단위는 300~500명, 현급 단위는 200~400명으로 규정되어 있는데, 구체적인 정원은 당원과 관할 당조직의 크기에 따라 당위원회에서 정하도록 되어 있다. 공산당 지방위원회 위원은 당정 영도간부, 각계 전문가, 군인, 무장경찰 등의 대표를 포함해야 하며, 소수민족과 여성 대표를 해당 지역 전체 당원에서 차지하는 비율만큼 포함하도록 규정하고 있다. 또한, 선거는 후보가 정원보다 많은 차액선거(差額選擧)를 실시하는데 차액, 즉 정원과 후보 비율은 20% 이상이어야 한다. 예를 들어, 당원대표 정원이 10명이면 후보는 최소한 12명 이상이 되어야 한다. 단, 기율검사위원회 서기·부서기는 단독후보에 대한 찬반투표, 즉 '등액(等額)선거'로 선출한다.[12]

당대회에 참석하는 당원대표의 선출은 후보추천(이는 다시 예비후보 인선과 정식후보 선출로 구성된다), 당원대표의 선출, 당대회의 검증과 확정 등 복잡한 과정을 거친다. 먼저, 일반 당원과 기층조직은 예비후보를 추천한다. 이후, 각 선거단위의 당위원회는 전체회의를 개최하여 투표를 통해 예비후보 중에서 정식후보를 선출한다. 다음으로, 선거단위의 당위원회는 모든 당원이 참여하는 당대회를 개최하여 정식후보를 대상으로 투표를 실시하며, 여기서 선출된 사람이 해당 선

12) 〈中國共産黨地方組織選擧工作條例〉(1994年 1月 26日) 4~12조. 후보가 선출자보다 많은 것을 차액선거, 후보와 선출자가 동수인 것을 등액선거라고 한다.

거단위의 당원대표가 된다. 한편, 당대회가 개최되면 각 선거단위가 선출한 당원대표의 자격과 선거 과정을 최종적으로 심사하는데, 이를 위해 당대회는 자격심사위원회를 구성한다. 자격심사위원회는 당위원회의 심사상황을 종합하여 이를 당대회나 당대회 주석단에 보고하는데, 여기서 보고가 통과되어야 최종적으로 당원대표의 자격을 획득한다.[13)]

한편, 지방 당대회에서 해당 지방위원회 위원 및 후보위원, 기율검사위원회 위원 및 후보위원을 선출한다. 당위원회 위원과 후보위원의 차액은 15%, 기율검사위원회 위원과 후보위원의 차액은 10%를 넘어야 한다. 그런데 이들 위원의 후보 인선은 당위원회 전체회의가 담당하는 것이 원칙이다. 그래서 당위원회 상무위원회는 동급 당정기관 및 하부 당정기관의 의견을 청취하여 '후보 초보인선'을 완료한 후에 이를 당위원회 조직부에 넘겨 조사하도록 한다. 조직부가 검토를 마치면 상무위원회는 후보 초보인선 명단을 기초로 '예비후보'를 확정하여 상급 당위원회에 보고하여 비준을 받는다. 이후에 그것을 다시 당대회 주석단에 보고하여 승인을 받으면 '최종후보'가 확정되고, 당대회는 이들을 대상으로 투표를 실시한다. 방식은 정위원과 후보위원을 한 번에 선출할 수도 있고 정위원 이후에 후보위원을 선출할 수도 있다.[14)]

공산당 지방위원회 및 기율검사위원회의 상무위원 후보는 정원보다 보통 1~2명이 많게 한다. 반면 당서기 및 부서기는 단독 후보에 대한 찬반투표를 실시한다. 당위원회 서기・부서기, 기율검사위원회 서기・부서기의 선출 과정을 보면, 먼저, 당위원회 상무위원회가 '예비후보'를 선정하여 상급 당위원회에 보고하여 비준을 받는다. 이

13) 〈中國共産黨地方組織選擧工作條例〉 13~14조.

14) 〈中國共産黨地方組織選擧工作條例〉 16~19조.

후 당대회에서 당위원회 및 기율검사위원회 전체회의를 개최하여 각각의 예비후보 중에서 '정식후보'를 확정한다. 이후 이들 중에서 먼저 당위원회 상무위원회 위원, 기율검사위원회 상무위원을 선출한 다음에 각각의 서기와 부서기를 선출한다.[15]

지방의 당대회는 개최 날짜와 의사일정, 당원대표의 규모(수), 당위원회 위원・후보위원의 규모, 선거의 차액 비율, 당서기・부서기의 규모, 기율검사위원회 위원・후보위원・서기・부서기의 규모, 이들의 선거 방법 등에 대하여 상급 당조직에 보고하여 비준을 받아야 한다. 성급(省級) 당조직의 당대회는 개최 4개월 전에 중앙위원회의 비준, 현급(縣級) 당대회는 개최 2개월 전에 성급 당위원회의 비준을 받아야 한다. 또한 당위원회 위원・후보위원, 상무위원회 위원, 당서기・부서기, 기율검사위원회 위원・후보위원 등 핵심 지도부의 후보에 대하여는 당대회 개최 1개월 전에 상급 당위원회에 보고하여 심사와 비준을 받아야 한다. 선거 결과에 대하여도 당위원회 위원・후보위원, 기율검사위원회 위원은 상급 당위원회에 보고해야 하고, 상무위원회 위원, 당서기・부서기, 기율검사위원회 상무위원회 위원・서기・부서기는 상급 당위원회의 심사와 비준을 받아야 한다.[16]

2) 공산당 기층조직과 구성

(1) 공산당의 기층조직

기업, 농촌, 기관, 학교, 연구단위, 도시 가도(街道)・사구(社區), 사회단체, 인민해방군의 중대(連隊)와 기타 기층단위에서 정식 당원

15) 〈中國共産黨地方組織選擧工作條例〉 20~22조.

16) 〈中國共産黨地方組織選擧工作條例〉(1994년 1월 26일) 23~25조.

이 3인 이상인 경우 기층조직을 설치할 수 있다. 기층조직은 업무상의 필요와 당원 수 등을 고려하여 상급 당조직의 비준을 받아 설립되는 기층위원회, 총지부위원회, 지부위원회로 구성된다.[17] 기층위원회, 총지부위원회, 지부위원회, 지부는 당원의 규모와 위상의 차이에 따른 구분이다. 기층조직은 기본적으로 당 노선·정책·방침을 집행하고 상급 당조직과 동급 당조직의 결정을 선전하고 집행하는 기관이지만, 도시의 가도와 사구, 농촌의 향·진과 촌 당조직은 지방의 최하부 조직으로 행정, 경제 등과 관련한 직무를 수행해야 한다.[18]

기층위원회는 가장 큰 규모의 기층조직으로 농촌의 향·진, 대학 및 당정 기관에서 당원이 100명 이상의 경우에 설치한다. 100명 이하의 경우에는 상급 조직의 비준을 받아 설치할 수 있다. 촌의 경우도 당원이 100명 이상인 경우 현급 당위원회의 비준을 받아 기층위원회를 만들 수 있다. 이때 촌 기층위원회는 향·진 당위원회의 지도를 받아야 한다. 대학 학과의 경우도 당원이 100명 이상인 경우 필요에 따라 학교 당위원회의 비준을 받아 당위원회를 만들 수 있다. 당원이 50명 이상인 경우 촌이나 당정기관 및 대학 모두에 총지부를 만든다. 50명 이하의 경우에도 필요에 따라 상급 기관의 비준을 받아 총지부를 만들 수 있다. 농촌의 경우 당원이 50명 이하라도 촌기업(村企業)이 당지부를 만들 수 있는 조건이 되는 경우 필요에 따라 총지부를 설치할 수 있다. 또한 당정기관과 대학의 경우 당원이 7명 이상인 당지부에는 지부위원회를 만든다. 그리고 촌, 당정기관, 대학에서 당원이 3인 이상인 경우 당지부를 만든다.[19] 또한 기층위원회도 상급 당

17) 〈共産黨章程〉 29조.

18) 〈共産黨章程〉 31~32조.

19) 〈中國共産黨農村基層組織工作條例〉(1999년 2월 13일) 5~7조; 〈中國共産黨普通高等學校基層組織工作條例〉(1996년 3월 18일) 8~10조; 〈中國共産

위원회의 비준을 받아 상무위원회와 기율검사위원회를 설립할 수 있다.[20]

(2) 공산당 기층조직의 구성 방법

공산당의 기층조직은 '당원대회'나 '당대회'를 통해 구성된다. 여기서 당원대회는 당원 전체가 참석하는 회의를 말하며, 당대회는 일반 당원의 투표로 선출된 당원대표가 참석하는 회의를 말한다. 향·진 등의 기층위원회는 당원대회나 당대회에서 선출되며, 그 아래에 있는 총지부위원회나 지부위원회는 당원대회에서 선출된다.

기층위원회의 임기는 3~4년이었다가 2002년 제16차 당대회에서 〈당헌〉 개정을 통해 3~5년으로 변화되었다. 총지부위원회와 지부위원회의 임기는 2~3년으로 이전과 동일하다. 그런데 기층조직의 임기는 공산당 조직부의 문건으로 구체적으로 규정하고 있다. 향·진과 같은 기층 행정단위의 기층위원회 임기는 5년이며, 현급 기관의 기층위원회, 총지부위원회, 촌 당지부위원회 등의 임기는 3년이다. 기타 당위원회의 임기는 2년이다.[21]

기층조직 구성원도 20% 이상의 비율로 차액선거를 통해 선출된다. 총지부위원회나 지부위원회 후보는 기존 당위원회가 당원의 의견을 들어 결정한다. 기층위원회나 기층기율검사위원회 위원은 당원대회를 통해 선출하는 경우와 당대회를 통해 선출하는 경우로 구분된다. 당원대회를 통해 선출하는 경우는 기존 당위원회에서 당원의 의견을 들어 후보를 선정한 후 상급 당조직에 보고하여 동의를 얻은

黨黨和國家機關基層組織工作條例〉(1998년 3월 30일) 5~7조.

20) 〈中國共産黨基層組織選擧工作暫行條例〉(1990년 6월 27일) 2조, 17조.

21) 「鄕鎭黨委換屆工作業務培訓材料」 http://www.jzxdj.gov.cn (검색일: 2011.7.16.).

후 당원대회에서 투표로 선출한다. 이에 비하여 당대회를 통해 선출하는 경우는, 먼저 상급 당조직의 동의를 얻은 후에 당대회 주석단이 후보를 확정하고, 그 후보를 대상으로 당대회에서 투표로 선출한다.

공산당 기층위원회의 서기와 부서기는 직전 당위원회에서 후보를 지명하여 상급 당조직의 동의를 받은 후 당위원회 전체회의에서 선출한다. 만약 기층위원회가 없는 당지부의 경우 서기와 부서기를 전체 당원이 예비후보를 선정한 후 상급 당조직의 동의를 얻은 후에 이들을 대상으로 당원대회에서 투표로 선출한다. 상무위원회가 설치되어 있는 기층위원회 상무위원 후보는 직전 당위원회에서 정원보다 1~2명 많게 후보를 지명한 후에 상급 당조직의 동의를 얻고, 이렇게 확정된 후보를 대상으로 당위원회 전체회의에서 선출한다. 이때 선출된 위원은 상급 당조직에 보고하면 되지만, 서기·부서기와 상무위원은 상급 조직의 비준을 받아야 한다. 기율검사위원회 서기와 부서기도 동급 당위원회에서 통과된 이후 상급 당조직에 보고하여 비준을 받아야 한다.[22]

2) 공산당 지방조직의 구성 및 운영의 한계

공산당 조직의 구성 및 운영은 당 간부관리 원칙과 민주집중제의 원칙에 입각하여 이루어진다. 이런 원칙에 입각해서 조직이 구성 및 운영되기 때문에 형식적으로 보면 민주적 절차에 따르는 것처럼 보이지만, 실제로는 상부조직이 주도한다. 다시 말해, 민주집중의 원칙에서는 민주보다는 집중이 강조되고, 당 간부관리 원칙에서는 당의 위계적 간부관리 기제가 작동한다.

---

22) 〈中國共産黨基層組織選擧工作暫行條例〉 12~18조.

이를 잘 보여주는 것이 지방조직의 구성 과정이다. 지방조직은 선거로 구성된다는 점에서 민주적 절차에 따라 구성되는 것처럼 보인다. 그러나 선거에 참여하는 후보의 규모(수)가 적을 뿐만 아니라 상급 당조직이 후보를 사전에 심사하기 때문에, 민주적 절차라고 해도 그 의미는 그렇게 크지 않다. 게다가 중요한 직책일수록 후보의 차액비율이 줄어들며, 차기 당위원회와 기율검사위원회 위원 및 상무위원의 경우에는 실질적으로 기존의 당위원회 상무위원회가 추천한다는 점에서 전임자가 후임자를 결정하는 과정이라고 할 수 있다. 그 밖에도 당서기나 부서기 등 핵심지도자는 상급 당위원회가 정원만큼만 추천, 즉 '등액'(等額) 추천한다는 점에서 실질적으로는 위로부터의 선임이라고 할 수 있다.

기층위원회와 같은 지방조직은 당대회(기층조직의 경우에는 당원대회도 포함)를 통해 구성된다는 점에서 민주적 절차에 입각해 구성되는 것처럼 보인다. 그러나 당원대표 후보를 선거단위가 선출하는 것이 아니라 당대회를 개최하는 당위원회가 선거단위에서 결정한 후보를 최종적으로 비준한다는 점에서 한계가 있다. 이 과정에서 당원대표는 아래로부터 민주적 절차를 통해 선출되는 것이 아니라 실질적으로는 위로부터 내정된 후보가 선출되는 현상이 발생하게 된다. 이에 따라 당원대표는 주로 고위간부 출신으로 구성되며, 당대회는 '고위간부 확대회의'가 되는 현상이 발생한다.[23)]

그리고 당대회가 가진 권한인 당위원회 및 기율검사위원회 구성원의 선출은 실질적으로는 당위원회, 특히 상무위원회가 주도한다. 즉, 차기 당위원회 및 기율검사위원회의 위원·후보위원 후보는 당위원회가 결정하는데, 실질적인 작업은 상무위원회가 담당하기 때문이다. 그런데 상무위원회가 선정한 예비후보에 대하여도 다시 상급

23) 楊繼榮 外, 『鄉鎮黨內民主發展的新探索』(成都: 四川民出版社, 2010) p. 165.

당위원회의 비준을 받아야 한다. 이때 당위원회 위원·후보위원은 15%, 기율검사위원회 위원·후보위원은 10% 비율의 차액선거를 실시한다. 이런 면에서 보면 당대회에 참석하는 당원대표는 실제로는 단지 15% 혹은 10%의 차액에 대한 선택권만을 행사할 뿐이다.

당위원회와 기율검사위원회가 선출 권한을 갖는 각각의 상무위원과 서기·부서기의 선출과정은 상급 당위원회의 비준을 받아야 할 뿐만 아니라 차액선거의 비율도 훨씬 줄어든다. 단적으로, 각 상무위원 선거의 경우 차액선거의 비율은 1~2명에 불과하고, 각 서기와 부서기는 단독후보에 대한 찬반투표를 한다. 그런데 더욱 중요한 것은 시·현 지도부의 정직간부(正職幹部), 즉, 당서기와 시장·현장은 상급 당위원회가 후보를 지명한다는 점이다.[24] 뿐만 아니라 〈당헌〉에 따르면 지방 당대회와 기층 당대회의 폐회 기간에 상급 당조직이 필요하다고 판단할 경우 하급 당조직의 지도부를 전출시키거나 파견할 수 있다.[25]

이것은 공산당 지방조직이 아래로부터의 민주적 절차에 의해서가 아니라 실질적으로는 상급 당조직의 비준을 받아 당위원회 상무위원회가 구성하며, 특히 "1인자"(一把手)인 당서기의 경우에는 상급 당조직이 선임 및 교체한다는 사실을 보여준다. 이러한 구성방식은 '위로부터의 집중'을 강조하는 민주집중제와 당 간부관리 원칙에 입각한 것이다. 다시 말해, 형식적 규정은 아래로부터의 민주적 절차를 포함하지만 실체로는 상급 당조직의 비준을 받아 현재의 권력이 미래의 권력을 재생산한다는 것을 의미한다. 더구나 당서기의 경우는 민주적 절차는 형식에 불과하며 상급 조직이 선임한다고 할 수 있다.

이처럼 실질적 민주의 결여는 봉건적 전통, 당원의 취약한 민주의

24) 〈黨政領導幹部選拔任用工作條例〉(2002년 7월 9일) 33조.
25) 〈共産黨章程〉 13조.

식 등 정치문화의 요인에 의해 규정되지만, 감독제도의 미비와 같은 제도적 문제가 더 큰 영향을 미친다.[26] 예를 들어, 당대회는 명목상 당의 최고 지도기관이지만, 실제로는 5년에 1회 개최되어 당지도부를 구성하는 역할을 담당할 뿐이다. 당대회의 권한을 행사하는 당위원회 전체회의도 1년에 2회 정도 개최되기 때문에 실질적인 의미를 갖기 어렵다. 이 때문에 당의 실질권한은 당위원회 상무위원회에 집중될 뿐만 아니라 심지어는 당서기 개인이 전권을 행사하기도 한다. 이런 상황에서 당서기 및 부서기 후보는 사실상의 인사권자인 상급 지도자의 비위를 맞추고 관심을 끌기 위해 뇌물을 제공하는 등 온갖 편법을 동원하는 현상이 빈번하게 발생한다.[27]

이와 같은 당조직 구성과 운영은 개혁기에 증대되는 당원의 당내 민주 요구를 수용하지 못할 뿐만 아니라, 권력의 과도한 집중과 그로 인한 부정부패를 초래하는 원인이 된다. 특히, 1984년 공산당 지방위원회의 자율성을 확대하기 위해, 간부관리 방식을 기존의 '아래2급 관리'(下管二級)에서 '아래1급 관리'(下管一級)로 개혁하면서 상급 당조직의 하급 당조직에 대한 감독이 약화되는 결과를 초래했다. 이런 상황에서 미약한 위로부터의 감독을 보완할 수 있는 아래로부터의 감독, 즉 민주적 감독의 강화가 필요하다. 이런 배경에서 공산당은 당원의 민주 확대 요구를 수용하고, 하급 당조직의 부정부패를 방지하기 위해 다양한 방식의 당내민주를 시험실시하게 되었다.

26) 夏贊忠 主編, 『黨內民主法規制度硏究』(北京: 中國方正出版社, 2010), pp. 24~26.

27) 楊繼榮 外, 『鄉鎮黨內民主發展的新探索』 p. 166.

2. 지방의 당내민주 실시

제 2장에서 살펴보았듯이, 당내민주는 〈당헌〉에 규정된 당원의 민주적 권리를 보장하는 것을 핵심으로 한다. 다시 말해서, 당내민주는 당 정치생활에서 당원이 평등하게 직간접으로 당내 업무를 결정하고 관리하는 제도라고 할 수 있다. 이를 위해 민주선거와 민주적 의사결정, 민주적 관리 및 민주적 감독에 대한 필요성이 제기되고 있다.[28] 공산당은 1980년대에 당내민주의 필요성에 대한 인식이 확대되면서 부분적으로 당내민주의 시험실시를 추진했고, 1997년 제 15차 당대회 이후에는 이를 확대했다. 2002년 제 16차 당대회와 2007년 제 17차 당대회 이후에는 본격적으로 시험실시를 추진하고 있다. 당지도부와 당원대표 선거제도 개혁, 당대회와 당위원회 제도의 개혁은 비교적 장기적으로 시험실시되고 있고, 당업무 공개, 당 의사결정의 민주적 요소 도입, 당내감독 강화 등의 시험실시도 추진되고 있다.

1) 경쟁선거

당내 선거는 각급 당조직 지도부 선거와 당원대표 선거로 나누어진다. 농촌의 향·진·촌과 도시의 가도(街道)·사구(社區) 등 기층 조직에서 다양한 형태의 경쟁선거가 시험실시되고 있으며, 일부 현급 당원대표와 현급 지도부에 대한 경쟁선거도 시험실시되고 있다. 최근에는 지급시(地級市)의 당서기와 시장에 대한 '공개추천 표결제'(公推票決), 부성급(副省級)의 대규모 시의 당원대표에 대한 '공개추천 직접선거'(公推直選) 시험실시도 이루어지고 있다.

28) 高建·佟德志 主編, 『黨內民主』(天津: 天津人民出版社, 2010), p. 9.

당내 선거과정은 다시 후보추천과 정식 선거의 두 과정으로 나누어진다. 후보추천은 후보추천 주체 및 후보 결정 과정과 관련되며, 정식 선거는 선거방식과 후보 수와 관련된다. 〈기층조직 선거업무 조례〉에 따르면, 후보추천은 기존의 당위원회가 담당한다. 현재 진행되는 시험실시에서는 층위에 따라 조금씩 다르지만 추천 주체를 조직이나 당내기관뿐만 아니라 당원 개인, 심지어는 비(非)당원인 일반 대중까지 확대하는 공개추천이 시험되고 있다. 선거방식은 후보가 정원보다 많은 '차액선거', 모든 유권자(당원 혹은 비당원)가 직접 투표에 참여하는 '직접선거'가 있다. 그 밖에도 원래 당규에 따라 당위원회 전체회의가 표결로 고위간부를 선발하지만 그 과정에서 주민 여론을 반영하고 후보에 대한 공개적인 질의응답을 실시하는 '공개선발'(公開選拔)도 있다. 일반적으로 농촌의 향·진·촌과 도시의 가도·사구 등 기층단위에서는 '공개선발'과 '직접선거'가 시험실시되고 있다. 반면, 현급 이상의 지방 당조직에서는 '공개추천'과 '공개선발'이 주로 시험실시되며, 직접선거는 아직 시행되지 않고 있다.

(1) 농촌 당지부 서기 경쟁선거

현재 농촌의 촌민위원회는 95% 이상이 직접선거를 실시하고 있다.[29] 이를 배경으로 1990년대 말부터 농촌 당지부 서기를 선출하기 위한 다양한 민주적 시험이 실시되고 있다. 이는 크게 '양표제'(兩票制), '2회추천 1회선거'(兩推一選), '공개추천 직접선거'(公推直選), '공개선발'로 구분할 수 있다.

'양표제'는 지역에 따라 일부 차이는 있지만 촌 당지부 선거에서 후보선거와 정식선거 등 두 단계를 거쳐 당서기를 선출하는 것을 의미

29) 王勇兵, 『黨內民主的制度創新與路徑選擇』(北京: 中央編譯出版社, 2010), p. 7.

한다. 먼저, 후보 선출에서는 당원뿐만 아니라 촌민 등 일반대중이 참여한다. 경우에 따라서는 여론조사의 결과가 반영되기도 한다. 이렇게 선출된 후보를 대상으로 당규 절차에 따라 당원대회나 당대회를 개최하여 당서기를 선출한다. 1998년 후베이성(湖北省) 광수이시(廣水市), 1999년 산시성(山西省) 린이현(臨猗縣), 1998년 광둥성(廣東省) 선전시(深圳市) 룽강구(龍崗區) 등에서 이런 시험이 실시되었다.[30]

'2회 추천 1회 선거'는 두 번의 추천과 한 번의 선거를 통해 고위간부를 선출하는 것을 의미한다. 이것은 "민주추천 평가, 대중추천 평가, 당내민주선거"의 줄임말, 혹은 "당원추천, 대중추천, 당내선거"의 줄임말이라고 할 수 있다. 예를 들어, 1998년 허베이성 한단현(邯鄲縣)에서는 당원의 '추천투표'와 대중의 '신임투표'를 통해 후보를 추천한 후에, 향·진 당위원회에서 두 가지 투표의 득표율이 모두 50% 이상인 사람 중에서 최종 후보를 확정한 후 당규가 정한 절차에 따라 당서기에 대한 투표를 진행했다(2회 추천과 1회 선거).

이와 비슷하게, 1999년 안후이성(安徽省) 펑양현(鳳陽縣)에서는 먼저, 당원과 촌민대표가 참여하는 선거, 즉 제 1차 '추천투표'를 통해 당지부위원회 후보명단을 확정했다. 이후에 후보명단을 대상으로 촌민회의에서 다시 투표하여 정식후보를 확정했다(제 2차 '추천투표'). 마지막으로, 당원만이 참가하는 당지부대회에서 무기명투표로 당서기와 부서기를 선출하였다(2회추천과 1회선거).[31]

'공개추천 직접선거'는 당원 혹은 비(非)당원이 참여하는 공개추천과, 당원만이 참여하는 직접선거의 결합을 말한다. 1998년 이후 쓰

30) 景躍進, 『當代中國農村"兩委關係"的薇觀解析與宏觀透視』(北京: 中央文獻出版社, 2004), pp. 88~90; 王勇兵, 『黨內民主的制度創新與路徑選擇』, pp. 20~22.

31) 景躍進, 『當代中國農村"兩委關係"』, pp. 90~91.

촨성(四川省) 지역에서는 이 선거가 광범위하게 시험실시되었다. 이 방법은 두 단계를 거친다. 먼저, 자천(自薦), 당조직 추천, 대중 연명추천(聯名推薦)을 통해 '초보' 예비후보 명단이 작성되면 상급 당조직이 자격심사를 실시한 이후에 자격에 부합하는 '예비후보'를 결정한다. 이후에 이들 예비후보 중에서 촌민 혹은 촌민대표나 당원이 참여하는 투표를 통해 '정식후보'를 확정한다. 이것이 '공개추천'이다. 다음으로, 향·진 당위원회의 비준을 거친 후에 이들 정식후보를 대상으로 당원대회를 개최하여 당원이 직접 차액선거를 통해 당서기와 지부위원을 선출한다. 이것이 '직접선거'이다.[32]

랴오닝성(遼寧省) 지역에서 실시되는 '공개추천 공개선발'의 경우에는 절차와 과정이 쓰촨성의 '공개추천 직접선거'와 큰 차이가 없다. 하지만 후보추천과정에서 당원이나 대중이 예비후보를 대상으로 직접 투표하지는 않는다는 점에서 차이가 있다.[33]

(2) 향·진 당지도부 경쟁선거

공산당 지도부를 비롯한 향·진 지도부 임면과 관련된 새로운 시험실시가 1998년부터 쓰촨성과 후베이성 등에서 시작되었다. 향·진 당 지도부 경쟁선거는 1997년 제15차 당대회 이후인 1998년부터 2003년까지 몇 개 성의 일부 지역에서만 시험실시되었는데, 2002년 제16차 당대회 이후 2003년부터는 그 범위가 크게 확대되었다. 그 결과 2003년부터 2007년까지 전국의 약 300여 개 향·진 당위원회의 지도부 교체 과정에서 공개추천 방식으로 후보가 선출되는 시험이 이루어졌다.[34] 쓰촨성, 장쑤성(江蘇省), 충칭시(重慶市), 윈난성(雲

32) 景躍進, 『當代中國農村"兩委關係"』, p. 91; 王勇兵, 『黨內民主的制度創新與路徑選擇』, pp. 22~25.

33) 景躍進, 『當代中國農村"兩委關係"』, p. 91.

南省), 지린성(吉林省), 장시성(江西省), 허난성(河南省), 후베이성 등지에서도 당위원회 서기와 기율검사위원회 서기, 당위원회 위원 등 향·진 당지도부의 선출과 관련한 다양한 방식의 경쟁선거가 시험실시되고 있다.

이 중 쓰촨성과 장쑤성에서 가장 광범위하게 시험실시가 이루어지고 있다. 예컨대, 쓰촨성은 2004년 2월부터 10개 시·주(州)의 45개 향·진에서 당 서기 '공개추천 직접선거'를 실시했고, 2005년 8월에는 전(全) 성으로 그 범위를 확대했다. 장쑤성에서는 2005년부터 '공개추천 직접선거'를 확대 실시하여 2008년 6월까지 전체 1,118개 향·진 중에서 73곳에서 '공개추천 직접선거', 625곳에서 '공개추천'으로 당지도부 후보를 선출했다.[35)]

그런데 전체적으로 보면 이와 같은 경쟁선거는 제도화가 되지 않아 다양한 방식으로 진행된다는 특징이 있다. 공개추천 공개선거, 당원직선, 양표제, '삼표제'(三票制), '대중추천 직접선거'(海推直選), 공개추천 직접선거, '직접추천 직접선거'(直推直選), '공개추천 경쟁선거'(公推競選), '유권자 공개추천'(選民公推) 등의 다양한 명칭은 이를 잘 보여준다.[36)] 이러한 시험실시들은 구체적인 방법의 차이는 있지만 크게 보면 후보추천 주체와 후보추천 방법의 차이, 선거 방법의 차이에 따라 '공개추천 공개선거'와 '공개추천 직접선거'로 대별할 수 있다.

기존의 후보추천방법이 위로부터의 추천이었다고 한다면 새로운 시험실시에서는 구체적으로 차이는 있지만 기본적으로 아래로부터의 추천을 통해 후보를 선정하는 방식인 '공개추천'(公推) 방식이 채

---

34) 陳家喜, 「我國鄉鎮黨委公推直選的改革態勢與發展路徑」, 『社會科學研究』 2011년 제2기, p. 62.

35) 陳家喜, 「我國鄉鎮黨委公推直選的改革態勢與發展路徑」, pp. 62~63.

36) 楊繼榮 外, 『鄉鎮黨內民主發展的新探索』, pp. 167~172.

택되고 있다. 물론 이 경우에도 추천된 후보에 대해 상급 조직이 자격심사를 거쳐 최종적으로 후보를 확정한다. 선거 방식은 전체 당원이 직접 투표하는 '직접선거'와, 당원대표만이 투표하는 '간접선거'로 나눌 수 있다. 그런데 '간접선거'도 기본적으로 선거과정을 공개하고 공개경쟁이 이루어진다는 점에서 '공개선출'(公選)이라고 부른다.

그래서 '당원직선', '삼표제', '공개추천 직접선거', '직접추천 직접선거'는 후보선발의 절차와 과정에 약간의 차이가 있지만, 모두 후보를 공개 추천한 이후에 최종적으로 당원대회에서 전체 당원이 직접 투표로 고위간부를 선출한다는 공통점이 있다. 그래서 이런 제도를 '공개추천 직접선거'의 변형이라고 말할 수 있다. 이에 비해 '공개추천 공개선거', '양표제', '대중추천 직접선거', '공개추천 경쟁선거'는 모두 후보를 공개 추천한 이후에 당대회에서 당원대표(전체 당원이 아니다)가 투표로 고위간부를 선출한다는 공통점이 있다. 그래서 이들을 '공개추천 공개선거'라고 말할 수 있다.

이러한 경쟁선거는 우선, 내부적으로 비밀리에 행해지던 향·진 당지도부의 선발 과정이 당원들의 직접 참여 하에 공개적으로 이루어진다는 점에서 의의를 찾을 수 있다. 그런데 여기서 재미있는 것은 당 지도부 선거는 최종적으로 당내에서 당원만의 참여로 진행되지만, 일부 시험실시의 경우 추천 과정에서는 일반 대중까지 참여를 허용함으로써 유권자(당원)보다 추천자(일반대중 포함)가 더 많은 선거가 실시된다는 사실이다.[37] 그것은 당내 선거는 당내 행사이기 때문에 최종적으로 당원이 결정해야 하지만, 당-국가체제의 특성상 당서

37) '직접추천 직접선거'를 실시한 윈난성(雲南省) 루시현(瀘西縣)의 경우 비당원 대중 30명이 후보 1인을 추천할 수 있도록 했으며, '공개추천 직접선거'를 실시한 쓰촨성(四川省) 청두시(成都市) 신두구(新都區)의 경우 인대대표, 정협위원, 민주당파, 무당파인사의 대표 등도 당위원회 서기 추천위원회 위원으로 참여했다. 楊繼榮 外, 『鄕鎭黨內民主發展的新探索』, pp. 170~171.

기가 지방의 최고지도자이기 때문에 비당원 대중의 의견도 반영되어야 한다는 점과 관련된다고 할 수 있다.

(3) 도시 사구(社區)의 경쟁선거

농촌 기층 당조직의 경쟁선거는 도시의 사구로도 확대되고 있다. 2002년 제16차 당대회 이후 시험실시되기 시작하여 2007년 제17차 당대회 이후에는 그 범위가 확대된 난징시(南京市), 상하이시(上海市), 선전시, 베이징시 등의 사구 당서기 선출이 대표적인 사례이다. 또한 이와 함께 현급 당조직 지도부에 대한 경쟁선거도 시험실시되고 있다.[38]

난징시의 경우 2004년과 2005년 일부 사구 당위원회 지도부에 대한 공개추천 직접선거가 시험실시되었고, 2008년 말에는 촌, 사구, 기업, 기관, 학교 등 서로 다른 기층 당조직을 선택하여 공개추천 직접선거가 시험실시되었다. 이후 2009년 7~8월에는 임기가 도래한 363개 사구의 모든 당 지도부에 대해 공개추천 직접선거를 실시했다.[39] 선전시는 2008년 푸톈구(福田區)의 8개 사구 당조직에서 공개추천 직접선거를 시험실시한 데 이어,[40] 2011년에는 3월 31일부로 임기가 만료되거나 임기 1년 반 이상을 지난 모든 사구에 대해 공개추천 직접선거를 실시했다.[41]

난징시의 경우 후보추천은 당조직 추천, 당원 연명추천, 자천 등의 방식으로 이루어졌다. 이렇게 추천된 후보를 대상으로 상급조직

---

38) 王勇兵, 『黨內民主的制度創新與路徑選擇』, p. 74.

39) 王勇兵, 『黨內民主的制度創新與路徑選擇』, p. 75.

40) 王勇兵, 『黨內民主的制度創新與路徑選擇』, p. 78.

41) 전체 632개 사구 중 603개 사구에 대한 선거가 실시되었는데, 모두 '공개추천 직접선거' 방식으로 이루어졌다. 『深圳特區報』 2011년 5월 23일.

인 가도업무위원회(街道工作委員會) 산하의 '공개추천 직접선거 업무 영도소조'(公推直選工作領導小組)가 자격 심사를 실시한 이후, 이들을 대상으로 가도업무위원회가 표결로 최종후보를 확정한 후 사구 당원 대회에서 직접선거로 고위간부를 선출했다.[42]

이에 비하여 선전시에서는 당원연명 추천이나 자천에 의한 예비후보에 대해 가도당업무위원회가 자격심사와 조직심사를 실시한 이후 자격에 부합하는 후보 모두를 예비후보로 선정했다. 이후 예비후보에 대한 여론조사 등의 평가를 통해 득표순으로 50% 이상의 차액 비율, 즉 정원보다 후보를 50% 이상 많게 하는 방식으로 최종후보를 확정했다. 이후 사구 당원대회에서 이들을 대상으로 직접선거를 실시하여 당위원회 위원을 선출했다. 마지막으로 이렇게 선출된 위원을 후보로 당서기를 선출하고, 나머지 중에서 부서기를 선출했다.[43]

(4) 현 당서기 '공개추천 공개선거'

현급 당위원회 서기의 경쟁선거는 2008년 7월 구이저우성(貴州省) 구이양시(貴陽市) 소속 네 곳의 현(縣)·구(區)에서 최초로 이루어졌다. 그 이전에 장쑤성과 쓰촨성 등 지역에서 각각 2003년부터 현장·시장·구장(區長)에 대한 공개추천 공개선거 등 공개추천에 의한 선발이 이루어졌다.[44]

구이양시의 현·구 당서기 선출 과정은 후보등록, 자격심사, 민주추천, 예비후보의 실지(實地)조사, 연구 보고서 평가, 질의응답, 지도능력 평가, 조직검토, 시위원회 상무위원회 검토와 시위원회 전체

---

42) 王勇兵, 『黨內民主的制度創新與路徑選擇』, p. 76.

43) 王勇兵, 『黨內民主的制度創新與路徑選擇』, p. 79.

44) 王勇兵, 『黨內民主的制度創新與路徑選擇』, pp. 90~107; 笑蜀, 「縣政民主的歷史性突破: 評貴陽四縣縣委書記公推競崗」, 『南方週末』 2008년 7월 17일.

회의의 표결, 성 당위원회 조직부의 검토와 비준 후 공시(公示) 등으로 이루어졌다.

후보등록은 조직추천과 자천으로 이루어졌으며 등록한 후보에 대하여 '시 공개추천 경쟁업무 영도소조'(市公推競爭工作領導小組)가 자격 심사를 했다. 그 결과 82명의 신청자 중에서 자격 심사에서 1명이 탈락했다. 이후, 81명의 예비후보에 대하여 시 당위원회 위원・후보위원, 시 의회(人大)・정부・정협(政協) 지도부, 법원장・검찰원장, 당교(黨校) 상무부교장, 기타 지급(地級) 간부, 전국대표대회 당원대표, 전국인민대표대회 대표, 성대표대회 당원대표 등으로 구성되는 모두 298명의 후보추천 위원 중 275명이 참가하여 '민주추천회'(民主推荐會)를 개최했다. 이 회의에서 투표를 통해 지역별로 각 5명의 후보가 확정되었다.

다음으로는 각 후보들에게는 7월 8일부터 10일까지 해당 지역에 대한 조사를 실시하게 한 후, 7월 10일 20:00부터 7월 11일 20:00시까지 외부접촉을 차단하고 개별적으로 조사보고서를 작성하게 했다. 이렇게 제출된 조사보고서는 중앙 조직부, 성 조직부, 성 직속 부문, 성 대학과 시 조직부, 관련 전문가가 참가하여 평가하는 과정을 거쳤다. 이후 다시 질의응답과 여론조사를 수행하는데, 질의응답 과정에 대하여는 평가위원회가 평가했다. 여론조사에는 앞에서 살펴본 후보추천 위원과 해당 현・구의 당・의회・정부・정협 지도부, 당원대표 등이 참가했다. 이런 절차를 거친 후에 다시 중앙 조직부의 당정간부시험 평가센터의 전문가가 후보의 지도능력에 대해 평가했다.

이후 민주추천, 조사보고, 질의응답, 여론조사, 지도력 평가 등을 2: 2: 2: 3: 1의 비율로 환산하고 신체검사를 실시한 후에 최종적으로 합격한 2인의 후보를 대상으로 조직고찰을 실시했다. 조직고찰은 시 기율검사위원회와 시 조직부에서 실시하였다. 성적과 고찰 상황을 종합하여 시 상무위원회는 공개 추천 경쟁선거 인선을 확정하여 시위원회 전체회의에 보고했고, 시 위원회 전체회의는 투표로 당선자를 확정했다. 마지막으로, 당선자는 성 당위원회 조직부 심사와 비준을 받아 최종적으로 선발되었다.[45]

(5) 지급시 당서기 공개추천 공개선거와 당원대표 공개추천 직접선거

현 당서기에 대한 공개추천 공개선거에 이어 지급시 당서기에 대한 공개추천 공개선거, 그리고 부성급 시의 당원대표에 대한 공개추천 직접선거도 시험실시되었다. 2011년 4월에 장쑤성 소속의 지급시 세 곳에서 이루어진 당서기 공개추천 공개선거와 2010년 선전시 당원대표 선출 과정에서 이루어진 일부 지역대표와 직능대표에 대한 공개추천 직접선거가 그것이다.

장쑤성은 산하 지급시인 우시시(無錫市), 난퉁시(南通市), 쑤쳰시(宿遷市) 등 세 곳의 당서기를 2011년 4월 중순 '공개추천 표결' 방식으로 선출했다. 공개추천 표결의 세부 과정은 다음과 같다. 우선 성 당위원회 위원과 후보위원, 난징시에 있는 부성급(副省級) 이상의 간부, 성이 관할하는 기관의 주요 책임자 등 모두 222명이 추천에 참가하여 당서기 조건에 부합하는 예비 1,127명 중에서 10명을 추천했다. 2차 추천은 장쑤성 소재 중앙위원과 후보위원, 중앙기율검사위원회 위원, 성 당위원회 위원과 후보위원, 성급 고위간부, 성급 이상의 퇴직간부 등 모두 118명이 참가하여 그 중에서 다시 6명을 선출하였다. 이렇게 선출된 6명에 대하여 당 조직부가 검증한 이후 최종적으로 성 당위원회 상무위원회가 당서기를 선출하였다.[46]

광둥성 선전시는 2010년 5월 제 5차 당대회를 위한 당원대표를 선

---

45) 王勇兵, 『黨內民主的制度創新與路徑選擇』, pp. 106~113.

46) 郭奔勝·蔣芳, 「透析江蘇三市公推票決産生市委書記」, 『決策探索』 2011년 제 5기, p. 58.

출하면서 일부를 대상으로 공개추천 직접선거를 실시했다. 전체 19개 선거단위 중에서 4개 단위의 당원대표 14명을 공개추천 직접선거로 선출했다. 이는 전체 선전시 당원대표 480명 중 2.8%에 불과한 소수이지만 부성급 시의 당원 대표를 공개추천 직접선거로 선출하는 시험을 실시했다는 점에서 중요한 의미를 지닌다. 공개추천 직접선거로 선출된 당원대표는 각각 2007년 선전시의 파출기구로 새롭게 만들어진 광밍신구(光明新區) 업무위원회(工作委員會)의 대표 9명(당원 4,100명), 기업인 창웨이그룹(創維集團) 대표 1명(당원 440여 명), 새롭게 만들어진 사회단체인 변호사협회 당위원회와 시 등록 회계사업 당위원회 대표 각각 2명(그중 변호사협회 당원 634명)이었다.[47]

후보추천은 모두 조직추천, 당원연명 추천, 자천을 통해 이루어졌다. 광밍신구의 대표 선발과정에서는 추천된 후보 42명에 대하여 조직고찰과 평가를 실시했는데, 평가에는 후보가 소속된 당지부의 전체 당원이 참가하였다. 고찰은 가도의 기율검사 및 조직인사를 담당하는 책임자와 당지부 10명의 당원대표가 참가하여 종합적인 고찰자료를 작성했다. 다음으로는 광밍신구 당업무위원회가 후보선발에 대한 '조직 의도'와 규정된 대표비율 등에 따라 42명 중에서 14명의 후보를 최종 확정했다.[48] 전체 당원이 투표하기 전에, 각 후보로부

---

47) 陳家喜, 「選擧機制開發與黨內民主創新: 以深圳光明新區公推直選黨代表爲個案」, 『當代中國政治研究報告』 8집(北京: 社會科學文獻出版社, 2010), p. 241; 劉婭, 「黨代表任期制與兩新組織公推直選市黨代表: 以創維集團和律師協會爲個案」, 『當代中國政治研究報告』 8집(北京: 社會科學文獻出版社, 2010), pp. 250~253.

48) '조직 의도'에 대하여는 구체적으로 알려진 바가 없지만 구체적인 선발과정에서는 중요한 역할을 할 것으로 보인다. 당원대표구성 비율은 1985년에 제정된 〈당원대표 문제 임시규정〉(關于黨的地方各級代表大會若干具體問題的暫行規定)에서 성급 단위, 지급 단위, 직할시 구(區)의 당원대표 구성에 대하여 각급 영도간부 70%, 전문기술자 20%, 모범인사 8%, 해방군과 무장경찰 2%, 부녀 20%, 소수민족 대표는 인구 비율에 따라, 연령 50세 이하

터 3분 연설과 유권자 1인의 질의응답을 들었다. 방식은 유권자가 각 후보에 '찬성, 반대, 기권'을 표시하는 것이다. 투표 결과 과반수 이상의 찬성표를 얻은 후보 중 득표순으로 당선자를 확정했다. 만약 과반수 이상의 찬성표를 얻은 후보가 정원에 미달할 경우에는 나머지 중 득표순으로 후보를 결정한 다음, 이들을 대상으로 재투표를 실시하여 당선자를 확정했다. 변호사협회 당위원회 선거의 경우 5명의 후보 중 과반수 찬성표를 얻은 후보가 1인이었기 때문에 나머지 중 득표순으로 2명을 정해 재투표를 실시하여 1인의 당원대표를 추가로 선출했다.[49)]

2) 당대회와 당위원회의 개혁

당원의 민주적 권리를 보장하기 위해 경쟁선거의 도입과 더불어 지방 당대회 및 당위원회의 조직구조와 운영을 개혁하는 당내민주 시험도 실시되고 있다. 당대회 연례화와 당위원회 개혁이 그것이다.

(1) 당대회 연례화

1978년 개혁·개방 이전 시기에 당대회의 권한 강화를 위해 '당대회 상임제'(黨代表大會常任制)가 시험실시된 적이 있다. 이것은 당대회가 개회 기간 중에 당내 최고 권력기관으로 권한을 행사할 뿐만 아니라 폐회 기간에도 상설기구 — 예컨대 당대회 상설위원회 — 를 구성하여 권한을 행사하도록 하는 제도이다. 이와 대비되는 것이 개혁

50% 등을 규정하고 있다. '조직의도'는 이런 구성비율을 감안하여 후보 구성을 조정한다는 의미로 보인다.

49) 陳家喜, 「選擧機制開發與黨內民主創新」, pp. 244~247; 劉婭, 「黨代表任期制與兩新組織公推直選市黨代表」, pp. 253~256.

기에 시험실시되고 있는 당원대표 활동의 일상화와 당대회 연례화(黨代表大會年會制)이다. 당원대표 활동의 일상화는 기존처럼 당원대표가 당대회가 폐회되면 임무가 끝나는 것이 아니라, 차기 당대회가 개최될 때까지 그 직위를 유지하면서 일상 활동을 전개하는 것을 말한다. 당대회 연례화는 당대회를 5년에 한 번이 아니라 매년 개최하는 것을 말한다.

당대회 연례화는 1988년부터 1989년까지 중앙 조직부에서 저장성(浙江省), 헤이룽장성(黑龍江省), 산시성(山西省), 후난성(湖南省) 등 4개 성 12개 시・현을 시험실시 지역으로 선정하여 추진했었다. 이후 1998년까지 푸젠성(福建省)과 허베이성 등의 4곳을 더해 모두 6개 성 16개 시・현에서 시험실시가 추진되었다. 이 중에서 저장성의 사오싱시(紹興市), 루이안시(瑞安市), 타이저우시(台州市) 자오장구(椒江區), 산시성의 진중시(晉中市) 위츠구(榆次區)와 허순현(和順縣) 등 5곳을 제외하고는 모두 중단되었다. 그렇지만 2002년 제16차 당대회 이후인 2004년부터 시험실시 지역을 확대하고 있다. 쓰촨성의 17개 시・현을 비롯하여, 산둥성, 산시성, 광시성(廣西省), 광둥성, 후베이성, 장쑤성, 산시성(陝西省), 안후이성, 구이저우성, 장시성, 윈난성, 지린성 등 모두 15개 성의 50개 이상의 시・현에서 당대회 연례화의 시험실시가 추진되고 있다.[50)]

당대회 연례화는 지역별로 서로 다른 방식으로 시험실시되고 있다. 1988년부터 시험실시가 지속되고 있는 저장성 타이저우시 자오장구의 경우, 당원대표 활동의 일상화, 당대회 연례화의 시행과 더불어 당원대표의 역할을 강화하기 위해 회의 의제, 의사일정 등 관련 사항을 회의 개최 10일 전까지 당원대표에게 알리도록 하는 제도도 실행하고 있다. 이는 이전에 하루 전에야 의사일정 등을 통보한 것에

---

50) 王勇兵, 『黨內民主的制度創新與路徑選擇』, pp. 116~117.

비해 당원대표가 당대회에서 실질적인 역할을 할 수 있도록 한 조치라고 할 수 있다. 또한 당대회 폐회 기간에는 당원대표가 기층조직과 결합하여 조사활동을 전개하여 당내 의사결정 과정에 참여할 수 있도록 했다. 이와 더불어 당위원회 전체회의의 역할을 강화했는데 인사문제는 전체회의에서 1인 1표 방식의 표결을 통해 결정하도록 했다(표결제 도입).[51]

2002년부터 당대회 연례화를 실시한 쓰촨성 야안시(雅安市)의 경우, 관할 지역 내의 구(區) 한 곳과 현(縣) 한 곳에서 시험실시가 추진되고 있다. 야안시의 시험실시에서는 당원대표를 직선으로 뽑았는데 개별 당원의 후보등록이 가능했으며 당 서기와 부서기도 기층단위에서 후보로 참여하도록 하여, 구·현급 간부의 특권을 폐지했다. 또한 당대회의 기능을 강화하기 위해 당대회 연례화를 시행하고, 당대회가 구·현의 당위원회 위원과 기율검사위원회 위원을 파면하거나 증원할 수 있는 권한을 새롭게 부여받았다.

또한 당대회의 역할 강화를 위해 산하에 감독위원회, 대표업무(工作)위원회, 의사결정자문위원회 등의 업무기구를 신설했다. 감독위원회는 당위원회 위원이나 기율검사위원이 아닌 당원대표로 구성되며, 당위원회 위원과 기율검사위원회 위원에 대한 감독과 평가(파면권 포함)를 담당한다. 대표업무위원회는 일종의 연락사무실로 당원대표의 일상 의견을 처리하는 기능을 담당한다. 의사결정자문위원회는 당위원회의 상무위원회나 전체회의 혹은 당대회의 중요결정 이전에 자문을 담당하는 기구이다.

마지막으로, 당원대표는 지역주민이나 기층단위와 접촉하고, 향급(鄉級) 이상의 기층 간부를 평가하고 감독하며, 매년 2회 이상 지역 조사를 실시하도록 권한을 부여했다. 이를 통해 당원대표는 지방

---

51) 王勇兵, 『黨內民主的制度創新與路徑選擇』, pp. 120~121.

의회 의원처럼 일상 활동을 수행할 수 있게 되었다.[52]

2003년부터 당대회 연례화를 시험실시한 후베이성 뤄톈현(羅田縣)의 경우 당원대표 직선제, 당대회 연례화, 당원대표 활동의 일상화, 현 위원회제, 중대사항 표결제 및 평가제(評議制) 등 이른바 '6제'를 실시했다. 여기서 현 위원회제는 기존의 당위원회 상무위원회를 폐지하고 당대회에서 선출된 현위원회가 실권을 행사하도록 하는 제도이다. 중대사항 표결제는 중대 사항과 간부임면을 당대회 개최 중에는 당대회, 당대회 폐회 기간에는 현위원회가 표결로 결정하도록 하는 제도이다. 평가제는 당대회 연례회의에서 현 당위원회와 기율검사위원회 위원에 대하여 '만족, 기본만족, 불만족' 등 3등급으로 무기명으로 표결하여 평가하는 제도이다. 종합적인 평가 결과, 부적합 판정 비율이 30% 이상이면 사직사유가 되며, 부적합 판정 비율이 50% 이상이면 당대회에서 파면을 위한 표결을 진행한다. 만약 표결에서 불신임표가 3분의 1 이상이면 파면하도록 했다.[53]

(2) 현급 당위원회 제도의 개혁

당위원회 제도 개혁은 크게 두 방향으로 진행되고 있다. 하나는 당위원회 상무위원회의 폐지이고, 다른 하나는 당위원회 전체회의의 기능 강화이다. 상무위원회의 폐지는 당대회 연례화를 시험하는 지역에서 시도되고 있는데, 상무위원회를 폐지하고 대신 당위원회를 상설기구화하는 방향의 시험실시가 이루어지고 있다. 당위원회 전체회의의 기능 강화는, 과거 이름뿐인 당위원회 전체회의의 기능을 강화하여 상무위원회와 당서기를 감독하여 이들의 권력 독점을 막기 위한 조치라고 할 수 있다.

52) 王勇兵, 『黨內民主的制度創新與路徑選擇』, pp. 122~126.

53) 吳理材, 「羅田政改: 以黨內民主啓動縣政改革」, 『改革內參』 2006년 제 6기.

당위원회 상무위원회의 폐지는 당대회 연례화를 시험하고 있는 후베이성 뤄톈현과 저장성 자오장구에서 시험실시되고 있다. 만약 당대회 연례화를 실행할 경우 당 지도기구가 '당대회-당위원회 전체회의-당위원회 상무위원회'의 3중체제로 의사결정 과정이 복잡해질 수 있다. 이 때문에 뤄톈현이나 자오장구에서는 당위원회 상무위원회를 폐지하여 '당대회-당위원회'의 2중체제로 단순화하고, 당위원회가 일상 지도기구로서의 역할을 담당하도록 했다.

그렇지만 기존의 상무위원회를 완전히 폐지하고 당위원회가 그 기능을 수행하도록 한 것이 아니라, 당위원회의 구조를 조정함으로써 당위원회의 규모와 기능이 실질적으로는 기존의 상무위원회의 그것에 근접하도록 했다. 즉, 뤄톈현의 경우 원래 당위원회 위원이 26명이고 상무위원회 위원이 13명이었는데, 개혁 이후 당위원회 위원을 15명으로 축소했다. 자오장구의 경우 원래 33명의 당위원회 위원을 21명으로 축소했다. 또한 위원 구성도 당서기와 당부서기 — 이들은 현장(縣長), 의회(人大) 의장, 정협 주석(主席)을 겸임 —, 기율검사위원회 서기, 정법(政法)·조직·선전·통전(統戰)·공안, 노동조합, 통상 등 각 부문을 책임지는 부현급(副縣級) 이상의 모든 간부로 이루어짐으로써 원래의 상무위원회와 유사하게 구성되었다.[54]

쓰촨성 청두시의 신두구(新都區)와 상하이시의 민항구(閔行區)에서는 당위원회 전체회의를 실권을 갖는 기구로 전환시키는 개혁을 시도했다. 신두구의 경우 당위원회 전체회의에서 "중대문제, 중요간부 임면, 중요계획 및 대규모 자금 사용"을 결정하였다. 당위원회 전체회의의 결정권한 확대와 더불어 회의 참석 인원도 확대했다. 그 결과 의회, 정부, 정협, 향·진 당서기 등도 회의에 배석(列席)하여 발언권과 건의권을 행사할 수 있게 되었다.

---

54) 王勇兵, 『黨內民主的制度創新與路徑選擇』, p. 140.

이와 동시에 당서기 업무회의(辦公會議)를 폐지하여 당서기와 소수 고위간부에 집중된 권한을 축소시켰다. 당서기 업무회의는 당서기와 핵심간부 등 대략 상무위원회의 반수가 참여하는 회의로 상무위원회 개최 전에 회의를 개최하여 실질적으로 상무위원회나 당위원회 전체회의를 무력화시키는 기제로 작용했기 때문에 이를 폐지함으로써 권한 집중을 방지한 것이라고 할 수 있다.[55]

이에 비해 상하이시 민항구에서는 당위원회 전체회의를 1년에 4회 개최하고, 전체회의의 중대문제 결정권을 확대하였다. 공공재정 예산 편성이나 처급(處級) 이상의 간부 예비인선 결정권을 당위원회 전체회의에 부여했던 것이다. 또한 전체회의에 재정, 인사, 제안 등과 관련된 전문위원회와 판공실을 설치하여 전체회의가 업무를 원활하게 수행하도록 지원했다. 또한 당원대표가 전체회의에 배석하여 발언권을 행사할 수 있도록 조치했는데, 그것은 전체회의의 기능 강화와 더불어 당원대표의 역할 확대를 의미한다.[56]

3) 당업무(黨務)의 공개

당업무 공개는 의사결정과 집행 상황을 비롯하여, 조직구성, 지도부 구성, 의사결정 과정, 간부 임면 등 당내 정보를 당원과 일반 대중에게 공개하는 것을 가리킨다. 당업무 공개는 당원의 알권리를 보장하는 것일 뿐만 아니라 당원의 당내 의사결정 과정 참여와 당내감독을 위한 전제라는 점에서 당내민주를 위한 필요조건이라고 할 수 있다. 그런데 공산당 이외의 업무공개, 즉 정부업무 공개(政務公開), 기업업무 공개(廠務公開), 촌업무 공개(村務公開) 등은 개혁과 더불어 비교적 이른 시기부터 시행되었으며 각급 정부의 정보공개를 위해

55) 王勇兵, 『黨內民主的制度創新與路徑選擇』, pp. 142~143.

56) 王勇兵, 『黨內民主的制度創新與路徑選擇』, pp. 143~144.

2007년에는 〈정부 정보공개 조례〉(中華人民共和國政府信息公開條例)가 제정되기도 했다.

이에 비하여 당업무 공개는 2002년 제 16차 당대회 이후 비로소 제기되기 시작했다. 즉, 2003년 12월 31일 반포된 〈공산당 당내감독 조례〉에서 중앙위원회의 결의와 중앙정치국의 회의 내용 및 지방 각급 위원회의 결의나 결정을 당원에게 통보하고 사회에 공개하도록 규정하였다.[57] 또한 2004년 공산당 제 16기 중앙위원회 제 4차 전체회의(16기 4중전회)에서 통과된 「당 집정능력 건설 강화 결정」(中共中央關于加强黨的執政能力建設的決定)에서 민주적 결정기제와 아래로부터의 감독 강화 등 민주적 기제의 강화와 더불어 당업무 공개가 제기되었다. 또한 2008년 수립된 「부패 처벌 및 예방체계 건립 2008~2012년 사업계획」(建立健全懲治和豫防腐敗體系2008~2012年工作計劃)에서 '공산당 지방 및 기층조직의 당업무 공개 실행 의견'의 제정 계획을 수립했다. 이후 2010년에는 「당 기층조직 당업무 공개 실행 의견」(關于黨的基層組織實行黨務公開的意見)이 공포되어 기층조직의 전국적인 당업무 공개 실시를 규정화했다. 이에 따라 각 지방에서도 기층조직 당업무 공개 실행에 관한 의견을 제정하여 당업무 공개를 추진하고 있다.

구체적으로 2004년부터 전국적으로 당업무 공개를 위한 시험실시 지역이 선정되어 시험실시가 시작되었다. 간쑤성(甘肅省)은 2004년 지급시인 핑량시(平涼市)를 당업무 공개 시험 지역으로 선정한 것을 비롯하여, 하이난성(海南省)은 2005년부터 2010년까지 13개의 서로 다른 층위와 유형의 조직을 당업무 공개 시험 지역으로 정하였다. 또한 저장성 항저우시(沆州市)는 2006년부터 당업무 공개 시험실시를 시작하였다.[58] 이런 다양한 시험실시를 거쳐 2010년에는 기층조직

57) 〈中國共産黨黨內監督條例(試行)〉(2003년 12월 31일) 제 15조.

의 전면적인 당업무 공개를 규정했다.[59] 또한 공산당 지방조직도 당업무 공개를 위해 2011년 초 전국적으로 101곳을 시험 지역으로 선정하여 실시하고 있다. 이 중에서 지급시만도 40개에 달한다.[60]

기층조직의 당업무 공개 내용은 당조직 결의와 결정, 집행 상황, 간부 연수 등을 포함하는 당조직의 사상·정치 업무 상황, 각종 선거, 기구조정이나 당비 사용 등과 관련된 당조직 관리 상황, 간부 선임과 관리 상황, 대중의견 반영 상황, 반부패와 당기위반 당원 처리 상황 등을 포함한다. 당업무 공개는 현이나 현급 당 지방조직에서 기층당조직의 당업무 공개 목록을 정하여 그에 따라 공개하는 것을 원칙으로 한다.[61] 그러나 이와 함께 당과 국가의 기밀, 지역 안정·단결이나 사회 안정과 관련된 사항, 당과 정부의 입장 차이가 있는 경우, 상하급 당조직 간의 관계나 당의 전반적 문제와 관련된 당무 등은 공개하지 않거나 제한적으로만 공개하는 것을 원칙으로 한다.[62]

당업무의 공개방식은 크게 당내 공개와 당외 공개 두 가지가 있다. 우선, 당내 공개는 회의, 문건, 당원 활동실, 내부통신망 게시 등의

---

58) 哈建設·李利軍, 「讓權力在陽光下運行: 平凉市黨務公開試点紀實」, 『黨的建設』 2006년 제2기; 「海南積極推進黨務公開試点工作」, 『中國紀檢監察報』 2010년 11월 2일; 「深化試点着力推進全市黨務公開工作」, 『沆州日報』 2007년 7월 13일.

59) 2010년 중앙의 기층조직 당업무 공개 의견 반포 이후, 지방에서는 상응하는 규정을 만들어 시행하고 있다. 베이징(北京)은 2011년 6월 16일 「北京市關于黨的基層組織實行黨務公開的意見」을 발표하였으며, 상하이(上海)는 「上海市貫徹 〈關于黨的基層組織實行黨務公開的意見〉 的實施意見」을 발표하고 2011년 말까지 8만여 개의 기층 당조직에 대한 전면적 당업무 공개를 실시하기로 했다. 「組織試點總結推廣全面實施」, 『中國紀檢監察報』 2011년 4월 22일.

60) 「惠州黨務公開試點範圍廓大」, 『南方日報』 2011년 4월 25일.

61) 「關于黨的基層組織實行黨務公開的意見」(中辦發 2010 29号). 당업무 공개 목록표에는 공개내용, 공개형식, 공개범위, 공개시한, 책임단위를 포함한다.

62) 楊繼榮 外, 『鄉鎭黨內民主發展的新探索』, pp. 217~218.

방법으로 당업무를 공개한다. 이에 비해 당외 공개는 게시판, 인터넷, 방송 등 다양한 매체를 통해 당업무를 공개한다.[63]

당업무 공개는 비교적 짧은 시간 내에 시험실시가 확대되고 있을 뿐만 아니라 기층조직의 경우 전국적인 일반 규범이 만들어졌다. 그것은 당업무 공개가 최초로 제기된 것이 당내감독과 관련한 것인 데서도 알 수 있듯이 반부패와 관련된 위로부터의 의지를 반영한 것이라고 할 수 있다. 그런데 당과 국가의 비밀 등 공개하지 말아야 할 것이나 공개할 수 없는 것 외에는 모두 당원에게 공개한다고 규정하고 공개 목록을 상급기관에서 정하여 공개를 강제하고 있지만, 이는 2011년부터 전면적으로 실시되는 것인 만큼 실제 효과를 평가하기에는 좀더 많은 시간이 필요하다.

4) 의사결정의 민주화

공산당의 의사결정 기제는, 명목상으로는 각급 당대회나 기층의 당원대회가 최고 의사결정 기구이며, 당위원회와 당위원회 상무위원회에 순차적으로 권력을 위임하는 체제이다. 그러나 실질적으로는 권력이 소수에게 독점되어 있는데, 당위원회 상무위원회나 심지어는 당서기가 전횡하는 권력구조를 형성하고 있다. 이러한 전도된 권력관계를 바로잡고 의사결정 구조를 합리화하기 위하여 공산당은 의사결정의 민주화를 모색하고 있다. 그런 점에서 의사결정의 민주화는 당업무 공개나 당대회 및 당위원회 개혁과 밀접한 관련을 갖는다.

공산당에서 민주적 의사결정에 대한 단초는 문화대혁명 이후에 제기되었다. 1980년 제정된 〈당내 정치생활 준칙〉(關于黨內政治生活的若干準則)에서 당서기 개인 전횡의 반대와 당위원회에서의 자유로운

---

63) 「北京市關于黨的基層組織實行黨務公開的意見」.

토론 및 민주적 토론을 제기한 것과, 1980년 덩샤오핑이 「당과 국가 지도제도의 개혁」(黨和國家領導制度的改革)에서 지도체제의 개혁을 제기한 것이 대표적이다. 이후 1987년 제13차 당대회에서 의사결정의 민주화와 과학화를 제기했으며, 1994년 공산당 제14기 중앙위원회 제4차 전체회의(14기 4중전회)에서는 의사결정의 민주화가 당내민주 발전의 주요 내용이라고 명시적으로 제기했다. 그렇지만 제도적 기제나 의사결정 과정에 대한 규범의 미비로, 특히 지방이나 기층에서는 당서기 전횡이나 소수에 의한 의사결정 관행이 크게 개선되지 않았다.

이러한 상황에서 2002년 제16차 당대회 이후 당내민주의 다양한 시험실시와 더불어 지방과 기층에서의 의사결정 민주화에 대한 시험실시가 이루어지기 시작했다. 이후 2009년 공산당 제17기 중앙위원회 제4차 전체회의(17기 4중전회)에서 「새로운 정세하 당 건설 강화 결정」(中共中央關于加强和改進新形勢下黨的建設若干重大問題的決定)이 발표된 이후 새로운 제도적 기제와 의사결정 방법이 다양하게 시험실시되고 있다.

제17기 4중전회에서는 공산당 지방위원회에서 중대문제와 중요간부 임용 문제에 대한 표결제(票決制)가 도입되었다. 또한 상무위원회의 당위원회 전체회의에 대한 정기적 업무 보고를 의무화하는 동시에, 의사결정 과정에서 당원, 일반 대중, 기층간부의 의견을 청취하고 전문가와 연구기관의 자문을 받도록 하는 제도도 규정했다.[64) 이런 의사결정의 민주화는 지도부 내부의 민주적이고 합리적인 의사결정 기제와 일반 당원의 의사결정 과정 참여 등 두 가지 범주로 구분할 수 있다.

먼저, 지도부 내부의 의사결정은 의사결정의 기제와 방법으로 다

64) 「中共中央關于加强和改進新形勢下黨的建設若干重大問題的決定」(2009년 9월 18일).

시 구분할 수 있다. 의사결정 기제는 제도 문제이다. 앞에서 살펴본 당위원회와 당대회의 개혁은 당서기 개인이나 소수의 전횡을 막기 위한 것이다. 이런 점에서 이는 당내 의사결정의 민주화와 직결된다. 다시 말해서, 이것은 당대회가 당위원회에 권력을 위임하고 당위원회가 다시 상무위원회에 권력을 위임하지만, 실제로는 '당서기> 상무위원회> 당위원회> 당대회' 순으로 권력이 강력한 역(逆) 피라미드의 권력관계를 바로잡기 위한 것이다. 그래서 중요한 정책이나 인사는 구성원이 표결로 결정하도록 규정하고 있다. 이는 이전에 구두나 거수 등 공개적으로 표결하던 관행을 개혁한 것이다. 물론 현재에도 이런 방식이 다수를 차지하지만, 무기명투표제가 확대되고 있는 추세이다.[65]

일반 당원이 의사결정에 참여하기 위해서는 당업무(정보)의 공개와 함께 의사소통의 기제가 마련되어야 한다. 이와 관련하여서는 향·진의 기층 당조직에서 다양한 시험실시들이 이루어지고 있다. 2005년에 쓰촨성 신두구에서는 당원대표나 대중이 당위원회에 참석하여 발언할 수 있도록 하는 '당원대표 대중대표 당위원회 배석제(列席制)'를 시험실시했다. 2003년에 광시성 링산현(靈山縣), 류저우시(柳州市) 류베이구(柳北區), 우밍현(武鳴縣) 등에서는 당원의 향·진 당 상무위원회 방청제를 시험실시했고, 2004년에 윈난성 퉁하이현(通海縣)에서는 촌업무에 대한 공청회제도를 시험실시했다.

이와 비슷하게, 1999년에 저장성 타이저우시와 원링(溫嶺)시에서는 민주간담회(民主懇談會)와 당내민주간담회를 실시했다. 쓰촨성 퉁장현(通江縣)에서는 정기적으로 향촌간부들이 대중을 접견하고 당업무를 공개하고 사회의 감독을 받는 일종의 촌민설명제도(村民說事制度)를 운영했다.[66] 이러한 시험실시는 당원과 대중들에게 당업무

65) 楊繼榮 外, 『鄉鎮黨內民主發展的新探索』, p. 287.

를 공개하고 건의나 요구를 들음으로써 당원이나 대중이 의사결정 과정에 참여하도록 하는 것이다.

5) 민주적 당내감독

당내감독은 당 규정, 당 노선과 정책 등의 집행 상황을 당원과 당원 간에, 조직과 조직 간에, 당원과 조직 간에 상호 감독하는 것을 말한다. 지방과 기층의 당대회와 당위원회는 각각 지방과 기층의 최고 지도기관으로서 지방과 기층의 당위원회 상무위원회에 대한 감독을 수행하도록 규정되어 있다. 이와 동시에 당 내부의 전문적인 감찰기관으로서 기율검사위원회가 설치되어 동급 당위원회와 상급 기율검사위원회의 지도하에 당원과 영도간부의 권력행사를 감독하도록 되어 있다.

그렇지만 각급 당대회는 실질적인 권한을 행사하지 못할 뿐만 아니라 각급 당위원회도 실질적으로 상무위원회의 결정을 추인하는 기관에 불과하다. 그러한 상황에서 당대회나 당위원회 및 상무위원회에 대한 감독은 무의미하다고 할 수 있다. 또한 기율검사위원회도 감찰의 대상이 되는 동급 당위원회의 지도를 받는 모순 때문에 한계가 있다.

이런 상황에서 공산당은 2002년 제16차 당대회 이후인 2003년에 〈공산당 당내감독 조례〉를 반포하였다. 〈당내감독 조례〉에서 당의 각급 지도기관과 영도간부, 특히 당서기를 핵심적 감독 대상으로 규정하고, 각급 당위원회에 동급 당위원회 위원, 기율검사위원회 위원, 당위원회 부서, 하급 당조직과 지도부 등에 대한 포괄적인 감독 책임을 부여하고 있다. 또한 정보공개와 각종 보고제도, 질문제도,

---

66) 楊繼榮 外, 『鄕鎭黨內民主發展的新探索』, pp. 287~292.

하급기관에 대한 감찰, 여론을 통한 감독 등 다양한 제도적 기제를 규정하고 있다.

이런 규정을 바탕으로 다양한 민주적 감독이 시험실시되고 있다. 당대회 연례화와 더불어 당원대표에게 감독 권한을 부여한 것과, 당위원회와 기율검사위원회 위원들의 질문제도가 대표적 사례이다. 이는 당원대표, 당위원회 및 기율검사위원회의 위원에게 일상적인 감독 권한을 부여함으로써 아래로부터의 감독을 강화함과 동시에 그들에게 실질적인 권한을 부여한 것이라고 할 수 있다.

장쑤성 난징시의 바이샤구(白下區)에서 당원대표에게 감독 권한을 부여한 것과, 우시시(無錫市)에서 기층 당원대표에게 감독 권한을 부여하기 위한 일련의 노력이 당대회 연례화를 통한 민주 감독 강화의 대표적인 사례이다. 난징시의 바이샤구에서는 2004년부터 당대회 연례화를 통해 당원대표들이 당위원회와 기율검사위원회에 대한 감독권을 갖도록 했다. 당원대표들이 당위원회의 중요한 의사결정을 참관할 수 있는 권한을 가질 뿐만 아니라 대중들의 의견을 반영하고 그것이 집행되는 것을 감독할 수 있는 권한도 가졌다.[67]

이에 비하여 우시시는 2010년 5월「기층 당원대표 감독 업무 의견」(關于全面開展基層黨代表監督工作的意見)을 발표하고 2010년 10월부터 시 전체 84개 향·진과 가도 모두에서 당원대표 감독을 실시했다. 우시시에 속한 8개의 구와 현급시에서 '기층 당대표 감독 업무 영도소조'가 만들어져 각 지역의 기층조직 당원대표 감독을 지도하고 있다. 각 기층단위에서는 '기층 당원대표 감독소조'를 만들거나 당원대표를 당 건설, 경제, 도시건설, 사회사업 등의 전문 감독소조로 나누어 소조단위의 감독활동을 전개하도록 하고 있다. 감독소조가 모

67) 「黨大會常任制開闢黨內民主監督新途徑」, 『新華日報』 2008년 11월 18일; 「白下推行黨大會常任制, 開闢黨內民主監督新途徑」, 『中國紀檢監察報』 2009년 5월 15일.

두 296개가 만들어졌는데, 그중 전문 감독소조도 135개이며, 여기에 참여하는 감독인원 수는 2,389명에 달한다.[68]

광둥성에서는 2007년 보산시(佛山市) 산수이구(三水區), 사오관시(韶關市) 런화현(仁化縣), 후이저우시(惠州市) 후이양구(惠陽區) 등 3곳의 구(현)를 당위원회 위원과 기율검사위원회 위원의 당내 질문제도(詢問·質問) 시험실시 지역으로 선정했다. 당위원회 위원과 기율검사위원회 위원에게 당의 실무부서에 각종 사안을 질문하여 그것의 실행 상황을 감독하도록 한 것이다. 후이양구의 경우 당위원회와 기율검사위원회의 결의 및 결정 사항을 15항 128개 세부항목으로 나누어 위원들에게 나누어 주어 그것의 집행을 감독하도록 했다. 이러한 질문제도를 통해 당위원회 및 기율검사위원회의 위원에게 실권을 부여하였을 뿐만 아니라, 당과 기율검사위원회 전체회의의 결정 사항의 집행을 보장하도록 감독하는 기능을 부여했다.[69]

68) 「開展基層黨代表監督是可强基層黨內民主監督的有效途徑」, www.wuxi.gov.cn (검색일: 2011.8.1.).

69) 「"兩詢": 黨內民主監督邁大步」, 『中國紀檢監察報』 2009년 3월 15일.

3. 지방의 당내민주 평가: 의의와 한계

2002년 제 16차 당대회와 2007년 제 17차 당대회에서 당내민주가 본격적으로 제기된 이후 주로 지방에서 다양한 방법의 당내민주가 시험실시되고 있다. 이런 시험실시는 당원대표와 지도부 선거 방식의 개혁, 당 권력기구 간의 권력관계 조정, 당업무와 정보 공개, 의사결정 과정의 투명화와 민주화, 각종 감독제도의 수립을 포함한다. 이를 통해 당원의 알권리와 선거권 및 피선거권을 보장하고, 의사결정 과정에의 참여를 허용하며, 장기적으로는 변화된 정치환경 속에서 공산당이 집정당으로서 안정적으로 권력을 유지할 수 있도록 제도적 기제를 마련하는 것이 정책목표라고 할 수 있다.

그러한 당내민주의 시험실시는 일부 지역에서 점점 넓은 지역으로 확대되고 있을 뿐만 아니라, 기층조직에서 지방조직으로 실시 층위도 높아지고 있다. 그 과정에서 당원의 선거권과 피선거권이 확대되고, 당위원회 상무위원회 또는 당서기에 집중되었던 권력이 분산되고, 유명무실하였던 당대회와 당위원회의 권한이 강화되고 있다. 또한 당 정보공개와 당원의 알권리의 확대, 아래로부터의 감독 기제의 강화 등 당내민주적 기제와 감독 확대를 위한 다양한 시험이 실시되고 있다.

그러나 그와 동시에 당내민주의 시험실시는 확대 과정에서 그 한계도 분명하게 드러나고 있다. 그러한 성과와 한계를 제도적 측면과, 운영상의 문제 및 결과라는 측면에서 살펴볼 수 있다.

1) 제도적 성과와 제약

시험실시가 기층조직에서 상층 지방조직으로 점진적으로 확대되고 있다는 점에서, 당내민주는 양적으로나 질적으로 발전하고 있다고 평가할 수 있다. 그 과정에서 새로운 제도적 기제에 대한 시험실시가 이루어지고 있다. 이 중 가장 중요한 것은 선거제도 개혁과 당대회 및 당위원회의 권한 강화이다. 선거제도의 개혁이 권력구성과 관련된 것이라면, 당대회 및 당위원회의 권한 강화는 권력구조의 조정과 관련된다. 이 밖에도 당업무의 공개, 의사결정의 민주화, 민주적 감독기제의 운영이 점진적으로 실시되고 있다.

이런 다양한 정책의 실시 과정에서 당지도부에 대한 직접선거가 도입되고, 당대회나 당위원회가 '허직'(虛職)에서 '실직'(實職)으로 전환되고 있다는 사실은 높이 평가할 수 있다. 더구나 당원대표 활동의 일상화를 통해 당원이 당내 의사결정 과정에 직간접으로 참여하고, 당의 정책집행 과정을 감독하게 하는 것은, '아래로부터의 민주' 확대라는 면에서 의의가 있다. 현재 직선제의 도입, 당대회 연례화, 당위원회 개혁 등이 점진적으로 확대되고 있다는 것은, 점진성이라는 개혁의 특성과 관련하여 볼 때, 당내민주가 확대되는 과정이라고 할 수 있다.

그러나 이와 동시에 이런 시험실시가 기층조직에만 한정되고 상급지방조직으로는 확대되지 못하고 있다는 한계가 있다. 게다가 기층조직에서도 권력의 핵심이라고 할 수 있는 향·진의 당서기와 같은 지도부에 대해서는 엄격한 자격제한을 둘 뿐만 아니라, 후보 확정 과정에서 상급 당조직이 여전히 주도권을 행사한다는 한계가 있다. 이런 이유로 경쟁선거에서 강조되는 '아래로부터의 민주'는 심각한 제약을 받고 있다.

더 나아가서 당내민주는 '원칙 차원'에서 분명한 한계가 있다. 그것은 상명하복의 위계적인 조직운영 원리인 '민주집중제' 및 '당 간부관리 원칙'과 관련된다. 이런 원칙은 조직의 일반적인 운영뿐만 아니라 당조직의 구성과정에서도 당내민주의 '민주적 요소'를 제약하는 방해물로 작용한다.

예를 들어, 당 간부관리 원칙은 직선제에도 적용되며, 당서기와 같은 핵심 지도부 선거에는 더욱 엄격하게 적용된다. 구체적으로, 선거과정은 후보 선정과 지도부 선출로 다시 구분할 수 있다. 후보 선정에서는 '아래로부터의 절차'와 동시에 '위로부터의 절차'가 존재한다. 위로부터의 절차에서는 조직부의 심사와 상층 당조직의 후보 비준 과정이 포함된다. 그것은 직선제의 경우에도 후보 선발이 공산당 조직부의 통제 및 관리 하에 있다는 것을 의미한다. 따라서 후보 선정 과정에서 상층 당조직의 영향에 의해 아래로부터의 민주는 무의미하게 될 가능성도 존재한다.

더구나 현급 이상의 당지도부 구성에서는 직선제가 아니라 '공개추천 공개선거'와 '공개추천 표결'이 시험실시되고 있을 뿐이다. 여기서 후보추천을 당서기나 소수 고위간부가 아니라 당원 다수가 한다는 점에서는 과거보다는 발전했다고 평가할 수 있다. 그러나 구이저우성의 현 당서기 선출과 장쑤성의 지급시 당서기 선출은 모두 직선제의 도입이 아니라 선발기제의 합리화에 더 가깝다고 할 수 있다. 실제 과정은 조직 내부에서의 다양한 기제가 도입된 개방적 과정의 '그들만의 리그'일 뿐이며, 당원의 아래로부터의 의지가 반영되는 민주적 절차라고 말할 수 없기 때문이다. 뿐만 아니라 장쑤성의 경우 긴 우회의 과정을 거쳤지만 결과적으로 3곳 모두 현임 시장이 당서기로 당선되었다. 이는 공산당의 기존 간부 승진 경로와 정확히 일치한다는 점에서 이런 '민주적 절차'가 형식에 불과했다고 판단할 수 있다.

현재 상황에서 볼 때, 현급 이상 영도간부 선발의 시험실시는 당내민주 확대를 위한 초보적 시도일 가능성과, 당내민주의 주장에도 불구하고 실제는 선발기제의 합리화가 주된 목적일 가능성 두 가지가 존재한다. 그런데 당 간부관리 원칙이 아래로부터의 선택권을 제한하는 한 민주는 제한적일 수밖에 없다. 선발기제의 합리화를 위한 당내민주 확대는 가능하지만, 당 간부관리 원칙이 아래로부터의 민주를 용인할 수 있도록 조정되지 않는다면 당내민주의 '민주'는 제한적인 의미밖에 없을 것이다.

이에 비하여 당원대표 선출에서 직선제가 좀더 확대될 가능성은 있다. 그런데 당대회 연례화와 당위원회 개혁 이후 당대회나 당위원회가 실권기구가 되었음에도 불구하고 분명한 구조적 한계도 존재한다. 지방 당원대표의 70%는 각급 영도간부로 구성하도록 규정하고 있으며, 당위원회는 대부분 영도간부로 구성되기 때문이다. 그것은 당원의 대표 선발권 자체에 제약이 있다는 것을 말하는 것임과 동시에, 당대회나 당위원회의 구성원이 당의 집행기관과 기본적으로 중첩된다는 점에서, 당원의 의사결정 참여와 민주적 감독 확대의 의미를 반감시킨다.

2) 실행과정 및 결과의 문제

당내민주는 제도적 제약이 있을 뿐만 아니라 그 실행과정에서 비제도적 요인이나 운영상의 문제로 여러 가지 예측하지 못한 문제들이 나타나고 있다. 허베이성의 간부추천 시험실시에서 발생한 문제와 당업무 공개과정에서 나타나는 공개의 제한 등은 제도의 운영과정에서 나타나는 문제라고 할 수 있다. 공개추천 직접선거의 모범지역으로 잘 알려진 쓰촨성 핑창현(平昌縣)은 당내민주의 취약성을 보여주는 사례라고 할 수 있다.

중앙 조직부에서는 2010년 허베이성의 일부 현 등 11곳을 '간부 임용 후보 지명제도' 시험실시 지역으로 선정하여, 다양한 방법을 시험실시했다. 그런데 '민주추천'의 경우 그 범위가 확대될수록 추천대상과 책임성이 모호해지는 경향과 더불어, 추천과정에서 표의 분산과 뇌물 혹은 인정(人情)에 의한 투표 등의 현상이 나타났다. 이러한 현상은 새로운 시험실시가, 민주추천이 후보선출의 합리적 기제로 작용하는 것이 아니라 오히려 부패의 기제로도 작용했다는 것을 말한다. 여기에 대하여 중앙 조직부에서는 표결에 의한 공개추천에서 "표를 보지만 표만 보지는 않는다(看票又不唯票)"라는 모호한 방침을 하달하여 미봉할 수밖에 없었다.[70]

허베이성 공개추천 과정에서 발생한 문제가 운영과정에서 나타난 부작용과 관련된 것이라면, 당업무 공개에서의 공개 제한은 규정과 실행 사이의 괴리에서 발생하는 문제를 보여주는 사례이다. 당업무 공개에서 비밀의 경우 예외로 규정하고 있는데, 문제는 공개할 수 있는 내용도 자의적 판단에 의하여 예외가 되면서 비밀 범위가 지나치게 확대되는 경향이 있다는 사실이다.[71] 이러한 사실은 당업무 공개의 당내 규정이 있음에도 불구하고 실행과정에서 그것이 제대로 지켜지지 않는다는 것을 의미한다. 물론 이는 비밀과 공개에 대한 명확한 규정이 존재하지 않는다는 문제와도 관련되지만, 동시에 운영의 문제와도 관련된다.

한편, 공개추천 직접선거의 모범지역이었던 창핑현은 2008년 이후 더 이상 모범이 아니었다. 이는 당내민주의 역전 가능성과 동시에 당내민주의 지속을 위해서는 일정한 조건이 필요하다는 사실을 보여준다는 점에서 의의가 있다. 핑창현은 2001년부터 공개추천 직접선거의 시험실시를 추진하였으며, 2005년에는 전체 현의 3분의 1에 해당하는 9개 향·진에서 공개추천 직접선거를 실시했다. 그 결과 2006년에는 '지방정부 혁신상'을 수상하는 당내민주의 모범지역이 되었다.[72] 그러나 개혁을 추진했던 당서기가 2008년 4월 핑창현을 떠난

70) 孫榮飛, 「中共地方黨委換屆」, 『鳳凰週刊』 2011년 제14기.

71) 王長江, 「加快推進黨內民主」, 『中國改革』 2011년 제7기.

72) 핑창현의 '공개추천 직접선거'는 그 사례에 대한 전문 연구서가 발간될 정도로 개혁의 모범으로 평가받았다. 王長江 主編, 『黨內民主制度創新: 一個基

이후 개혁을 추진했던 간부들이 교체되거나 밀려나면서 개혁이 지속되지 못하는 상황이 나타났다. 그러한 상황에서 쓰촨성은 2008년 당내민주 관련 문건에서 "공개추천 직접선거가 아니라 공개추천 공개선거"를 주요 추진 방침으로 결정하고, 핑창현이 속한 바중시(巴中市)도 핑창현을 더 이상 당내민주 개혁의 시험지역으로 포함시키지 않았다.

그것은 핑창현의 당내민주가 필요와 조건에 의해서가 아니라 당서기의 '정치업적'(政績)을 위해 대중과 괴리되어 추진된 것과 관련이 있다. 핑창현은 2008년 인구 102만, 재정수입 8천만 위안(元), 지출 11억 위안으로 중앙정부와 성정부로부터 대규모의 지원을 받아야만 부족한 재정을 보충할 수 있는 빈곤한 현이다. 이런 핑창현에서는 경제발전을 통해 정치업적을 쌓는 것이 거의 불가능하다. 그래서 2002년 제 16차 당대회 이후 당내민주가 강조되자 2001년 새로 부임한 현 당서기가 새로운 정치발전 모델을 창출함으로써 정치업적을 쌓기 위해 급진적인 정치개혁 실험을 단행했다. 이런 실험에는 공개추천 직접선거와 함께 61개였던 향·진을 27개로 통폐합하는 행정구역 통합도 포함되었다. 그렇지만 2008년 그가 떠난 이후 정치개혁은 더 이상 진행되지 않았고, 향·진도 다시 43개로 확대되었다.[73] 그것은 개혁이 현실 조건과 상관없이 당서기의 의지만으로 추진되었기 때문에 나타난 결과였다.

이것은 당내민주가 유지되기 위해서는 일정한 조건이 필요하다는 사실을 의미하지만, 다른 한편으로는 당서기 등이 특정 목적을 위해 당내민주를 추진하는 것이 가능하다는 사실도 의미한다. 당내민주를 위해서는 당서기나 소수의 의지가 아니라 당내민주를 추동하고 유지

層黨委班子"公推直選"的案例硏究』(北京: 中央編譯出版社, 2007).

73) 高新軍, 「平昌縣黨內民主改革之殤」, 『改革內參』 2010년 제 14기.

할 수 있는 정치적 조건이 필요하다. 그런 점에서 장쑤성이나 선전시 등지에서의 당내민주 시험실시는 중국의 정치발전과 관련하여 비교적 유의미하다고 할 수 있다.

다른 한편 전제적 권력을 행사하는 당서기가 전시효과를 위해 당내민주를 추진한 핑창현의 사례는 예외적인 상황이 아닐 수 있다. 실제로 당서기에 의한 권력 독점과 행사는 그것을 해결하기 위해 당내민주를 제기할 만큼 보편적 현상이기 때문이다. 그러한 사실은 공산당의 집정능력 강화를 위한 위로부터의 기획에 의해 수행되고 있는 당내민주가 정치업적용으로 광범위하게 사용될 수 있다는 것을 의미한다. 이는 중국에서 진행되고 있는 당내민주에 대한 평가와 관련하여 중요한 의미를 갖는다. 특히 쓰촨성, 후베이성, 윈난성, 구이저우성 등 빈곤한 지역에서 진행되고 있는 당내민주가 실제로 어떤 영향력과 함의를 갖는가를 조심스럽게 평가할 필요가 있다.

마지막으로, 당내민주의 결과에 대한 회의적인 시각을 어떻게 극복할 것인가 하는 문제가 있다. 당내민주의 필요성에 대한 인식에 상응하여 당내민주나 대중의 참여가 당의 통제력 상실과 사회 불안정을 초래할 것이라는 회의가 존재하는 것이 사실이다.[74] 이것은 제한적 범위에서 실시되는 당내민주에 대하여도 강한 저항세력 혹은 방해물이 존재한다는 것을 의미한다. 그러한 우려를 해소하기 위해서는 당내민주가 그것의 효능과 동시에 당의 통제력 유지를 약화시키지 않는다는 것을 증명해야 한다. 그러나 당내민주와 위로부터의 통제는 모순된다는 점에서 당조직 원칙의 전환이 없는 한 당내민주와 당의 통제력 유지는 양립이 불가능하다. 이런 점에서 당내민주의 진전을 위해서는 보다 근본적인 변화가 필요하다.

정치업적용 추진이라는 문제 외에도 직선제나 다른 당내민주 정책

74) 王勇兵, 『黨內民主的制度創新與路徑選擇』, p. 2.

이 기대한 것처럼 당면 문제를 해결해 주지 않는다는 조사결과 또한 당내민주의 발전에 장애물로 작용할 수 있다. 예를 들어, 2005년 하이난성(海南省), 장쑤성 등 9개 성에 대한 조사에 의하면, 민선 촌관(村官)이 임명직 촌관보다 허위 대출, 공금 유용, 허위 보고, 각종 개발과 토지징용에서의 사리 추구 등 규정 위반의 비율이 더 높게 나왔다.[75] 다시 말해, 직선제나 다른 당내민주 정책이 간부-대중 간의 갈등이나 당정간부의 부패를 완화하는 수단이 될 수 있다는 통념이 있는데, 실제 조사결과는 정반대의 사실을 말하고 있다는 것이다. 따라서 이런 조사결과가 보편적인 사실이라면 당내민주의 의의는 크게 축소될 것이고, 이에 따라 당내민주에 대한 당내외의 지지가 약화되면서 강력하게 추진될 수 없을 것이다.

75) 李昌平, 「民選後好'村官'何以反而更少了」, 『改革內參』 2005년 제 24기.

4. 소결: 요약과 전망

앞에서는 공산당 지방조직을 지방조직과 기층조직으로 구분하여 지방조직이 어떻게 구성 및 운영되는가를 살펴보았다. 공산당은 당 간부관리 원칙과 민주집중제에 기반하여 조직을 구성 및 운영한다. 그런데 이것은 위계적 원칙이고, 따라서 공산당은 '민주적 조직'이라는 외형과 달리 실제로는 '위로부터 관리되는 조직'일 뿐이다. 이런 상황에서는 증대하는 당원의 민주에 대한 요구를 수용할 수 없을 뿐만 아니라 당서기 등 소수에 의한 권력독점과 전횡을 방지할 수도 없다. 이런 문제를 극복하고 안정적으로 권력을 유지하기 위해 공산당은 집정능력(執政能力)의 강화를 모색했고, 당내민주의 확대는 그런 노력의 하나였다. 이에 따라 당내민주는 일부 지역의 기층조직에서 시작하여 다른 지역과 상층 지방조직으로 점진적으로 확대 실시되고 있다.

또한, 당내민주는 내용적으로도 점차 발전하고 있다. 경쟁선거의 도입, 당대회 연례화, 당원대표 활동의 일상화, 당위원회의 권한강화, 당업무의 공개, 의사결정 구조와 과정의 민주화, 민주적 감독의 강화 등이 그것이다. 이 중에서 경쟁선거와 당원대표 활동의 일상화가 비교적 광범위하게 시험실시되고, 당업무의 공개도 비교적 빠르게 진행되고 있다. 의사결정의 민주화와 민주적 감독의 강화실험은 당대회 연례화 및 당원대표 활동의 일상화와 연계되어 진행되고 있다.

그런데 당내민주의 확대 실시에도 불구하고 공산당이 안고 있는 근본적 한계 때문에 기대했던 효과를 제대로 거두지 못하고 있는 것이 현실이다. 바로 당 간부관리 원칙과 민주집중제 원칙이 당내민주의 진전을 제약한다는 점이다. 예를 들어, 당원의 직접선거 확대와 후보 간의 경쟁을 강조하는 선거에서, 상급 당조직과 조직부는 당 간부관리 원칙에 의거하여 후보선발과 최종선거에서 여전히 커다란 영향력을 행사한다. 또한, 각종 당규는 이를 정당화함으로써 경쟁선거의 확대라는 당내민주와 배치된다. 단적으로, 민주선거 실시와 〈영도간부 선발임용 업무 조례〉는 모순된다. 또한 당대회에 참여하는 당원대표 선발규정은 영도간부가 전체 당원대표의 70%를 차지하도록 규정함으로써, 당대회 연례화와 당원대표 활동의 일상화를 통해 당지도부를 견제 및 감독하고자 했던 원래 의도도 무색해졌다. 영도간부가 다수인 당대회가 이들로 구성된 당위원회를 감독할 수는 없기 때문이다.

이러한 사실은 당내민주의 발전을 위해서는 많은 문제를 해결해야 한다는 사실을 의미한다. 우선, 단계적이고 점진적으로 진행되는 민주 실험의 확대가 진전될 것인가의 문제이다. 현재까지 당내민주 실험은 점진적으로 심화 확대되고 있으며, 지금까지 진행된 중국 개혁의 일반적 특성은 부분에서 전체로 낮은 단계에서 높은 단계로의 점진적 전환이 이루어졌다는 점에서 당내민주도 마찬가지로 진행될 가능성이 있다. 그러나 당내민주를 위해서는 당 간부관리 원칙과 민주집중제 원칙이라는 보다 근본문제에 대한 해결이 필요한데, 이는 결코 쉽지 않을 것이다. 게다가 쓰촨성 핑창현의 사례는 현재 중국에는 당내민주를 전면적으로 실시할 수 있는 조건이 존재하지 않을지도 모른다는 의구심이 들게 한다.

장기적으로 보면, 당내민주는 지속적으로 확대 추진될 것이다. 그러나 그것이 언제 어떤 방식으로 확대 진행될지에 대하여는 쉽게 단언하기 어려운 것이 현실이다. 여러 가지 난제가 있기 때문이다. 그 중 하나가 지역적 편차와 조건의 차이라고 한다면, 다른 하나는 당내민주와 모순되는 공산당의 조직원리라고 할 수 있다. 따라서 공산당의 조직원리에 대한 인식의 전환 여부가 당내민주의 속도와 폭을 보여주는 지표가 될 것이다.

제 6장

결 론

요약 · 평가 · 전망 · 함의

지금까지 우리는 공산당의 당내민주를 정책과 실제 두 측면으로 나누어 깊이 있고 체계적으로 분석했다. 결론에서는 먼저 지금까지의 연구 결과를 간단하게 요약할 것이다. 또한, 지금까지 추진된 당내민주의 성과와 문제점을 객관적으로 평가할 것이다. 이어서, 당내민주가 중국의 민주화에 어떤 영향을 미칠 것인가를 검토할 것이다. 마지막으로, 한국에 주는 함의를 분석할 것이다.

결론적으로 말하면, 현행 정치체제 아래서는 당내민주가 제대로 실현될 수 없을 것이다. 뿐만 아니라 설사 당내민주가 최대한도로 실시되어도 그것이 중국의 정치 민주화를 초래하지는 않을 것이다. 따라서 '당내민주를 통해 인민민주를 견인한다'는 공산당의 방침은 실현 가능성이 낮은 정치적 슬로건에 불과하다. 다만 당내민주는 공산당의 안정적이고 장기적인 통치와 일당집권에 도움이 되기 때문에 향후에도 계속 추진될 것이다.

1. 연구 요약

민주집중제는 중국공산당(이하 공산당)의 조직 및 운영과 관련된 가장 중요한 원칙이며, 민주는 집중과 함께 민주집중제의 핵심 구성요소이다. 지난 공산당의 역사를 보면 민주집중제에서 민주보다는 집중이 더 두드러졌고, 이는 곧 소수 집단 및 개인으로의 권력집중과 파행적인 권력운영으로 이어졌다. 대약진운동(1958~1960년)과 문화대혁명(1966 ~1976년)의 전개, 그 과정에서 나타난 공산당의 파행적 운영 및 마오쩌둥의 개인숭배는 대표적 사례이다. 그래서 당내민주 실현은 개혁기 공산당이 끊임없이 추구해온 당개혁의 핵심 정책이 되었다. 특히 2002년 제 16차 당대회 이후 당내민주는 당개혁뿐만 아니라 전체 정치개혁의 중요 정책으로 결정되어 적극 추진되고 있다.

간단하게 말하면, 당내민주는 공산당이 조직 및 운영의 합리화와 제도화를 통해 공산당의 당내 통치기반을 공고히 하고, 당정간부 인선과 주요 정책결정에 일반 당원과 국민의 참여를 일부 허용함으로써 공산당의 지지기반을 확대하려는 정책이다. 결국 당내민주는 안정적이고 장기적인 공산당의 일당통치에 필요한 통치 정당성(*legitimacy*)을 제고하려는 정책이라고 평가할 수 있다.

구체적으로 공산당은 몇 가지 목적을 달성하기 위해 당내민주를 추진하고 있다. 먼저, 당내민주는 인선(人選) 및 정책결정의 합리화를 위해 추진된다. 다수에 의한 투명하고 민주적인 정책결정이 소수에 의한 폐쇄적이고 권위적인 정책결정에 비해 정책 실수를 줄일 가능성이 높기 때문이다. 또한, 당내민주는 권력분산과 집단지도 체제의 공고화를 통해 고위간부의 권력남용을 억제하고 부패를 방지하기 위해 추진된다. 공산당의 중요 정책 결정과정에 일반 당원과 지역주민의 참여를 일부 허용함으로써 공산당의 통치기반을 확대하는 것도 당내민주 추진의 주요 목표이다. 마지막으로 당내민주는 유능한 기층간부의 충원과 공산당-지역주민 간의 갈등 완화를 위해서도 추진된다.

이런 목적을 실현하기 위해 공산당은 지금까지 5가지 당내민주 정책을 추진해 왔다. 첫째, 〈당헌〉과 당규가 규정한 당원의 권리 보장이다. 공산당의 공식 규정에 의하면, 당내민주는 무엇보다 당원의 권리 보장을 의미한다. 두 번째 정책은 당대회 연례화와 당원대표 활동의 일상화이다. 이는 5년에 1회 개최되는 당대회를 매년 개최하고, 당원대표를 의회 의원처럼 일상적으로 활동할 수 있도록 보장하는 것이다. 셋째, 당위원회 전체회의의 권한 강화와 민주적 운영이다. 여기서는 무기명 비밀투표로 인사 및 중요 정책을 결정하는 표결제(票決制)가 중요하다. 넷째, 고위 당정간부 선발제도의 개혁, 특히 '공개추천 직접투표'(公推直選)의 도입이다. 마지막은 당내감독의 강화이다. 이를 위해 공산당은 2003년 〈공산당 당내감독 조례〉를 제정했고, 고위 당정간부를 감독하기 위한 순시제도를 운영하고 있다.

한편 당내민주는 1921년 공산당이 창당된 이후 지금까지 핵심 정책으로 추진되었지만, 이것이 모든 시기에 동등하게 중시된 것은 아니었다. 1949년 사회주의 중국 성립 이전 시기에는 혁명과 전쟁이라는 긴급한 상황으로 인해 민주보다는 집중이 강조되었다. 이후 마오쩌둥 시기(1949~1976년)에도 말로는 민주가 강조되었지만 실제로는 소수에 의한 권력독점과 개인숭배가 만연한 '고도 집중'이 지속되었다. 이런 점에서 당내민주는 1978년 공산당 제 11기 중앙위원회 제 3차 전체회의(11기 3중전회)에서 개혁·개방 정책이 채택되면서 제대로 추진될 수 있었다고 평가할 수 있다.

개혁기 당내민주의 추진은 크게 3시기로 구분할 수 있다. 첫째, '공산당 정상화 시기'(1978~1991년)이다. 이 시기에는 민주집중제의 회복을 위해 당내민주가 강조되고 몇 가지 정책이 추진되었다. 둘째, '공산당 제도화 시기'(1992~2001년)이다. 이때에는 1989년 톈안먼 사건의 정치적 혼란과 1991년 소련 붕괴의 국제적 위기에 직면하여 공산당의 규율 강화와 통합 유지를 위해 당조직 및 운영의 제도화가 추진되었다. 이런 면에서 당내민주에 대한 강조는 상대적으로 약화되었다. 마지막은 '당내민주 추진기'(2002년~현재)이다. 2002년 제16차 당대회를 기점으로 당내민주는 당개혁뿐만 아니라 전체 정치개혁의 핵심 정책으로 결정되어 본격적으로 추진되고 있다.

당내민주가 추진되는 시기 및 방식은 중앙과 지방에서 크게 차이가 난다. 중앙 엘리트 정치는 장쩌민 시대를 거쳐 후진타오 시대에 들어 변화되었고, 이와 함께 당내민주도 중앙 정치에서 본격적으로 추진되었다. 그 핵심내용은 집단지도 체제의 형성(즉, 권력분산), 협의와 타협을 통한 정책결정(즉, 민주적 당 운영)이라는 엘리트 민주주의의 확대이다. 먼저, 덩샤오핑 시대에는 엘리트 정치에서 당내민주가 존재할 수 없었다. 원로정치가 엘리트 정치를 지배했기 때문이다. 덩샤오핑을 비롯한 혁명원로들은 공식직책의 보유 여부와는 상관없이 실제 권력을 행사했고, 이에 따라 인선과 중대정책 결정이 원로 주도의 비공식 정치를 통해 이루어졌다. 이런 상황에서는 통치 엘리트 간의 권력분산이나 민주적 당 운영을 기대할 수 없었다.

그런데 장쩌민 시대에 들어 엘리트 정치에 변화가 생기면서 중앙 차원에서도 당내민주가 추진될 수 있었다. 덩샤오핑과 같은 카리스마적 지도자가 퇴진하면서 복수의 통치 엘리트와 파벌이 권력을 공유하는 집단지도 체제가 형성되었던 것이다. 또한, 이에 따라 주요 인선과 중대정책은 이들 간의 협의와 타협을 통해 결정될 수 있었다. 즉, 통치 엘리트 간의 권력분산과 이에 따른 민주적 당 운영이 실현된 것이다. 이와 같은 엘리트 정치의 변화와 당내민주의 확대는 후진타오 시대에 들어 더욱 가속화되었다.

엘리트 정치에서의 당내민주 확대는, 공산당의 의도적인 정책 추진과 자연스런 정치환경의 변화가 결합되어 나타난 현상이다. 공산당은 1980년대부터 안정적인 집권기반 강화를 목표로 당의 제도화를 지속적으로 추진했다. 이런 노력 결과 당내민주의 추진에 필요한 기초가 놓여졌다. 다른 한편 원로정치의 종결과 함께 변화된 정치환경이 엘리트 정치의 당내민주 확대에 기여했다. 카리스마적 지도자의 퇴진에 따른 절대 권력자의 부재와 통치 엘리트 간의 상호인정, 파벌 형성 기제의 변화와 이에 따른 파벌정치의 성격 변화, 사회 · 경제적 불안의 확대에 따른 정치적 안정과 단결의 중요성 증대, 최고 통치 엘리트의 위기의식이 이런 변화이다. 그 결과 엘리트 정치에서 집단지도 체제가 형성되고 협의와 타협을 통한 정책결정이 정착될 수 있었다.

당내민주는 지방위원회에서 주로 시험실시되고 있다. 공산당은 민주집중제와 당 간부관리 원칙에 입각하여 조직 및 운영된다. 그런데 이 두 가지 원칙은 당원의 권리 보장보다는 상급 낭소식의 동세들 강조하는 위계적 성격을 갖는다. 이 때문에 권력은 당서기 등 소수에 집중되고, 이에 따라 권력남용과 부정부패 문제가 끊임없이 발생한다. 따라서 개혁기 증가하는 당원의 민주에 대한 요구를 수렴하고 당내 제반 문제를 해결하기 위해서는 당내민주를 추진해야 했다. 이런 이유로 당내민주는 일부 지방의 향(鄕) · 진(鎭)에서 시험실시되기 시작하여 점차로 전국적으로 또한 상급 행정단위로 확대되고 있다.

공산당 지방조직에서 실시되는 당내민주로는 각종 경쟁 직접선거의 도입, 당대회 연례화와 당원대표 활동의 일상화, 당위원회의 권한 강화, 당업무의 공개, 의사결정 구조와 과정의 민주화, 민주적 감독제도의 도입 등이 포함된다. 이 중에서 경쟁 직접선거와 당원대표 활동의 일상화가 비교적 광범위하게 시험실시되고 있고, 당업무의 공개도 비교적 빠르게 진행되고 있다. 한편, 의사결정의 민주화와 민주적 감독제도의 강화는 당대회 연례화 및 당원대표 활동의 일상화와 연계되어 진행되고 있다.

그런데 당내민주는 근본적인 한계를 안고 있다. 당 간부관리 원칙과 민주집중제로 인해 당내민주가 크게 발전하지 못한다는 것이다. 단적으로, 당원의 직접 투표 확대와 후보 간의 경쟁을 강조하는 각종 민주 선거제도와, 당정간부에 대한 공산당의 통제를 강조하는 〈영도간부 선발임용 업무 조례〉는 상호 모순된다. 게다가 쓰촨성 핑창현의 사례는 현재 중국에는 당내민주를 전면적으로 실시할 수 있는 조건이 존재하지 않을지도 모른다는 의구심이 들게 한다. 따라서 장기적으로 보면, 당내민주가 지속적으로 확대 추진될 것이지만, 그것이 언제 어떤 방식으로 확대 진행될지에 대하여는 쉽게 단언하기 어렵다.

2. 당내민주의 평가

대부분의 정책이 그렇듯이 당내민주도 성과와 의의, 한계와 문제를 동시에 갖고 있다. 따라서 이에 대한 객관적이고 종합적인 평가가 필요하다. 결론적으로 말하면, 당내민주는 몇 가지 성과와 의의가 있지만, 추진과정의 문제와 중국정치체제가 갖고 있는 구조적 문제 때문에 제대로 추진되지 못했고, 향후에도 그럴 것이다. 이런 점에서 당내민주의 성과는 제한적이며, 당내민주가 인민민주를 견인한다는 방침은 결코 실현되지 못할 것이다.

1) 성과와 의의

앞에서 살펴보았듯이, 공산당은 특정 목적을 달성하기 위해 당내민주를 추진하고 있다. 지금까지 당내민주가 추진된 결과를 보면, 최소한 중요 정책이 추진된 지역에서는 공산당이 의도했던 정책목표를 어느 정도 달성한 것처럼 보인다. 예를 들어, 공개투표 직접선거에 의해 선출된 향(鄉) · 진(鎭) 당위원회 서기와 상무위원은 지역주민의 의견을 반영하려고 노력하는 경향이 있고, 그 결과 공산당과 지역주민 간의 갈등이 전보다 완화되는 효과를 거두었다. 예를 들어, 이 지역에서는 농민의 집단소요(群體性事件)나 청원(信訪)이 감소한 경향이 있다. 또한 이렇게 당 지도부를 선출한 지역에서는 간부인선과 관련된 각종 부정 · 부패가 줄어들었고, 그래서 지역사회에서 공산당의 신뢰도 높아졌다고 한다. 이처럼 기층단위에서의 경쟁선거 도입은 공산당의 인사결정을 좀더 민주적이고 투명하게 만들고 통치기반을 확대함으로써 공산당의 통치 정당성 제고에 일정한 기여를 했다고 평가할 수 있다.

당위원회 전체회의의 권한 강화와 민주적 운영도 마찬가지다. 즉, 이 제도의 도입으로 집단지도 체제가 더욱 공고해지면서 당서기의 독단적인 권력행사가 전보다 축소되었다. 특히 당위원회 전체회의가 비밀투표를 통해 주요 당정간부의 인선을 결정하는 인사표결제도의 도입은 인사 관련 부패를 방지하고 유능한 당정간부를 충원하는 데 의미 있는 역할을 하는 것으로 평가된다.

당원대표 활동의 일상화도 어느 정도 기대한 효과를 얻고 있다고 평가된다. 이 제도를 통해 그동안 활동이 없었던 당원대표들이 다양한 소모임 활동을 전개하고, 이를 기반으로 당위원회에 정책을 건의하거나 기존 정책을 비판하는 모습을 보이고 있다는 것이다. 이런 점에서 최소한 당내민주가 실시되고 있는 지역에서는 일정한 성과를 거두고 있다고 평가할 수 있다.

한편 제 2장에서 보았듯이, 공산당 개혁은 당내민주만 있는 것이 아니다. 2002년 제 16차 당대회 이후 공산당이 중점적으로 추진하는 집정능력(執政能力) 강화도 있다. 또한 '의법치국'(依法治國, 법에 의한 통치)을 공산당에 적용한 '의법집정'(依法執政, 법에 의한 집정) 방침도 있다. 이는 공통적으로 공산당 통치의 합리화와 제도화를 통해 안정적이고 장기적인 일당통치를 보장하기 위한 개혁이라는 특징이 있다. 이처럼 당내민주 확대가 집정능력 강화 및 의법집정 방침과 함께 추진되면서 소기의 정책목표를 조금 더 잘 달성할 가능성이 높아졌다.

이처럼 과거 공산당은 당내민주와 같은 당개혁을 꾸준히 추진했다. 이런 면에서 공산당의 안정적인 집권은 결코 우연이 아니다. 즉, 공산당은 국내외의 변화하는 환경에 능동적으로 대응하고 개혁·개방정책을 주도적으로 추진하기 위해 다양한 개혁정책을 적극 추진했고, 그 결과 비교적 성공적으로 시대변화에 적응할 수 있었던 것이다. 향후에도 개혁정책을 지속적으로 추진하고 이를 통해 끊임없이 현실에 적응하려고 노력한다면, 공산당 통치가 위협받는 상황은 단

기간 내에는 초래되지 않을 것이다.

2) 한계와 문제점

지금까지 실시된 당내민주를 보면 몇 가지 심각한 문제가 있다. 대부분의 정책이 일부 지방의 기층단위에서만 시험실시되고 있다는 점이 대표적이다. 이는 공개추천 직접선거와 같은 중요 정책이 당 내외의 여러 저항에 부딪쳐 제대로 추진되지 못하는 현실을 보여준다. 이런 저항 때문에 당내민주는 전면적으로 추진될 수 없었고, 그 결과 기대했던 정책 효과도 충분하게 거둘 수 없었다. 또한 당내민주의 일부 정책이 비교적 철저하게 추진된다고 해도 정치체제의 구조적 문제 때문에 당내민주가 중국의 정치 민주화를 견인하는 데는 분명한 한계가 있을 것이다.

먼저, 당내민주의 추진과정에서 발생하는 문제가 있다. 한마디로, 당내민주는 기득권 세력의 반발과 저항으로 제대로 추진되지 못하고 있다. 우선, 당내민주 확대는 지방의 당서기나 상무위원 등 당 지도부의 권한을 축소한다. 이 때문에 공산당 중앙의 당내민주에 대한 정책결정과 이를 적극적으로 추진하라는 반복적인 지시에도 불구하고 지방에서 이 정책이 힘 있게 추진되기는 쉽지 않다. 예를 들어, 당 지도부 인선에서 경쟁선거가 도입되면 상급 당조직〔예를 들어, 현(縣)과 시(市)의 당위원회〕이 가진 하급 당조직〔예를 들어, 향(鄉)과 진(鎭)의 당위원회〕에 대한 인사 권한이 축소된다. 이렇게 되면 하급 당조직에 대한 상급 당조직의 통제력은 약화되고, 당 방침과 정책은 기층단위에서 제대로 추진될 수 없다. 이 때문에 상급 당조직은 경쟁선거 도입에 소극적이다.

당대회 연례화나 당위원회 전체회의의 권한 강화 및 민주적 운영도 마찬가지이다. 이런 당내민주 제도가 자리를 잡아 집단지도 체제가 확고하게 수립되면 당서기와 상무위원 등 당 지도부는 그동안 독점적으로 행사했던 인사권과 정책 결정권의 대부분을 상실하게 된다. 당업무의 공개와 당내감독의 강화도 마찬가지이다. 즉, 이런 제도의 실시로 인해 당서기 등 지도부는 운신의 폭이 축소되고 위험 부담도 증가한다는 것이다. 이런 이유 때문에 공산당 중앙과 상급 당조직의 요구로 당 지도부 직선제가 시험실시되던 지역에서 개혁이 중단되는 일이 자주 발생한다. 이는 당내민주의 추진 주체, 즉 지방 당조직이 동시에 당내민주의 개혁 대상인 모순된 현재의 정치상황 때문에 발생하는 것이다.[1)]

당내민주의 추진과정에서는 또한 추진 동력의 상실 문제가 있다. 비교적 급진적인 당내민주 정책(예를 들어, 당서기를 당원과 지역주민이 직접 추천하고 선출하는 공개추천 직접선거)이 실시된 지역에서는 공통적으로 개혁적인 당 지도부가 존재했다. 쓰촨성(四川省) 핑창현(平常縣)의 향·진 당 지도부의 선거개혁을 주도한 핑창현 당서기 류첸샹(劉謙祥), 쓰촨성 청두시(成都市) 신두구(新都區)의 향·진 당 지도부의 선거개혁을 주도한 신두구 당서기 리충빈(李仲彬)은 대표적인 사례이다.[2)] 이들은 정부 재정의 악화와 농가부채의 증가, 당 간부와 주민 간의 갈등 고조 등 공산당의 통치 정당성이 위기에 직면한 상황에서 이를 해결할 목적으로 경쟁선거 도입과 같은 당내민주를 추진했던 것이다. 동시에 이들은 승진에 필요한 '정치업적'(政績)을 위해 경쟁적으로 급진정책을 추진하는 경향이 강했다. 다시 말해, 경제적으로 낙후한 지역에서는 업적 평가의 핵심요소인 경제성장과 사회안정을 달성하기 어렵기 때문에, 이들은 '정치혁신'을 통한 승진이라는

---

1) 江田憲治, 「中國共産黨'黨內民主'建設的現實理論及歷史警示」, 『國外理論動態』 2010년 제 12기, 〈中國選擧與治理〉, www. chinaelections. org.

2) 王勇兵, 『黨內民主的制度創新與路徑選擇: 基于基層和地方黨內民主試點的實證硏究』(北京: 中央編譯出版社, 2010), pp. 173~174.

경력관리 전략을 사용했던 것이다.[3]

문제는 개혁적인 당 지도부가 인사이동에 의해 타 지역이나 상급 부서로 이동했을 때 개혁 동력이 급격히 소멸되면서 당내민주의 개혁이 중단된다는 점이다. 대표적인 사례가 바로 쓰촨성 핑창현의 당내민주이다. 2001년 처음 기층 당 지도부의 선거개혁이 시작된 이후 2006년까지 핑창현은 쓰촨성뿐만 아니라 전국적으로도 공개추천 직접선거를 모범적으로 실시하는 '선도(先導) 지역'이었다. 그런데 2008년 이후 핑창현은 더 이상 쓰촨성의 당내민주 선도지역이 아니다. 정치업적을 위해 주민의 능동적이고 자발적인 참여가 부족한 상황에서 '전제적'(專制的) 방식으로 선거개혁을 주도하던 현 당 지도부가 교체되면서 개혁의 동력이 급격히 상실되었고, 이에 따라 지금까지 추진되었던 당내민주가 중단되었기 때문이다. 이것이 현재 많은 지역에서 나타나고 있는 '사람이 사라지면 정책도 중단되는 비극'(人亡政息的悲劇)이다. 따라서 당내민주의 추진 동력에 내재하는 이런 문제점이 해결되지 않는다면, 당내민주를 모범적으로 실시하던 선도지역도 하루아침에 낙후지역으로 전락할 수 있다.[4]

그런데 이런 과정상의 문제보다 더욱 심각한 것은 중국정치체제가 안고 있는 구조적 문제이다. 한마디로, 공산당의 통치원칙과 당내민주, 특히 경쟁선거 도입이 충돌하기 때문에 당내민주는 제대로 추진될 수 없다.[5] 중국에서 유일한 '집정당'(執政黨)으로서 공산당은 몇 가지 통치원칙이 있다. 이중에서 '당 간부관리(黨管幹部) 원칙'은 민

---

3) Young Nam Cho, *Local People's Congresses in China: Development and Transition* (New York: Cambridge University Press, 2009), pp. 156~160; Lianjiang Li, "The Politics of Introducing Direct Township Elections in China", *China Quarterly*, No. 171 (September 2002), pp. 704 ~723.

4) 高新軍, 「平常縣黨內民主改革之殤」, 『改革內參』 2010년 제 14기, pp. 31~33.

5) Joseph Fewsmith, "Inner-Party Democracy: Development and Limitations", *China Leadership Monitor*, No. 31 (Winter 2010).

주집중제와 함께 '공산당 영도'(黨的領導)를 실현하는 가장 중요한 원칙이다. 국가와 사회에 대한 공산당의 지도는 주요 인사들에 대한 공산당의 철저한 통제와 관리, 즉 간부관리 원칙을 통해서만 실현될 수 있기 때문이다. 이 때문에 공산당이 일당통치를 포기하지 않는 한 공산당 간부관리 원칙은 변함없이 유지될 것이다.

그런데 당 지도부에 대한 공개추천 직접선거 제도가 실시되면서 공산당 간부관리 원칙이 위협받고 있다. 이는 경쟁선거가 도입되면서 공산당의 인사권 독점이 약화되고, 대신 인사권의 일부를 일반 당원 및 비(非)당원과 공유해야 하기 때문이다. 이 때문에 경쟁선거의 도입은 공산당의 국가 및 사회에 대한 통제력을 약화시키는 경향이 있다. 또한 이 제도의 도입에 의해 상급 당조직의 하급 당조직에 대한 통제력도 약화되고 있다. 만약 이런 식으로 국가와 사회에 대한 공산당의 통제가 계속 약화된다면 공산당의 안정적이고 장기적인 일당집권은 보장될 수 없다.

이런 이유로 현재까지 경쟁선거는 일부 지방의 기층단위, 즉 향과 진에서만 시험실시되고 있다. 공산당 지도부가 국가 및 사회에 대한 통제를 상실해도 좋다는 생각을 수용하지 않는 한, 경쟁선거 도입은 현재처럼 일부 지방의 기층단위로만 한정될 것이다. 다시 말해 이것은 기층단위에서조차도 전국적으로 확대 실시되지 않을 것이고, 동시에 현급(縣級) 및 성급(省級) 등 상급단위로 상승 실시되지도 않을 것이다. 이런 상황에서 당내민주, 특히 경쟁선거 도입의 의의는 매우 제한적일 수밖에 없다. 그 결과 경쟁선거 도입을 통해 공산당의 통치 기반을 확대하고 공산당의 통치 정당성을 제고하려는 정책목표는 제대로 달성될 수 없다.

그래서 한 중국학자는 당내민주는 '권력집중형'(高度集權型) 레닌주의 정당의 한계를 극복할 수 없다는 점에서 매우 제한된 정책이라고 주장한다. 대신 당내민주의 진정한 의미는 이 명제를 제출했다는 '사실 그 자체'에 있다고 그는 주장한다. 왜냐하면 당내민주는 당내 개혁세력에 대한 '지지'이며 당내민주의 출현과 확대에 대한 '장려'이기 때문이다. 결국 당내민주는 일종의 '호소'(號召)이다.[6]

마지막으로, '당내민주의 인민민주 견인(帶動)' 방침도 실현 가능성이 매우 낮다. 이 방침은 2002년 제 16차 당대회에서 공식 결정되었고, 현재까지도 공산당의 정치개혁 방침으로 유지되고 있다.[7] 원래 이것은 1980년대부터 일부 학자들이 주장했고, 1987년 제 13차 당대회에서 공식 채택되었던 방침이다. 덩샤오핑(鄧小平)의 권력분산 이론에 입각하여 사회주의적 민주주의의 실현을 주장한 가오방(高放) 교수의 주장은 대표적이다. 그는 '당내민주, 인민민주, 정당 간(黨間) 민주'의 실현을 정치개혁 방침으로 제시하고, 당내민주를 우선적으로 발전시켜야 한다고 주장했다.[8] 이와 비슷하게 왕귀슈(王貴秀) 교수도 당내민주를 '돌파구'로 삼아 권력집중 문제를 해결하고, 동시에 당내민주의 발전을 통해 인민민주의 발전을 견인해야 한다고 주장했다.[9] 이런 주장은 최근까지 다른 학자들에게까지 이어지고 있다.[10]

---

6) 李凡, 「中國民發展的黨內民主途徑」, 『背景與分析特刊』 제 36기 2009년 7월 21일, 〈中國選擧與治理〉, http://www.chinaelections.org.

7) 胡錦濤, 「積極推進黨內民主建設」, 〈人民網〉, 2009년 7월 1일, 〈中國選擧與治理〉, http://www.chinaelections.org; 中共中央, 「關於加强和改進新形勢下黨的建設若干重大問題的決定」, 2009년 9월(中國共產黨17屆中央委員會4次全體會議).

8) 高放, 『政治學與政治體制改革』(北京: 中國書籍出版社, 2002), pp. 772~782; 高放, 『中國政治體制改革的心聲』(重慶: 重慶出版社, 2006), pp. 41~53.

9) 王貴秀, 『中國政治體制改革之路』(鄭州: 河南人民出版社, 2004), p. 204.

10) 胡偉, 「新時期中國民主政治發展與政治學的使命」, 2007년 6월 25일, 〈中國選擧與治理〉, http://www.chinaelections.org; 王勇兵, 「黨內民主發展的路線圖」, 『學習時報』, 2009년 10월 26일, 〈中國選擧與治理〉, http://

그런데 만약 인민민주가 경쟁선거를 통해 주요 국가기관의 지도자를 충원하는 정치제도를 의미한다면, 당내민주의 인민민주 견인 방침은 성공할 수 없다. 기본적으로 당내민주와 인민민주는 다른 범주의 민주주의이고, 그래서 당내민주가 아무리 발전해도 인민민주는 결코 실현될 수 없기 때문이다. 요컨대 인민민주를 위해서는 당내민주를 뛰어넘는 개혁을 추진해야 한다. 예를 들어, 주요 국가 지도자를 선출하기 위한 공정하며 정기적인 자유 경쟁선거가 도입되어야 하고, 이를 위해 다당제 도입과 국민의 정치참여가 보장되어야 한다. 이는 당내민주가 전제로 하는 확고부동한 원칙, 즉 공산당의 유일한 집정당 지위 유지와 정면으로 배치되는 것이다.

이런 측면에서 보았을 때, 당내민주의 인민민주 견인 방침은 일종의 '선제적 기만전술'이다. 우선, 공산당은 이런 방침을 제시함으로써 민주적 정치개혁을 추진하려고 노력한다는 '인상'을 줄 수 있다. 또한 공산당은 이 방침을 제시하면서 일부 사회세력이나 학자들의 민주적 정치개혁 주장을 사전에 차단할 수 있다. 대신 공산당은 자신의 계획 하에 정치개혁을 추진하면서 정치개혁의 주도권을 장악할 수 있다. 이 방침이 기만적인 이유는 인민민주의 실현을 주장하면서도 실제로는 그것을 추진하지 않기 때문이다. 다시 말해, 당내민주조차도 추진과정과 정치체제의 구조 문제로 인해 제대로 실현될 수 없는 상황에서 당내민주를 통해 인민민주를 견인하고 발전시키겠다고 주장하는 것은 실현 가능성이 없기 때문이다.

---

www. chinaelections. org.

3. 당내민주와 중국의 민주화 전망

향후 당내민주가 중국의 민주화와 관련하여 어떤 역할을 할 것인가에 대해서는 크게 3가지 전망이 존재한다. 이런 3가지 전망은 기본적으로 지금까지 공산당이 추진한 당내민주를 어떻게 보는가에 따라 나누어진다. 즉, 당내민주를 높이 평가하는 입장은 당내민주의 발전에 대해서도 긍정적이고 적극적으로 전망하는 반면, 당내민주를 낮게 평가하는 입장은 그렇지 않다는 것이다. 당내민주를 높게 평가하지만 그것이 중국의 민주화에 어떤 기여를 할지는 두고 보아야 한다는 절충적 입장도 있다.

먼저, 청리(Cheng Li)와 바오강허(Baogang He)는 중국의 민주화와 관련하여 당내민주가 중요한 역할을 할 것으로 전망한다. 청리에 따르면, 우선, 중국 지도자와 학자들 중에 당내민주를 적극적으로 추진하는 집단이 존재한다. 원자바오(溫家寶) 총리, 리위안차오(李源潮, 1950년~현재) 공산당 조직부장, 왕양(汪洋, 1955년~현재) 광둥성(廣東省) 당서기, 위커핑(兪可平) 중앙편역국(編譯侷) 부국장 겸 북경대 겸임교수, 왕창장(王長江) 및 리량둥(李良棟) 중앙당교 교수 등이 대표적이다. 따라서 그에 따르면 당내민주를 가볍게 평가해서는 안 된다.

또한 청리에 따르면 공산당은 그동안 당내민주를 중요한 정책으로 추진해왔다. 중앙위원회 위원 선출을 위한 차액(差額)선거의 도입(1987년 제13차 당대회), 공산당 지방위원회의 표결제도 도입, 임기제 · 연령제 · 회피제(回避制) 등 각종 제도규칙과 비공식 규범의 제정, 당내감독제도의 강화, 당업무의 투명성 제고를 위한 당원대표 활동의 일상화 등이 이에 해당한다. 뿐만 아니라 민주주의에 대한 세계적 추세, 빈부격차 등 현안 해결, 시대에 뒤처진 정치체제의 개혁 필요성 등으로 인해 당내민주는 이제 '선택'이 아니라 '현실'이

되었다. 결국 그에 따르면 당내민주는 향후 더욱 확대될 것이다. 그 결과 당내민주의 발전은 '중국식 민주주의'(*Chinese-style democracy*)에 점진적이면서 실행 가능한 경험을 제공할 것이다.[11]

특히 청리는 파벌정치(*factional politics*)와 당내민주를 연결하여 이를 긍정적으로 평가하는 특징이 있다. 그에 따르면, 현재 공산당 내에는 태자당(太子黨) 출신의 지도자로 구성된 '엘리트 연합'(*elitist coalition*)과 공청단(共靑團) 출신의 지도자로 구성된 '민중 연합'(*popular coalition*)이 존재한다. 이들 간에는 단순히 구성원의 출신뿐만 아니라 정책 지향에서도 차이가 있다. 또한 이들 파벌은 세력균형을 이루고 있고, 그 결과 엘리트 정치에는 '양대 파벌 체제'(*bipartisanship*)가 형성되었다. 청리에 따르면 이와 같은 파벌정치가 당내민주 발전과 중국의 민주화에 큰 기여를 할 것이다. 다시 말해, 당내 파벌 간의 선거와 경쟁은 국가 전체의 선거로 확장될 수도 있다는 것이다.[12]

바오강허도 청리와 유사한 관점을 갖고 있다. 우선, 그는 '신선한 시각'(*a fresh eye*)에서 당내민주를 진지하고 적극적으로 평가해야 한다고 주장한다. 이렇게 보았을 때 몇 가지 한계 — 예를 들어, 기층에서만의 직접선거 실시, 기존 정치체제와의 근본적 단절 부재, 공산당의 국가통제 지속, 엘리트 민주주의 — 가 있지만, 당내민주는 중국의 정치발전과 민주화에 긍정적 역할을 수행할 것이다. 단적으로 당내민주는 일당지배의 수준을 제고하여 공산당이 부패한 독재정당으로 전락하는 것을 막아줄 것이다. 또한 당내민주의 최종 결과는 당내 파벌의 합법화이고, 만약 이것이 실현되면 공산당은 파벌정치로 유

---

11) Cheng Li, "Intra-Party Democracy in China: Should We Take it Seriously?" *China Leadership Monitor*, No. 30 (Fall 2009)

12) Cheng Li, "Will China's 'Lost Generation' Find a Path to Democracy?" Cheng Li (ed.), *China's Changing Political Landscape: Prospects for Democracy* (Washington, D.C.: Brookings Institution Press, 2008), pp. 98~117.

명한 일본의 자민당(自民黨)처럼 변화할 것이다. 이런 당내민주화는 다시 '정당 간의 민주주의'(*inter-party democracy*)로, 이것은 다시 공산당-국가 관계의 민주화로 이어질 수 있다.[13)]

반면, 일부 학자들은 당내민주가 중국의 민주화에 크게 기여하지 못할 것으로 본다. 예를 들어, 강린(Gang Lin)은 전체 사회의 민주화가 추진되지 않는 상황에서 진행되는 당내민주는 소기의 성과를 거둘 수 없다고 주장한다. 단적으로, 당 지도부 직선제나 당원대표 활동의 일상화처럼 일반 당원에 대한 당 지도부의 책임성(*accountability*) 강화 조치가 사회 전체에 대한 공산당의 책임성 강화로 이어질지는 의문이다. 또한 공산당이 권력을 독점하고 당-국가 간의 경계가 불분명한 현행 정치체제에서 당내민주를 추진한다고 해서 의회나 법원이 자율적으로 활동할 수 있는 것은 아니다.[14)]

1990년대 후반부터 일부 지역에서 시험실시되고 있는 기층조직의 직선제를 분석한 야웨이류(Yawei Liu)도 동일한 관점을 갖고 있다. 최근 10년 동안 많은 지역에서는 향장(鄕長) · 진장(鎭長) 직선제와 함께 당 지도부 공개추천 직접선거 제도가 도입되었다. 그런데 이와 같은 경쟁선거에는 많은 한계가 있다는 것이다. 우선, 시험실시되던 일부 지역의 경쟁선거는 당 지도부가 교체되거나 하는 등의 변동에 의해 쉽게 취소되었다. 뿐만 아니라 경쟁선거의 범위도 처음 시작 이후 10년이 넘었는데도 여전히 기층에 머물 뿐이다. 특히 서구 민주주의의 침투에 대한 두려움으로 직선제 등 일부 당내민주 정책은 힘 있게 추진되지 못하고 있다. 게다가 일부 부패하고 무능한 지방 간부는

13) He Baogang, "Intra-party Democracy: A Revisionist Perspective from Below", Kjeld Erik Brodsgaard, and Zheng Yongnian(eds.), *The Chinese Communist Party in Reform*(London: Routledge, 2006). pp. 192~209.

14) Gang Lin, "Ideology and Political Institutions for a New Era", Gang Lin and Xiaobo Hu(eds.), *China after Jiang*(Washington, D.C.: Woodrow Wilson Center, 2003), pp. 39~68.

이를 핑계로 당내민주 정책을 저지하고 있다.[15]

한편 정용넨(Zheng Yongnian)은 당내민주와 정치 민주화 간의 관련성에 대해 애매한 입장을 취하고 있다. 우선, 그는 중국의 민주화 경로로 두 가지를 제시한다. 하나는 다당제(*multiparty system*) 도입에 의한 민주화의 길이고, 다른 하나는 당내 파벌정치(*factional politics*)의 확대에 의해 민주주의에 도달하는 당내민주 또는 엘리트 민주의 길이다. 이 중에서 당내민주의 길이 다당제의 길보다 더욱 현실성이 있다고 그는 주장한다. 이런 의미에서 정용넨이 볼 때 당내민주는 매우 중요하다.

그런데 동시에 그는 중국의 민주화와 관련하여 당내민주의 역할을 과장해서는 안 된다고 주장한다. 왜냐하면 당내민주가 중국의 민주화로 이어지기 위해서는 파벌정치가 합법화되고 사회세력과 연계되어야 하는데, 중국에서는 이것이 쉽게 이루어질 수 없기 때문이다.[16] 이런 점에서 정용넨은 당내민주에 대해서는 높이 평가하면서도 그것이 중국의 정치 민주화로 이어질지에 대해서는 유보적인 태도를 취하는 일종의 절충적인 입장에 있다고 평가할 수 있다.

비록 당내민주만을 전문적으로 분석한 것은 아니지만, 공산당의 생존과 발전 문제를 분석한 샴보(David Shambaugh)도 애매한 입장에서 있기는 마찬가지이다. 우선, 그에 따르면, 중국공산당은 소련 붕괴를 교훈삼아 다양한 당내개혁을 추진함으로써 변화된 사회·경제적 환경에 잘 적응해왔다고 평가할 수 있다. 당내민주 확대는 이런

15) Yawei Liu, "Local Elections: The Elusive Quest for Choice", Joseph Fewsmith(ed.), *China Today, China Tomorrow: Domestic Politics, Economy, and Society*(Lanham: Rowman & Littlefield Publishers, 2010), pp. 165~179.

16) Yongnian Zheng, *The Chinese Communist Party as Organizational Emperor: Culture, Reproduction and Transformation*(London: Routledge, 2010), pp. 194~196.

개혁정책의 중요한 구성요소이다. 그런데 동시에 중국공산당은 하나의 제도로서 전 사회에 대한 통제의 측면에서 보았을 때 점진적인 쇠퇴 상태에 있다고 평가할 수 있다. 다시 말해, 선전(*propaganda*), 강제(*coercion*), 조직(*organization*)과 같은 공산당의 전통적인 통제수단이 시간이 가면서 모두 상당히 약화되었다는 것이다.[17] 이처럼 샴보는 공산당이 적응(*adaptation*)과 퇴화(*atrophy*)를 동시에 경험하고 있다고 주장하면서, 당내민주 등 개혁정책이 궁극적으로 공산당의 생존에 어떤 영향을 미칠지는 두고 보아야 한다는 유보적 입장을 취하고 있다.

이상과 같은 3가지 주장 중에서 두 번째가 타당하다고 생각된다. 당내민주는 공산당의 통치 정당성 제고, 당조직과 운영의 합리화와 제도화에 긍정적 역할을 함으로써 공산당의 안정적이고 효과적인 집권에 일정한 기여를 하는 것은 사실이다. 이처럼 공산당 일당통치의 유지라는 면에서 당내민주는 의의가 있다. 그러나 동시에 당내민주는 분명한 한계가 있기 때문에 제대로 추진될 수 없을 뿐만 아니라, 설사 제대로 추진되어도 중국의 정치 민주화를 위한 기초를 쌓거나 그것을 견인할 수는 없다.

먼저, 앞에서 보았듯이, 당내민주는 현행 공산당 일당제를 전제로 한 것이기 때문에 이를 끝까지 추진한다고 해서 일당제가 변화하는 것은 아니다. 만약 공산당 일당제가 유지된다면, 선거 민주주의(*electoral democracy*)나 자유 민주주의(*liberal democracy*) 등 정치학에서 말하는 민주주의의 어떤 기준에서 보아도 중국의 정치체제는 민주주의라고 할 수 없다. 예를 들어, 선거 민주주의의 관점에서 보면, 주요 국가기관(예를 들어 행정부와 입법부) 구성원에 대해 정기적이고 자유로운 경쟁선거를 실시하는 것이 기본인데, 당내민주는 최대한 실현되었을 때조차 공산당 지도부에 대해 부분적인 경쟁선거를 실시하는

17) David Shambaugh, *China's Communist Party: Atrophy and Adaption* (Washington, D.C.: Woodrow Wilson Center Press, 2008), pp. 1~9.

것일 뿐이다. 결국 정치 민주화는 당내민주와는 다른 범주의 정치개혁이며, 이를 위해서는 별도의 개혁이 필요하다.

다만 만약 당내민주, 특히 당 지도부에 대한 경쟁선거가 전면적으로 실시된다면 선거 민주주의의 원리가 중국에 뿌리를 내리는 데 이념적으로나 경험적으로 도움을 줄 수 있을 것이다. 이는 촌민위원회 직선제가 농민들의 '민주적 훈련'에 도움을 주는 것과 같은 이치이다. 이런 점에서 만약 당내민주가 철저하게 추진된다면 일정한 의의가 있을 수 있다.

더 근본적인 문제로는, 앞에서 말했듯이 현행 정치체제 내에서는 당내민주조차도 제대로 추진될 수 없다는 점이다. 예를 들어, 당 지도부 직선제는 기층단위(향·진)에서조차도 전국적으로 실시되기 쉽지 않으며, 이것이 중앙 단위는 말할 것도 없고 현급 및 성급 단위까지 확대 실시되기는 더욱 어려울 것이다. 우선, 상급 당조직이 하급 당조직에 대한 인사권을 포기할 경우 당조직과 당원을 일사분란하게 통제할 수 없다. 이를 잘 알고 있는 공산당 지도부가 이런 모험을 하기는 쉽지 않다. 설사 중앙 지도부가 이런 모험을 감행하려고 해도, 인사권 상실을 두려워하는 지방 고위간부들이 직간접적으로 이에 저항할 것이다.

당내민주를 위한 파벌정치의 합법화도 마찬가지이다. 공산당은 민주집중제를 당조직 및 운영원칙으로 삼고 있다. 그래서 공산당은 민주와 함께 집중을 강조한다. 여기서 집중은 개인은 조직에, 하급조직은 상급조직에, 소수는 다수에, 전 조직과 당원은 당 중앙에 복종하는 이른바 '4대 복종'(四大服從)을 의미한다. 이런 상황에서 파벌은 비공식적으로는 존재할 수 있어도 합법적으로는 인정될 수 없다. 이런 측면에서 당내민주가 파벌과 어우러져 견제와 균형의 양대 파벌정치가 형성되고, 이것이 다시 중국식 민주주의의 토대를 쌓는 데 기여할 수 있다고 보는 청리와 같은 일부 학자들의 주장은 현실성이 없다.

실제로 일부 중국학자들은 당내민주와 관련하여 파벌(政治派別)의 합법화를 주장하기도 한다. 이들에 따르면, 당내민주는 파벌의 합법화와 공개화를 전제로 하며, 만약 이것이 이루지지 않는다면 당내민주는 실현 불가능하다. 이런 점에서 이들에 따르면 파벌은 당내민주의 기초이다. 또한, 공산당과 학계에서 많은 사람들이 파벌을 부정하고 반대하는데, 이는 근거 없는 일종의 '종합 공포증'(恐懼綜合症)일 뿐이라고 한다.[18] 그러나 이런 주장은 당내민주 논쟁에 존재하는 '급진파'와 '온건파' 중에서 전자에 속하는 것으로, 소수의 견해에 불과하다.[19] 일부 보수적인 중국학자는 경쟁선거를 통한 당내민주의 확대조차도 급진적 사고라고 반대한다.[20] 이런 보수적 관점에서 보면 당내 파벌의 합법화는 '반당적(反黨的)인' 주장이다. 공산당 지도부가 당내 파벌 합법화론에 단호하게 반대하는 것은 말할 필요도 없다.

정리하면, 당내민주는 제대로 실현될 수 없을 뿐만 아니라, 설사 그것이 최대한도로 추진되더라도 중국의 정치 민주화를 초래하지는 않을 것이다. 이런 점에서 당내민주의 인민민주 견인과 이를 통한 중국 특색의 민주주의 수립은 실현 가능성이 없는 허구이며 기만이다. 그러나 당내민주는 공산당의 안정적이고 장기적인 일당집권에는 도움을 줄 것이기 때문에, 향후에도 계속 추진될 것이다. 다만, 당내민주 확대가 중장기적으로 공산당의 안정적인 일당통치를 보장할 수 있을지는 현재로서는 장담할 수 없다. 공산당 일당통치의 가장 중요한 물질적 토대는 지속적인 경제성장 여부이기 때문이다. 또

18) 史嘯虎, 「關於黨內民主和黨內政治派別的若干問題」, 2010년 12월 2일, 〈中國選擧與治理〉, http://www.chinaelections.org.

19) 蕭功秦, 「從政治發展角度看黨內民主化論」, 『浙江學刊』 2004년 제 2기, 〈中國選擧與治理〉, http://www.chinaelections.org.

20) 房寧, 『民主政治十論: 中國特色社會主義民主理論與實踐的若干重大問題』(北京: 中國社會科學出版社, 2007), pp. 213~216.

한 당내민주가 중국 국민들의 증가하는 정치참여 요구를 수용할 수 있을지도 아직 미지수이기 때문이다.

4. 한국에 주는 함의

그렇다면 공산당의 당내민주 개혁은 한국에 어떤 함의를 주는가? 이 문제는 크게 두 가지 측면에서 검토할 수 있다. 하나는 공산당의 당내민주 개혁이 한국의 정당개혁에 주는 함의이다. 다른 하나는 우리가 중국정치를 바라보는 관점 및 중국의 변화에 대한 대응과 관련된 함의이다. 결론적으로 말하면, 전자와 관련해서는 우리에게 주는 함의가 거의 없지만, 후자와 관련해서는 몇 가지 중요한 함의를 준다고 말할 수 있다.

먼저, 첫 번째 함의를 살펴보자. 많은 학자들이 지적하듯이, 한국의 민주주의는 대만(臺灣) 등과 함께 1970년대 중반에 시작된 '제 3의 민주화 물결'의 가장 성공적인 사례로 평가할 수 있다. 한국에서는 이미 민주주의가 정치 엘리트뿐만 아니라 일반 국민 차원에서도 '유일한 경기규칙'(*only game in a town*)으로 인정받고, 이를 제외한 다른 어떤 방식(예를 들어, 군부 쿠데타)도 가능한 선택지가 아닌 상황이 되었다. 즉, 한국은 이른바 민주주의 공고화(*consolidation*) 단계를 이미 넘어섰다는 것이다. 그러나 이런 눈부신 성과에도 불구하고 한국 민주주의의 성숙화(*maturation*)를 위해서는 해결해야 하는 몇 가지 과제가 있다. 그중 하나가 바로 정당제도 개혁이다.

예를 들어, 한국의 정당은 선거를 위해 조직되고 해체되는 '선거정당'의 성격이 강하다. 그래서 정당의 연속성과 책임성(*accountability*)이 떨어진다. 이에 비해 한국과 유사한 시기에 민주화를 경험한 대만은 국민당(國民黨)과 민진당(民進黨)의 양당제가 자리를 잡으면서 안정된 정당체제를 운영하고 있다. 이 밖에도 각종 선거의 후보추천이나 정책결정을 특정 인물(*boss*)이나 집권세력(예를 들어, 대통령과 참모집단)이 독점하여 정당의 독립성을 훼손하는 '보스정당', 특정 지역을 기반으로 생존하는 '지역정당', 정책개발과 제시를 통한 지지 획득보다는 선거동원을 주요 기능으로 하는 '동원정당' 등의 낙후적인 정당제도를 여전히 벗어나지 못하고 있다. 이런 측면에서 한국의 정당제도는 개혁되어야 하고, 그 과정에서 타국의 좋은 경험은 참고해야 한다.

그런데 중국과 한국의 상이한 정치체제의 특성 때문에, 공산당의 당내민주 개혁은 한국의 정당개혁에 직접적인 시사점을 줄 수 없다. 단적으로, 중국은 공산당이 국가기관과 조직 · 기능적으로 결합되어 있고, 실제 정치과정에서 공산당이 국가기관을 종종 대체하는 '당-국가'(*party-state*) 체제이다. 이런 당-국가체제에서 공산당은 유일한 '집정당'이며, 현행 정치체제에서 공산당의 권위에 도전할 수 있는 정당이나 사회단체는 부재하다. 이런 상황에서 공산당이 추진하는 당내민주는 어디까지나 공산당 일당체제에서 발생하는 부작용을 해소하고자 하는 '유화책'이지, 자유 민주주의 정치체제에서 말하는 민주화 정책과는 거리가 멀다.

예를 들어, 당내민주의 핵심내용으로 추진되는 공개추천 직접선거도, 다당제에 입각한 다수 정당 후보 간의 경쟁선거가 아니라 공산당 내의 일부 후보 간의 경쟁일 뿐이다. 따라서 이는 '정당간 정책선거'가 될 수 없고, 다만 '인물간 능력선거'만이 가능할 뿐이다. 그것도 최종적으로는 공산당 상급조직의 승인(예를 들어, 최종후보 추천과정에서의 공산당 조직부 검사) 하에서만 가능한 복수후보추천과 제한된 경쟁선거이다. 당대회 연례화나 당원대표 활동의 일상화도 마찬가지이다. 당대회 개최가 5년 1회에서 1년 1회로 바뀌고 당원대표가 일상적으로 활동한다고 해도, 이들이 당위원회(특히 상무위원회)를 대신할 수는 없다. 이런 면에서 당내민주를 아무리 추진해도 공산당은 여전히 소수집단에 의한 독점적이고 폐쇄적인 정당으로 남을 것이다.

그런데 지금까지 분석한 공산당의 당내민주 개혁은 우리가 중국의 정치상황을 좀더 잘 이해하고, 중국의 정치변화나 세계적 부상(*rise*)

에 대비하는 데 몇 가지 중요한 시사점을 제공할 수는 있다. 이것은 크게 3가지이다. 첫째, 공산당 집권의 안정성이다. 둘째, 공산당 정책의 지속성이다. 셋째, 공산당 통치 정당성(*legitimacy*)의 불완전성 문제이다.

먼저, 공산당 집권의 안정성에 대한 이해이다. 최근까지도 해외 및 국내언론은 공산당의 파벌투쟁을 지나치게 부각시키고, 그에 입각하여 공산당의 통치 안정성에 의문을 제기하곤 했다. 예를 들어, 2010년 하반기부터 2011년 상반기까지 원자바오(溫家寶) 총리의 정치개혁 주장과 이를 비판하는 일부 정치지도자의 대립과 갈등을 부각시키는 것이 대표적이다. 이런 보도를 보면, 현재 공산당이 정치개혁 문제를 놓고 심각한 당내 갈등 혹은 파벌투쟁에 휩싸여 있고, 이는 2012년 가을로 예정된 제 18차 당대회의 권력승계를 놓고 더욱 격화될 것처럼 보인다.

그런데 이런 관점은 지난 10여 년 동안 추진된 당내민주 개혁과 엘리트 정치의 변화를 제대로 이해하지 못하는 단견(短見)일 뿐이다. 이 연구가 상세하게 분석했듯이, 중앙 엘리트 정치는 이미 권력분산을 통한 집단지도 체제가 형성되었고, 협의와 타협을 통해 중요 정책을 결정하는 민주적 당 운영이 정착되었다. 따라서 총서기, 총리, 의회의장(전국인민대표대회 상무위원회 위원장)은 각자 자신의 고유한 직책을 갖고 있고, 실제로 일정한 자율성 속에서 권한을 행사할 수 있다. 따라서 현재의 중국정치에는 마오쩌둥(毛澤東) 시대나 덩샤오핑(鄧小平) 시대의 정치와는 다른 다양성과 유연성이 존재한다. 이는 곧 공산당 집권의 안정성으로 연결된다.

따라서 공산당 내에는 일정한 파벌이 존재하고, 선거제도가 없기 때문에 이들은 주로 자리분배를 둘러싸고 일정한 대립과 경쟁을 벌이는 것이 사실일지라도, 그것이 공산당 집권의 안정성을 위협하는 것은 결코 아니다. 오히려 이런 경쟁은 공산당 집권의 유연성 혹은 탄력성을 보여주는 것으로, 공산당은 이런 변화로 인해 더욱 안정적이고 효과적으로 권력을 장악 및 운영할 수 있는 것이다. 이는 당내민주가 제대로 추진되고 있는 지방정치에도 해당된다.

여기에 더해, 지난 10여 년 동안 공산당이 추진한 다른 당개혁 정책, 즉 '집정능력'(執政能力) 강화와 '의법집정'(依法執政, 법에 의한 집정) 방침은 공산당 집권의 안정성을 더욱 강화시켜주고 있다.[21] 다시 말해, 당내민주의 확대, 집정능력의 강화, 의법집정의 실시 등 3가지 정책이 동시에 추진되면서 이들은 서로 상승작용을 일으켜 공산당의 통치 안정성을 더욱 공고하게 만들 가능성이 높아졌다는 것이다. 따라서 특정 개인이나 사건을 중심으로 당내갈등이나 파벌투쟁을 부각시키고, 그것을 통해 공산당 집권의 안정성을 평가하는 기존의 관점은 버려야 한다. 이렇게 해야만 공산당이 지배하는 중국정치를 더욱 잘 이해할 수 있다.

또한, 지금까지 분석한 공산당의 당내민주 개혁은 공산당 정책의 지속성을 이해하는 데 큰 시사점을 준다. 위에서 상세하게 분석했듯이, 엘리트 정치뿐만 아니라 지방 공산당 정치에서도 집단지도 체제가 기본원리로 자리를 잡아가고 있다. 물론 기층단위(예를 들어, 향·진)로 내려갈수록, 또한 내륙지역의 농촌이나 낙후지역으로 갈수록 당서기나 상무위원 등 특정 개인이나 소수집단이 권력을 행사할 가능성이 높다. 하지만, 중앙, 성급(省級), 지급(地級) 단위는 결코 그렇지 않다.

이에 따라 공산당의 정책이 지도부 교체 등으로 쉽게 바뀔 가능성은 높지 않다. 왜냐하면 집단지도 및 민주적 당 운영 체제에서 급격한 정책 변화는 지도부의 합의를 통해서만 가능한데 이것이 쉽지 않기 때문이다. 다시 말해, 급진적 정책이 협의와 타협을 거치면서 순

---

21) 이에 대해서는 조영남, 『중국의 법치와 정치개혁』(서울: 창비, 2012) 참조.

화되고 그 결과 이전 정책과의 단절보다는 연속성을 띨 가능성이 높다는 것이다. 이는 '3개대표' 이론, '과학적 발전관' 등 당 지도이념의 공식화 과정에 대한 분석을 통해서 확인할 수 있었다. 이런 특징은 국내 정책뿐만 아니라 대외정책이나 안보정책에도 적용된다.

실제로 공산당은 2002년 제 16차 당대회에서 향후 20년 동안, 즉 2020년까지 '전면적 소강사회'(全面的小康社會)를 건설한다는 방침을 당론으로 확정했다. 그리고 지금까지 공산당은 이를 국내외 정책에서 충실하게 집행하고 있다. 소강사회 건설론은 장쩌민(江澤民)을 중심으로 한 제 3세대 지도부와 후진타오(胡錦濤)를 중심으로 한 제 4세대 지도부가 집단적으로 결정한 것이기 때문에, 설사 지도부 세대교체가 이루어졌어도 기본 방침은 변화가 없었던 것이다. 2011년 3월 제 11기 전국인민대표대회(전국인대) 제 4차 연례회의에서 통과된 「국민경제 및 사회발전 제 12차 5개년(2011~2015년) 계획」도 마찬가지이다. 즉, 그것은 제 4세대 지도부와 시진핑(習近平), 리커창(李克强)을 중심으로 한 제 5세대 지도부가 집단적으로 결정한 것이기 때문에 향후에도 일관성 있게 집행될 것이다.

마지막으로, 공산당의 당내민주 개혁은 근본적인 문제를 갖고 있기 때문에 통치 정당성 문제를 해결하는 데는 한계가 있다. 다시 말해, 공산당이 당내민주를 확대 실시해도 통치 정당성의 취약성과 불완전성을 극복할 수는 없다는 것이다. 공산당의 통치 정당성은 일차적으로 '역사' 속에서 나온다고 한다. 즉, 공산당이 국민을 지도하여 사회주의 혁명에 성공하여 중국을 수립한 것은, 국민이 이미 공산당 통치를 인정했다는 논리이다. 일부는 공산당의 통치 정당성을 선거에서 찾는다. 현재 공산당 총서기는 동시에 국가주석인데, 국가주석은 전국인대에서 선출되기 때문에 공산당의 집권도 일정한 정당성을 얻는다는 것이다.

그러나 이런 논리는 억지에 가깝고, 실제 공산당의 통치 정당성은

'업적 정당성'(*performance legitimacy*)이라고 할 수 있다. 즉, 공산당이 개혁·개방정책을 성공적으로 추진하여 국민의 생활수준을 급속히 향상시켰고, 동시에 중국의 국제적 지위도 크게 높였기 때문에, 국민이 공산당의 통치를 수용하고 지지한다는 것이다. 여기에 더해 1990년대부터 민족주의(*nationalism*)와 유가사상(儒家思想) 등 새로운 이념을 동원하고, 기존의 사회주의 이념을 경제발전을 정당화하는 이념으로 수정하여 공산당 통치를 정당화하고 있는 것이 현재 상황이다.

그러나 이런 통치 정당성은 불완전하다. 지난 30여 년 동안 중국은 연 10%의 고도 경제성장을 유지했고, 이를 바탕으로 국제사회에서도 아시아 강대국에서 세계 강대국으로 급부상하고 있다. 한 유명한 중국의 전직 외교관의 말처럼, 연 10%의 경제성장률을 달성하는 정당이 권력을 상실한 사례는 전세계적으로 없다. 그러나 향후에도 중국이 이런 업적을 지속할 수 있을지는 누구도 장담할 수 없다. 더구나 중국이 현재 당면한 심각한 사회문제, 즉 빈부격차와 지역격차의 심화, 소수민족의 불만 증가, 환경악화, 인구노령화 등은 언제든지 경제성과를 초라하게 만들 수 있는 악재이다. 이런 상황에서 공산당은 업적 정당성에만 안주할 수 없고, 다양한 정치개혁을 통해 가능한 한 빠르게 '정치적 정당성'(*political legitimacy*)을 획득해야만 한다. 공산당의 당내민주 개혁은 이런 시도의 일환이다.

그런데 위에서 상세하게 분석했듯이, 당내민주는 결코 정치적 정당성 문제를 해결할 수 없다. 그것이 제대로 추진되지 못할 뿐만 아니라, 설사 최대로 실시되어도 당내민주가 '인민민주'를 대체할 수는 없기 때문이다. 다시 말해, 공산당의 통치 정당성을 확보하기 위해서는 반드시 어떤 형태와 방식으로든 정치 민주화(*political democratization*)를 추진해야 한다는 것이다. 이런 점에서 공산당의 당내민주는 근본적인 한계가 있고, 이런 이유 때문에 우리는 당내민주를 통치 정당성 제고와 관련해서는 그렇게 높게 평가할 수 없는 것이다.

이처럼 공산당의 당내민주 개혁은 공산당 집권의 안정성, 공산당 정책의 지속성, 공산당 통치 정당성의 불완전성을 동시에 보여준다. 이 중 어느 것이 부각되느냐에 따라 공산당이 주도하는 중국정치의 운명이 결정될 것이다. 만약 당내민주가 지금처럼 공산당 집권의 안정성과 정책의 지속성을 강화시켜 급속한 경제발전과 상대적인 사회안정을 계속 유지할 수 있다면, 통치 정당성의 불완전성은 크게 부각되지 않을 것이다. 그러나 만약 그렇지 못하다면 통치 정당성의 불완전성은 큰 문제가 되고, 이로 인해 공산당은 좀더 급격한 정치변화를 모색해야 할 것이다.

참고문헌

1. 국문

김태호. 2000. 「중국의 정치엘리트 연구」. 정재호 편. 『중국정치연구론: 영역, 쟁점, 방법 및 교류』. 서울: 나남. 31~67.

______. 2008. 「중국의 신지도부 인사분석: 내용, 특징 및 정책결정 과정에의 함의」. 전성흥·조영남 외. 『중국의 권력승계와 정책노선』. 파주: 나남. 59~98.

이정남. 2009. 「최근 중국의 민주화 담론에 대판 비판적 고찰: 당내민주화론을 중심으로」 『현대중국연구』 제10집 제2호. 41~71.

이종화. 2010. 「위로부터의 개혁과 당내민주」. 전성홍 편. 『체제전환의 중국정치』. 서울: 에버리치홀딩스. 79~110.

자오쯔양(趙紫陽), 바오푸(鮑樸) 정리, 장윤미·이종화 역. 2010. 『국가의 죄수: 자오쯔양 중국공산당 총서기 최후의 비밀 회고록』. 서울: (주)에버리치홀딩스.

조영남. 2006. 『후진타오 시대의 중국정치』. 파주: 나남.

______. 2009. 『21세기 중국이 가는 길』. 파주: 나남.

______. 2012. 『중국의 법치와 정치 개혁』. 파주: 창비.

2. 영문

Bo, Zhiyue. 2007. *China's Elite Politics: Political Transition and Power Balancing*. Singapore: World Scientific.

Brodsgaard, Kjeld Erik and Yongnian Zheng. eds. 2006. *The Chinese Communist Party in Reform*. London: Routledge.

Chen, Weixing and Yang Zhong. eds. 2005. *Leadership in a Changing China*. New York: Palgrave Macmillan.

Cho, Young Nam. 2009. *Local People's Congresses in China: Development and Transition*. New York: Cambridge University Press.

Chu, Yun-han, Chih-cheng Lo and Ramon H. Myers. eds. 2004. *The New Chinese Leadership: Challenges and Opportunities after the 16th Party Congress*. Cambridge: Cambridge University Press.

Dittmer, Lowell. 1995. "Chinese Informal Politics". *China Journal* 34. 1~34.

______. 2001. "The Changing Shape of Elite Power Politics". *China Journal* 45. 53~67.

______. 2003. "Chinese Leadership Succession to the Fourth Generation". Gang Lin and Xiaobo Hu. eds. *China after Jiang*. Washington, D.C.: Woodrow Wilson Center. 11~37.

______. 2004. "Leadership Change and Chinese Political Development". Yun-han Chu, Chih-cheng Lo and Ramon H. Myers. eds. *The New Chinese Leadership: Challenges and Opportunities after the 16th Party Congress*. Cambridge: Cambridge University Press. 10~32.

Dittmer, Lowell and Yu-Shan Wu. 1995. "The Modernization of Factionalism in Chinese Politics". *World Politics* 47: 4. 467~494.

______. 2006. "Leadership Coalitions and Economic Transformation in Reform China: Revisiting the Political Business Cycle". Lowell Dittmer and Guoli Liu. eds. *China's Deep Reform: Domestic Politics in Transition*. Lanham, Maryland: Rowman & Littlefield Publishers. 49~80.

Dittmer, Lowell and Guoli Liu. eds. 2006. *China's Deep Reform: Domestic Politics in Transition*. Lanham, Maryland: Rowman & Littlefield Publishers.

Fewsmith, Joseph. 1999. "Elite Politics". Merle Goldman and Roderick MacFarquhar. eds. *The Paradox of China's Post-Mao Reforms*. Cambridge, MA: Harvard University Press. 47~75.

______. 2001. *Elite Politics in Contemporary China*. Armonk: M.E. Sharpe.

______. 2001. "The New Shape of Elite Politics". *China Journal* 45. 83~93.

______. 2009. "What Zhao Ziyang Tells Us about Elite Politics in the

1980s". *China Leadership Monito* 30.

______. 2010. "Elite Politics: The Struggle for Normality". Joseph Fewsmith ed. *China Today, China Tomorrow: Domestic Politics, Economy, and Society.* Lanham: Rowman & Littlefield Publishers. 149~164.

______. 2010. "Inner-Party Democracy: Development and Limitations". *China Leadership Monitor* 31.

Goldstein, Avery. 1994. "Trend in the Study of Political Elites and Institutions in the PRC". *China Quarterly* 139. 714~730.

He, Baogang. 2006. "Intra-party Democracy: A Revisionist Perspective from Below". Kjeld Erik Brodsgaard and Yongnian Zheng. eds. *The Chinese Communist Party in Reform.* London: Routledge. 192~209.

Huang, Jing. 2000. *Factionalism in Chinese Communist Politics.* Cambridge: Cambridge University Press.

Li, Cheng. 2001. *China's Leaders: The New Generation.* Lanham, Maryland: Rowman & Littlefield.

______. 2008. "Will China's 'Lost Generation' Find a Path to Democracy?" Cheng Li. ed. *China's Changing Political Landscape: Prospects for Democracy.* Washington, D.C.: Brookings Institution Press. 98~117.

______. 2009. "Intra-Party Democracy in China: Should We Take it Seriously?" *China Leadership Monitor* 30.

Lieberthal, Kenneth. 1995. *Governing China: From Revolution through Reform.* New York: W.W. Norton & Company.

Li, Lianjiang. 2002. "The Politics of Introducing Direct Township Elections in China". *China Quarterly* 171: 704~723.

Lin, Gan. 2003. "Ideology and Political Institutions for a New Era". Gan Lin and Xiaobo Hu. eds. *China after Jiang.* Washington, D.C.: Woodrow Wilson Center. 39~68.

______. 2005. "Leadership Transition, Intra-Party Democracy, and Institution Building in China". Weixing Chen and Yang Zhong. eds. *Leadership in a Changing China.* N.Y.: Palgrave Macmillan. 37~55.

Lin, Gan and Xiaobo Hu. eds. 2003. *China after Jiang.* Washington, D.C.: Woodrow Wilson Center.

Liu, Yawei. 2010. "Local Elections: The Elusive Quest for Choice". Joseph Fewsmith. ed. *China Today, China Tomorrow: Domestic Politics,*

Economy, and Society. Lanham: Rowman & Littlefield Publishers. 165~179.

Nathan, Andrew J. 1990. *China's Crisis: Dilemmas of Reform and Prospects for Democracy.* New York: Columbia University Press.

______. 2001. "Introduction: The Documents and Their Significance". Zhang Liang (compiled), Andrew J. Nathan and Perry Link. eds. *The Tiananmen Papers.* New York: Public Affairs. xv~xlv.

Shambaugh, David. 2001. "The Dynamics of Elite Politics during the Jiang Era". *China Journal* 45. 101~111.

______. 2008. *China's Communist Party: Atrophy and Adaption.* Washington, D.C.: Woodrow Wilson Center Press.

Shirk, Susan L. 2007. *China: Fragile Superpower.* Oxford, London: Oxford University Press.

Teiwes, Frederick C. 1995. "The Paradoxical Post-Mao Tradition: From Obeying the Leader to 'Normal Politics'". *China Journal* 34. 55~94.

______. 2001. "Normal Politics with Chinese Characteristics", *China Journal* 45. 69~82.

______. 2002. "The Politics of Succession: Previous Patterns and a New Process". John Wong and Yongnian Zheng eds. *China's Post-Jiang Leadership Succession: Problems and Perspectives.* Singapore: Singapore University Press. 21~58.

Unger, Jonathan. ed. 2002. *The Nature of Chinese Politics: From Mao to Jiang.* Armonk: M.E. Sharpe.

Wong, John and Yongnian Zheng. eds. 2002. *China's Post-Jiang Leadership Succession: Problems and Perspectives.* Singapore: Singapore University Press.

Yue, Xie. 2008. "Party Adaptation and the Prospects for Democratization in Authoritarian China". *Issues & Studies* 44: 2. 79~102.

Zheng, Yongnian. 2005. "The 16th National Congress of the Chinese Communist Party: Institutionalization of Succession Politics". Weixing Chen and Yang Zhong. eds. *Leadership in a Changing China.* New York: Palgrave Macmillan. pp. 15~36.

______. 2010. *The Chinese Communist Party as Organizational Emperor: Culture, Reproduction and Transformation.* London: Routledge.

3. 중문

「'發展黨內民主'專題研討觀點綜述」. 『黨建研究』 2006년 1월 31일. 〈中國選擧與治理〉. http://www. chinaelections. org.

「"兩詢": 黨內民主監督邁大步」. 『中國紀檢監察報』 2009년 3월 15일.

「加强黨內民主制度建設, 保障黨員主體地位」. 〈新華網〉 2008년 2월 20일. http://news. xinhuanet. com(검색일: 2011. 4. 7).

「開展基層黨代表監督是可强基層黨內民主監督的有效途徑」. http://www. wuxi. gov. cn(검색일: 2011. 8. 1).

「關于黨的基層組織實行黨務公開的意見」(中辦發 2010년 29호).

「關于黨的地方各級代表大會若干具體問題的暫行規定」(1985년).

「黨大會常任制開闢黨內民主監督新途徑」. 『新華日報』 2008년 11월 18일.

「黨政領導幹部選拔任用工作條例」(2002년 7월 9일).

「白下推行黨大會常任制, 開闢黨內民主監督新途徑」. 『中國紀檢監察報』 2009년 5월 15일.

「北京市關于黨的基層組織實行黨務公開的意見」(2011년 6월 16일).

「深化試点着力推進全市黨務公開工作」. 『沆州日報』 2007년 7월 13일.

「組織試点總結推廣全面實施」. 『中國紀檢監察報』 2011년 4월 22일.

「中共'黨內民主'5年探索取得豐收成果」. 『半月談』 2007년 8월 27일. 〈中國選擧與治理〉, http://www. chinaelections. org.

「中共中央關于加强和改進新形勢下黨的建設若干重大問題的決定」(2009년 9월 18일 中國共產黨 第17屆中央委員會 제 4차 전체회의 통과).

「中國共產黨基層組織選擧工作暫行條例(1990년 6월 27일)」

「中國共產黨農村基層組織工作條例(1999년 2월 13일)」

「中國共產黨黨內監督條例 〈試行〉」(2003년 12월 31일).

「中國共產黨黨和國家機關基層組織工作條例(1998년 3월 30일)」

「中國共產黨普通高等學校基層組織工作條例(1996년 3월 18일)」

「中國共產黨章程」(中國共產黨 제 17차 전국대표대회 部分修改, 2007년 10월 21일 통과)

「中國共產黨地方委員會工作條例(試行)」(1996년 4월 5일)

「中國共產黨地方組織選擧工作條例(1994년 1월 26일)」

「海南積極推進黨務公開試点工作」. 『中國紀檢監察報』 2010년 11월 2일.

「鄉鎮黨委換屆工作業務培訓材料」 http://www. jzxdj. gov. cn(검색일: 2011. 7. 16).

「惠州黨務公開試点範圍廓大」. 『南方日報』 2011년 4월 25일.
『中國共産黨章程』(*Constitution of the Communist Party of China*) (北京: 外文出版社, 2001).
江田憲治. 2010. 「中國共産黨‘黨內民主’建設的現實理論及歷史警示」. 『國外理論動態』 〈中國選擧與治理〉, http://www. chinaelections. org.
江澤民. 2001. 『論黨的建設』. 北京: 中央文獻出版社.
景躍進. 2004. 『當代中國農村“兩委關係”的薇觀解析與宏觀透視』. 中央文獻出版社.
高 建·佟德志 主編. 2010. 『黨內民主』. 天津人民出版社.
高 放. 2002. 『政治學與政治體制改革』. 北京: 中國書籍出版社.
______. 2006. 『中國政治體制改革的心聲』. 重慶: 重慶出版社.
高新軍. 2010. 「平常縣黨內民主改革之殤」. 『改革內參』 제 14기. 31~33.
郭奔勝·蔣芳. 2011. 「透析江蘇三市公推票決産生市委書記」. 『決策探索』. 제 5기.
郭定平. 1998. 『政黨與政府』. 杭州: 浙江人民出版社.
鄧小平. 1994. 『鄧小平文獻(第二卷)』. 北京: 人民出版社.
李 凡. 2009. 「中國民發展的黨內民主途徑」. 『背景與分析特刊』. 제 36기. 〈中國選擧與治理〉. http://www. chinaelections. org.
林尙立 外. 2005. 『制度創新與國家成長: 中國的探索』. 天津: 天津人民出版社.
房寧. 2007. 『民主政治十論: 中國特色社會主義民主理論與實踐的若干重大問題』. 北京: 中國社會科學出版社.
史嘯虎. 2010. 「關於黨內民主和黨內政治派別的若干問題」. 〈中國選擧與治理〉. http://www. chinaelections. org.
史衛民·潘小娟 等著. 2008. 『中國基層民主政治發展報告』. 北京: 中國社會科學出版社.
史衛民·潘小娟 外. 2008. 『鄕鎭改革: 鄕鎭選擧體制改革創新與鄕鎭治理研究』. 北京: 中國社會科學出版社.
桑學成. 2008. 「推進黨內民主建設: 江蘇的探索與實踐」. 『新華日報』. 2008년 11월 25일. 〈中國選擧與治理〉. http://www. chinaelections. org.
上海社會科學院民主政治研究中心. 2004. 『中國政治發展進程2004年』. 上海: 時事出版社.
蕭功秦. 2004. 「從政治發展角度看黨內民主化論」. 『浙江學刊』 2004년 제 2기. 〈中國選擧與治理〉 http://www. chinaelections. org.
笑 蜀. 2008. 「縣政民主的歷史性突破: 評貴陽四縣縣委書記公推競崗」.

『南方週末』(2008년 7월 17일).
孫榮飛. 2011. 「中共地方黨委換屆」. 『鳳凰週刊』 제 14기.
新華月報 編. 2005. 『十六大以來黨和國家重要文獻選編』(上-1). 北京: 人民出版社.
楊繼榮 外. 2010. 『鄉鎮黨內民主發展的新探索』. 成都: 四川人民出版社.
吳理材. 2005. 「羅田政改: 以黨內民主啓動縣政改革」. 『改革內參』 제 6기.
王貴秀. 2004. 『中國政治體制改革之路』. 鄭州: 河南人民出版社.
王勇兵. 2009. 「黨內民主發展的路線圖」. 『學習時報』. 2009년 10월 26일. 〈中國選擧與治理〉 http://www.chinaelections.org.
王勇兵. 2010. 『黨內民主的制度創新與路徑選擇: 基于基層和地方黨內民主試點的實證研究』. 北京: 中央編譯出版社.
王長江 主編. 2007. 『黨內民主制度創新:一個基層黨委班子公推直選的案例研究』. 北京: 中共編譯出版社.
王長江. 2011. 「加快推進黨內民主」. 『中國改革』 제 7기.
劉 婭. 2010. 「黨代表任期制與兩新組織公推直選市黨代表: 以創維集團和律師協會爲個案」. 『當代中國政治研究報告』 8輯. 北京: 社會科學文獻出版社.
尹德慈 主編. 2010. 『廣州黨建研究報告1: 黨內基層民主建設專題調研』. 廣州: 廣州經濟出版社.
李昌平. 2005. 「民選後好'村官'何以反而更少了」. 『改革內參』 제 24기.
任中平. 「四川省黨內民主基層民主建設的實踐發展及其制度創新」. 『社會科學研究』. 2007년 제 1기. 〈中國選擧與治理〉 http://www.chinaelections.org.
張良 編著. 2001. 『中國'六四'眞相』(上·下). 香港: 明鏡出版社.
張躍嶺. 2008. 「加强黨內民主制度建設 保障黨員主體地位」. 〈新華網〉. 2008년 2월 20일. http://www.xinhuannent.com(검색일: 2011.4.7).
張恆山 外. 2004. 『法治與黨的執政方式研究』. 北京: 法律出版社.
全國黨的建設研究會. 2010. 『優秀調研成果選編』. 北京: 中央文獻出版社.
全國黨的建設研究會·中共中央組織部黨建研究所. 2008. 『改革開放以來黨的建設』. 北京: 黨建讀物出版社.
鄭慧 主編. 2009. 『回顧與展望: 改革開放以來的中國政治學與政治發展』. 北京: 中國社會科學出版社.
宗海仁. 2001. 『朱鎔基在1999』. 香港: 明鏡出版社.
______. 2002. 『第四代』. 香港: 明鏡出版社.
______. 2003. 『曖昧的權力交接』. 香港: 明鏡出版社.

周天勇・王長江・王安嶺　主編. 2007.『攻堅: 中國政治體制改革研究報告』. 五家渠市: 新疆生産建設兵團出版社.

中共中央. 2009.「關於加强和改進新形勢下黨的建設若干重大問題的決定」.

中共中央黨史研究室. 2009.『中國共産黨新時期簡史』. 北京: 中共黨史出版社.

中共中央文獻研究室　編. 1982.『三中全會以來重要文獻選編(上)』. 北京: 人民出版社.

______. 1986.『十二大以來重要文獻選編(上)』. 北京: 人民出版社.

______. 1991.『十三大以來重要文獻選編(上)』. 北京: 人民出版社.

______. 1996.『十四大以來重要文獻選編(上)』. 北京: 人民出版社.

______. 1997.『十四大以來重要文獻選編(中)』. 北京: 人民出版社.

______. 2000.『十五大以來重要文獻選編(上)』. 北京: 人民出版社.

中共中央辦公廳法規室　等編. 1996.『中國共産黨黨內法規選編(1978~1996)』. 北京: 法律出版社.

陳家喜. 2010.「選擧機制開發與黨內民主創新: 以深圳光明新區公推直選黨代表爲個案」.『當代中國政治研究報告』8輯. 北京: 社會科學文獻出版社.

______. 2011.「我國鄕鎭黨委公推直選的改革態勢與發展路徑」.『社會科學研究』2期.

陳麗風. 2007.『中國共産黨領導體制的歷史考察』. 上海: 上海人民出版社.

兪可平　主編. 2006.『中國地方政府創新案例研究報告(2003~2004)』. 北京: 北京大學出版社.

______. 2007.『依法治國與依法治黨』. 北京: 中共編譯出版社.

______. 2009.『中國政治發展30年(1978~2008)』. 重慶: 重慶出版社.

何建萍・朱水淸・任雪平. 2007.「上海鄕鎭黨代會常任制的實踐」.『黨政論壇』. 2007년 5월 31일. 〈中國選擧與治理〉. http://www.chinaelections.org.

何益忠. 2011.「黨內民主研究中的幾個爭論」.『馬克思主義與現實』2011년 제 1기, http://www.qstheory.cn(검색일: 2011. 4. 4).

夏贊忠 主編. 2009.『黨內民主法規制度硏究』. 北京: 中央方正出版社.

韓　强. 2008.「山東乳山市整體推進基層黨內民主的新做法」.『學習時報』. 2008년 7월 22일. 〈中國選擧與治理〉. http://www.chinaelections.org.

哈建設・李利軍. 2006.「讓權力在陽光下運行: 平凉市黨務公開試點紀實」.『黨的建設』2기.

胡錦濤. 2008.「發展黨內民主, 激發全黨創新活力」. 〈新華網〉. 2008년 2월 19일. http://www.xinhuannent.com(검색일: 2011. 4. 7).

胡錦濤. 2009.「積極推進黨內民主建設」. 〈人民網〉 2009년 7월 1일. 〈中國選擧與治理〉 http://www.chinaelections.org.

胡　偉. 2007. 「新時期中國民主政治發展與政治學的使命」. 〈中國選擧與治理〉. 2007년 6월 25일. http://www.chinaelections.org.
黃衛平 主編. 2002. 『當代中國政治研究報告I』. 北京: 社會科學文獻出版社.
侯樹棟·許志功·黃宏 主編. 2004. 『黨和國家關注的十四個重大課題』. 北京: 人民出版社.

•찾아보기(용어)•

ㄱ

ㄹ · ㅁ · ㅂ

ㅅ

ㅇ

ㅈ

ㅊ · ㅌ

ㅍ · ㅎ

기타

•찾아보기(인명)•

저자약력

조영남 (趙英男)

서울대 동양사학과 학사, 서울대 대학원 정치학과 석·박사

중국 베이징대학(北京大學) 현대중국연구센터 객원연구원

중국 난카이대학(南開大學) 정치학과 방문학자

미국 하버드-옌칭연구소(Harvard-Yenching Institute) 방문학자

서울대 국제대학원 교수(2002~현재)

주요 논저: *Local People's Congresses in China* (Cambridge University Press, 2009), 《21세기 중국이 가는 길》 등 다수

안치영 (安致英)

서울대 동양사학과 학사, 서울대 대학원 정치학과 석·박사

중국인민대학(中國人民大學) 중공당사과 고급진수생

인천대학교 중어중국학과 교수(2007~현재)

주요 논문: "모호한 전환점: 중국공산당의 11기 3중전회에 대한 재고", "중국 고위층의 역사문화 집단학습" 등.

구자선 (具滋善)

서울대 정치학과 학사, 서울대 대학원 정치학과 석사

서울대 대학원 정치학과 박사과정 수료, 서울대 한국정치연구소 연구원